U0503156

国家"十四五"重点出版物规划项目
中国特殊教育发展研究书系

主审　张宁生　曾凡林

聋童习得汉语的方法和策略

罗刚勤　任文忠◎著

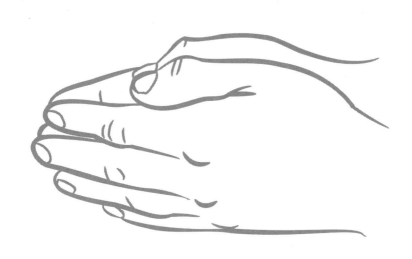

郑州大学出版社

图书在版编目（CIP）数据

聋童习得汉语的方法和策略／罗刚勤，任文忠著. — 郑州：郑州大学出版社，2023.6
（中国特殊教育发展研究书系）
国家"十四五"重点出版物规划项目
ISBN 978-7-5645-9678-1

Ⅰ.①聋… Ⅱ.①罗…②任… Ⅲ.①汉语－聋哑教育－教学研究 Ⅳ.①G762.2

中国国家版本馆 CIP 数据核字（2023）第 071875 号

聋童习得汉语的方法和策略
LONGTONG XIDE HANYU DE FANGFA HE CELUE

策划编辑	王卫疆	封面设计	苏永生
责任编辑	宋妍妍	版式设计	苏永生
责任校对	胥丽光	责任监制	李瑞卿

出版发行	郑州大学出版社	地　　址	郑州市大学路 40 号（450052）
出 版 人	孙保营	网　　址	http://www.zzup.cn
经　　销	全国新华书店	发行电话	0371-66966070
印　　刷	河南文华印务有限公司		
开　　本	710 mm×1 010 mm　1／16		
印　　张	16	字　　数	283 千字
版　　次	2023 年 6 月第 1 版	印　　次	2023 年 6 月第 1 次印刷

书　　号	ISBN 978-7-5645-9678-1	定　　价	68.00 元

序

　　很高兴能在第一时间拜读罗刚勤和任文忠两位老师的著作《聋童习得汉语的方法和策略》。两位老师聚焦聋童的语言习得,深入地探讨了聋童如何习得语言以及聋校语言教学实践的问题。本著作以儿童的语言习得和发展为切入点,坚持以儿童发展为中心,切实做到了"小题大做"式的深入研究,而不是追求"大题小做"式的宏大叙事。作者对理论的理解和阐释,对教学实践的描述和讨论,尤其是基于生活和教学场景的示例,让我在阅读的时候感觉父母、老师和聋童互动交流的画面犹在眼前。本著作关注聋童习得汉语,涉及聋童语言习得的基本理论、聋童习得汉语的策略与方法,以及多个与交流手段有关的概念(包括身势语、手语、手势汉语、口语、综合交流等)、聋校语言教学、双语教学等问题。作者没有刻意追求面面俱到,但对于每个问题的探讨都有独特的视角和观点,并以丰富的实例加以佐证。整本书浑然一体,但每个主题又独立成篇,读者既可以选择特定的主题独立研究和学习,也可以系统学习。

　　这本书的主要框架和观点清晰。首先,基于语言获得规律的理论,强调听力正常儿童的语言是习得的,聋童的语言也是习得的。坚持用汉语和孩子交流,孩子就能学会汉语,而且提出很多源于实践的方法和策略。作者特别提出身势语在聋童语言习得中的重要作用,认为"依照汉语做出行动"是聋童习得汉语的关键,深入地阐述了手语和身势语的形象特征及其在聋童习得汉语中的运用。其次,本书从教学角度强调,语言习得是聋校语言教学的核心问题,结合语言习得的规律和教学方法,以丰富的实例探讨手语、口语以及多种语言手段运用于聋生的语言教学的策略和方法。最后,本书还阐述了如何运用手语故事引导聋生自主阅读以及进行阅读尝试教学的策略。

　　审读本书后,我从以下四个方面与读者朋友做一些分享交流。

1

第一，从儿童发展的角度看聋童语言获得的基本规律和语言习得的基本策略。在出生后的最初三四年，对于听童而言，他们通过听语言和对语言做出反应而产生语言，几乎所有人都遵循相同的顺序和方式掌握了语言。但学语前聋童在口语习得、阅读和写作方面存在很大的挑战，本书主要讨论的对象就是这类聋童。

儿童是如何习得语言呢？研究和实践表明，成功的交流与语言的产生紧密相关。语言获得发生在社会环境中，从婴儿开始，直接对话则是最重要的语言习得途径。无论是使用口语还是手语，儿童发展早期的交流都是通过面对面的方式实现。语言发展是习得的过程，需要日常人际交往、系统的语言学习和教育，不是自然成熟的结果。作者在书中呼吁更多的家长和老师只有做到"陪伴"和"使用语言"，才能使聋童的语言学习符合语言习得的规律。"陪伴"和"使用语言"这两个要点通俗易懂。我的理解是：父母和老师在用心陪伴聋童的过程中，使用语言和聋童进行交流和互动，建立支持性的关系，为聋童的语言习得和发展提供支架。

第二，听力障碍给聋童语言习得造成困难，聋童需要多样化的语言交流技能。在聋教育的历史上，存在口语交流与手语交流的争论，全数字助听技术和人工耳蜗在很大程度上缓解了这种争论。得益于技术的发展，数字化助听器选配和人工耳蜗植入让越来越多的聋童再听觉化，得以发展口语和实现听觉学习。但仍然有部分聋童因为诊断延误、听力障碍的复杂程度或其他原因，无法及时选配高性能的助听器和植入人工耳蜗，导致口语发展受限，只能借助手语交流。

无论是否受益于技术，聋童的语言交流方式都是多样化的，包括听觉—口语方法、手语方法、提示法（口语交流+手语提示）、双语/双文化（视觉—手语+口语）。聋童的言语交流模式有三种类型，包括言语输入—言语输出，言语/手语输入—言语/手语输出，提示性言语输入—言语输出。需要特别强调的是，有声言语理解是有声言语表达的基础。如果期待儿童发展口语，就必须使用言语输入，才会有言语输出。同理，使用汉语口语输入，才会有汉语口语输出。正如作者再三强调的那样，坚持汉语交往，孩子就能逐渐学会汉语。作者在书中强调，在聋童语言习得和语言教学中，要坚持口语主导，加强理解能力培养，夯实口语基础，不是只用手语。这是非常明确的，并在研究和实践中得到了验证。

第三，重视身势语和手语在聋童语言习得和语言教学中的地位。作者在书中用了较大的篇幅讨论身势语与手语在语言习得和语言教学中的地位问题。作者提出身势语是聋童习得语言的金钥匙的观点，认为身势语交流具有重要的意义，以聋孩子家庭的身势语交流实例进行特别说明，还专门讨论了手语和身势语的关系、手势汉语是口语交流的辅助手段、手语运用和双语教学等问题。作者认为，身势语是把生活中的行为和活动用直观的身体动作展现出来；身势语和手语是有区别的；手语离开身势语，就失去了其形象性，而身势语是先于手语存在的自然语言。乍一看感觉作者似乎过分夸大了身势语和手语在聋童语言习得和语言教学中的作用。实际上，如同听童偏爱母亲的语音一样，聋童偏爱母亲的形体语言。这里的形体语言即本书中所指的身势语和一些自然手语。如前所述，直接对话可以促进儿童的语言获得，聋童家庭生活中的身势语和一些自然手语，也有类似的特点和作用。父母以自然甚至有些夸张的身体动作、表情、自然手语，辅以口语与聋童交流，能很好地促进聋童的语言习得。

作者讨论了手语和双语教学的问题，同样是非常值得深入研究的问题。从理论上来看，聋童"双语—双文化"教育的目标是理想的，但是考虑父母在给聋童做出语言榜样方面的限制（健听父母的手语能力受限导致他们难以为聋童提供手语榜样，而听障父母的口语能力受限导致他们难以为聋童提供口语榜样）、听力障碍诊断的延误、助听器或人工耳蜗的效果不佳，使聋童在语言能力发展方面还存在一些困难。从技术层面来看，期待未来在早期诊断、助听器和人工耳蜗技术以及早期干预技术完善，让听力受损的儿童在语言习得和发展方面能得到更好的结果。但是，我们不能等待技术成熟到可以克服所有的听力障碍及其给儿童带来的语言习得困难，家长和教师在与聋童的互动和语言交流过程中，应该积极探索促进聋童语言习得的策略和方法，不断总结成功的实践经验。本书就是一个很好的范例。

第四，重视聋童语言习得和语言教学符合聋校课程标准的要求。这对于聋教育来说也是最重要的。聋童习得语言不仅是掌握沟通与交往的方式，与语言有关的识字、阅读、书写和写作等也是基本的学习技能。本书研究的问题也是聋校课程标准关注的主要问题。教育部 2016 年颁布的《聋校义务教育语文课程标准》中的两个目标：一是"初步具有独立阅读的能力，学习多种阅读方法"；二是"能选择比较适合的沟通方式，文明、主动地进行人际沟通和社会交往。了解口语、书面语与手语表达方式上的异同和进行转换的方法，不断提高人际沟通和融入社会的能力"。《聋校义务教育沟通与交往课程标准》的目标之一是"初步掌握口语、手语、笔谈等多种沟通与交往的方式，学习沟通与交往的基本策略，针对不同沟通对象，采用灵活恰当的沟通方式，形成沟通与交往的能力，提高自身的人文素养"。本书对这三个教学目标及相应的教学方法进行了富有价值的实践研究，这些在丰富的实践基础上探索和总结出的教学方法和策略，非常值得借鉴。

华东师范大学特殊教育学系　曾凡林
2023 年 6 月 12 日

搭建聋童语言的小木屋

如果我们把每个人建立的语言系统都看作属于他自己的一座小木屋，那这座小木屋的地基，就是真实生活中的非言语交际——孩子用动作、姿势和表情进行的交际活动。语言学的研究告诉我们，每个孩子都是在非言语交际的基础上开始搭建这座小木屋的。

我们可以把孩子掌握的词语和句子看作是这座小木屋的柱子、横梁和木板，它们是搭建这座小木屋的材料。这座小木屋的建筑师，就是孩子自己，还有那些照顾孩子并与孩子一起使用语言的父母或教师。在这个过程中，成人并不是把材料直接交给孩子，让孩子自己去搭建，而是把材料拿过来，和孩子一起搭建，他们使用语言不断地和孩子进行交流，就慢慢地搭建起了孩子语言的小木屋。

聋童也必须有自己的小木屋。聋童虽然听不到，但和听童一样，具备一模一样的，甚至更好的地基——较强的非言语交际能力。父母和教师使用语言不断地和聋童进行交流，有着很多成功的例子。这其中的佼佼者，比如海伦·凯勒和周婷婷，她们的语言能力不输于任何一个听力良好的孩子。当我们迈出和孩子使用语言的第一步，语言小木屋的搭建就开始了。我们不断地和孩子使用着语言材料，聋童的小木屋也一样能搭建好。

聋童还会有另一座语言的小木屋，这座小木屋的地基也是非言语交际，但建起的小木屋却很不一样。这座小木屋的材料和构造别具一格，是聋童们最喜爱的，因为它和孩子们的非言语交际一脉相承，也是用眼睛看，用身体的动作、姿势和表情来表达的，它就是手语。

手语和有声语言看起来完全不同，但它们都是人类的语言。这两座小木屋都是靠材料的无数次使用才搭建起来的。只把一堆材料交给孩子，那永远只是一堆材料，既无法使用，也很快会被丢弃。所以，我们必须牢记，和孩子使用语言，让孩子使用语言，就是在搭建孩子语言的小木屋。只要我们坚持和孩子使用语言，孩子的小木屋就会越来越漂亮和坚固。有了这座坚固的小木屋，有了扎实的语言和手语能力，聋童的生命之舟就会扬帆远航。

目录

第一章
语言习得，每个孩子学语言的必经之路

在人类所有的学习当中，孩子学习说话的方法和过程是很特别的，语言学家把这种学习叫作"语言习得"。我们可以把"语言习得"通俗地理解为"平时在生活中听着听着、用着用着就自然而然地学会了说话"。

语言①是用会的，坚持用才能会。教师和家长教孩子学汉语，就要带领他们使用汉语。

如果孩子生活在没有"陪伴"和"使用语言"的状态之中，就是语言的隔绝。听力障碍和语言隔绝之间不是无法改变的因果关系，即使听力完全丧失也并不必然造成彻底的语言隔绝。聋童可以通过其他途径使用语言，可能是口语，更可能是书面语。许多成功的经验已经告诉我们，"陪伴"和"使用语言"远比"听力"更重要。

---

① 本书中的"语言"，包括"手语"这一概念，但有时会把手语和语言并列，这并不表示手语不是语言。因为我们使用的有声语言是汉语，本书主要讨论的也是聋童的汉语学习，所以在对语言学习的具体讨论中，经常用"汉语"一词来表示我们常用的"语言"这一概念，用"汉语学习""汉语习得"来表示我们常说的"语言学习""语言习得"。

一、语言是习得的

（一）学说话是一种很特别的学习

语言心理学的研究表明，"儿童语言获得以习得方式为主，罕用学得的方式。他的'教师'是不具备语言教学和教育学知识的父母，使用的'教材'是即景性的交谈话语，'教具'多是交谈现场的实物，'教学方法'也是无意识的、十分朴素和原始。"①这就告诉我们，孩子学习语言不是靠教师进行教学教会的，而是在生活中听着、用着就自然而然地学会的。

事实上，孩子习得语言是一件很神奇的事情。孩子们不需要专门去上课学习，只要和成人在一起生活，慢慢就能听懂并逐步学会说话。在这个过程中，孩子学说话的"教师"就是父母，"教材"就是生活中随时随地交谈的话语，这些话语都是孩子眼前看到的、正在做的事。孩子在生活中耳濡目染，不断学着运用语言进行交流，并逐渐学会说话。一般到了三四岁，绝大多数孩子就都会说话了。全世界使用不同语言的各个民族，在孩子学会说话这件事上，基本都是一样的。他们只要一直生活在"说话"的环境中，就能慢慢学会说话。他们上学学识字、学文化，都是在会说话的基础上开始的。

因为绝大部分人都是在孩提时期自然而然地学会说话的，所以我们并不清楚自己是怎么学会说话的，只觉得自己会说话是理所当然的事。我们并不去想这有什么神奇，更很少去想要学会说话应该遵循什么规律。这本来不要紧，因为研究这些问题是语言学家的事情，我们只要会说话就行。可是，丧失听力的聋童学说话需要通过专门的学习，所以，聋童的家长和老师就非常有必要掌握语言习得的规律，懂得孩子是怎么学会说话的。理解这种很特别的学习规律，对我们帮助聋童习得汉语是非常重要的。

（二）孩子学会说话之前如何交流②

1. 交流是无处不在的

语言是交流的工具，但在孩子没有掌握语言之前，交流也一直存在。从

---

① 李宇明：《儿童语言的发展》，华中师范大学出版社，2004，第306页。
② 本书随着语境的不同使用"交流""沟通""交际""交往"等词，基本的意义就是"使用身势语、手语或汉语进行交流"。

孩子诞生,交流就开始了,语言学家甚至还发现出生前的孩子也有交流行为,比如,"在子宫里的儿童能听到他们母亲的言语,并可能作出反应(例如,踢的动作)"。① 婴儿出生以后,还听不懂语言,却已经会辨别妈妈的声音并做出反应。哪怕妈妈抱着孩子无意识地哼着,也是在和孩子进行着情感的交流。这时孩子就会特别乖地依偎在妈妈身上,或者慢慢睡去。孩子有需要,他会用哭声来进行表达。照顾孩子的人,可以根据孩子不同的哭声来判断孩子的需求。孩子还很小,听到妈妈的声音就会用目光寻找妈妈。再大一些,听到别人说"妈妈",就会扭转头去寻找妈妈,看到妈妈就会笑。孩子的这些反应都说明,和成人的交流是他生活中重要的内容。孩子就这样通过触觉、视觉和听觉等来感受外部世界,用自己的声音、动作、姿势和表情来和成人交流。

人们只要在一起,哪怕一句话也不说,生活中也充满了交流。人的行为本身就是一种语言,可以传递信息。我们独处的时候,给自己倒一杯水,不是交流活动,面部也不需要有交流的表情。但如果我们给孩子倒一杯水并且递给他,这就是一种交流活动,面部就会有交流的表情,表达的意思就是请他喝水。再比如,我搬过一张椅子放在您的面前,或者抢在您的前面坐在您正想坐的椅子上,这两种行为,前者的意思是"请坐",后者表示"我要坐,你别坐"。前者表示友好,后者则有挑衅的意味,都是一种交流。所以,我们对别人做出一个动作,就会表达一个意思。甚至两个人呆呆地坐在一起,连目光都避免交流,这也是一种身势语的交流,因为您会感到空气的凝滞和气氛的紧张。

所以,孩子一出生,他和外部世界的交流就开始了。人只要在一起,即使不说话,交流也是无处不在的。

2. 最初的交流工具——身势语②

语言不是我们唯一的交流工具,更不是最初的交流工具。我们每一个人在还没有掌握语言的时候,都是使用非言语交际的方式进行交流的。

孩子刚出生,父母在给他喂食、换尿布、洗澡、逗玩等过程中,就会不停

---

① [美]D.W.卡罗尔:《语言心理学》,华东师范大学出版社,2007,第247页。
② 在特教书籍中经常可以看到"非言语交流、非语言交流、非言词性表达、肢体语言、身体语言、姿势语言、体态语、身势语"等概念,可以理解为是"用动作、姿势和表情来进行交流"。统一起见,本书把这种非言语的交际方式叫作"身势语"。

地说话。但这时候孩子并不能听懂话语,父母必须不断地用动作、姿势和表情与孩子交流。比如,孩子哭了就把他抱起来,孩子饿了就给他喂食,用手去逗弄孩子的小手,亲亲孩子的脸,看着孩子用笑脸和声音逗孩子笑。在没有掌握语言之前,"婴儿基本上以非言语方式与他们的世界进行交流,他们用力拉人们的衣服,指他们想要的物品,挥手表示再见。"①孩子就是以声音、姿势、动作和表情等作为他们交流的手段,他们很会用这些手段达到自己的目的。孩子如果喜欢某个物体,就会用眼睛盯着看。为了拿到某个物体,他会用手指。为了引起成人的注意,他会做出各种表情;想从父母那里得到帮助,他就会用眼睛看着父母发出声音。玩具偶然掉了,引起了父母的反应,孩子感到有趣,会继续重复让玩具掉下去。在妈妈怀中的孩子想到屋外去,就会使劲把自己的身子倾向门口的方向,用动作向妈妈发出去外面的请求。所以,虽然孩子还听不懂话更不会说话,但他和成人之间充满了身势语的交流,这样的交流在孩子的成长过程中比比皆是。

所以,身势语是我们每一个人最初的交流工具。我们的语言能力都是在这些身势语交流的基础上发展起来的。每个孩子包括我们自己,都有不会说话只会使用动作、姿势和表情进行交流的阶段。在学会说话之前,我们每个人都需要依靠身势语来进行交流,并且依靠身势语的交流慢慢学会说话。"儿童的语言发展是在非语言的交际中逐渐形成的。"②这是语言学家已经形成的基本共识。这说明不管有没有听力问题,每一个孩子要学习和掌握语言,都是从身势语的运用开始的。

既然每个孩子都需要身势语,那么聋童使用身势语和父母进行交流,当然就更有必要和更需要。

3. 身势语是人的本能,每个人都会自然地运用

人类对于身势语的理解和运用,有着天赋的本能。孩子一出生就会哭,小手会抓握,小脚会蹬。他们听到声音会睁眼,从转动眼球慢慢到能转过头去寻找声音的来源,很快还能带着表情看,比如害怕、愉悦。他们还不懂语音的意义,却能准确感受声音表达的情感。

我们知道,孩子最喜欢的是妈妈温柔的语音。孩子还不会笑时,每当听

---

① [美]D. W. 卡罗尔:《语言心理学》,华东师范大学出版社,2007,第247页。
② 靳洪刚:《语言获得理论研究》,中国社会科学出版社,2015,第25页。

到妈妈的声音，就会舞动小手小脚来表示高兴。孩子对大声的、生硬的声音会露出害怕的表情甚至颤抖。同样，他们很快就会理解成人的面部表情，会对笑脸报之以微笑。他们最先用哭声，然后用行动和表情来表达自己的要求，比如注意去看人的脸部，用指点和表情表示需要，用手去抓感兴趣的东西。我们把东西递给孩子，孩子也会理解，他会用手去接。我们把杯子放在孩子嘴边，孩子就知道这是让他喝水。如果他不想喝，他自然而然就会躲开，甚至用手推开。这些动作、姿势和表情都不需要父母教，孩子自然而然就会运用。

孩子出生以后，各方面基本的动作都需要学习，比如指点、拿东西、学吃饭学走路，但这是就动作行为本身而言的。掌握了这些动作后用这些动作来表达自己的需求，是自然而然的事情。只要学会了用手"指点"，学会了"拿"的动作，学会用这些动作来表示自己的要求，在交流的情境之中是不用学习自然就会的。至于各种表情，更是会自然而然地流露出来。

因此，身势语不用特意学习，只要人生活在社会环境中，自然就会用，用了大家也都看得懂。从全世界的范围看，也有摇头表示同意、点头表示否定的这类情况，但这只是一些特例。总体来说，最基本的身势语不必特意学习，大家都能用、都能懂、都会用，是毋庸置疑的。

（三）学会说话之前，孩子也可以使用语言进行交流

1. 被动语言交际的阶段

孩子在学会说话之前，有许多身势语的交流，这是毋庸置疑的。但孩子在学会说话之前，也是能使用语言进行交流的。

生活中，一旦孩子开口明确地喊出"妈妈"，我们就会高兴地认为孩子会说话了。其实在孩子几个月大时，在他会喊妈妈之前的一段时间，他已经听得懂"妈妈"这个词的意思了。如果妈妈不在身边，成人说"妈妈，妈妈"，孩子会扭头去找，找不到也许会哭。这说明孩子虽然还不会叫妈妈，却已经懂得了"妈妈"这个词的意思！

听到有人说"妈妈"，孩子的眼睛就亮了，就笑了；听到有人说"外面去"，孩子的身子就往门口移；听到说"抱抱"，孩子就扑过来；听到说"张嘴"，孩子就张开嘴；听到说"吃饭"，孩子不想吃就闭紧了嘴……，孩子这样的行为反应非常多。虽然这时孩子还不会说话，但这些正确的行为反应，这

些动作、姿势和表情说明孩子已经听懂了汉语,并且在运用汉语进行交流了。

儿童语言发展的研究告诉我们,孩子学会说话之前,存在着一个被动语言交际阶段。"这一阶段大约是从六七个月到一岁。在此阶段中,儿童虽然还不会说话,但已能对话语进行初步的理解,开始以被动的方式参与语言交际活动。"①上面所举的那些例子,就是孩子在被动语言交际阶段的表现。

所以,虽然孩子还不会说话,但他也可以使用语言进行交流。如果他能够对您说的话用身势语做出正确的回答,您应该感到高兴,并及时鼓励和夸奖孩子,因为这就是他在使用语言了。每一个孩子都存在着这一个被动语言交际阶段,事实告诉我们:不会说话并不等于不会用语言交流,用自己的身势语对语言做出反应就是在进行语言交流。同时,这也说明语言的学习是先从理解开始的。

2. 被动语言交际阶段的重要性

了解被动语言交际阶段,对于我们帮助聋童学习汉语具有特别重要的意义。因为我们一般都只关注孩子开口说话,觉得会开口说话了,才是会使用汉语了。所以,我们会特别关注孩子能不能开口说,会急着要求孩子快点学会说。可是,听童从出生开始就听了那么多话,也只能是先听懂,并不能马上就说。相比而言,聋童听(看)到、用到汉语的机会少得多,所以,教师和家长千万不能着急。我们首先要想方设法让孩子先理解您的话,让孩子对您说的话做出正确的动作、姿势和表情,做出正确的行为反应。这是您和孩子要迈出的第一步,也是最重要的一步。

听童在被动语言交际阶段之后,就会开始说一些词语,但是被动语言交际的行为,也就是听懂话以后做出正确的行动和表情仍然会一直继续。比如,孩子已经会叫"妈妈"了,但是听到别人说"妈妈",孩子嘴里叫着"妈妈"但仍然会扭过头去寻找妈妈。如果孩子听到别人说"妈妈",只是跟着说"妈妈",可是妈妈站在跟前他都不去看,说明他虽然会发出"妈妈"这个语音,却不懂得"妈妈"这个词的意义。所以,语言的学习是从先从理解开始的,理解是表达的基础,听(看)懂了,理解了,做出了正确的行动,才是最重要的一步。听童尚且这样,聋童更是如此。聋童也必须先经过这个被动语言交际

---

① 李宇明:《儿童语言的发展》,华中师范大学出版社,2004,第322页。

的阶段。只要经过了一个比较长的被动语言交际阶段,能理解的话越来越多,聋童也会慢慢学着用汉语表达,慢慢学会用汉语表达。

3.孩子是如何理解语言的

(1)语言的意义随着身势语出现在孩子的生活中。成人在照顾孩子的过程中会不断地和孩子说话,这些话并不是随意乱说的。孩子听到的、用到的话多与身边发生的事情有关,都是有实际交往意义的。比如,妈妈在看到小狗的时候对孩子说"小狗",看到气球的时候说"气球"。妈妈说"吃饭"的时候,是把勺子送到孩子面前要孩子张开嘴来吃饭。妈妈说"抱抱",一定是伸出双手去抱孩子,或者伸出双手等着孩子扑过来。这些语言的意思和外界的事物、真实的行为动作联系是非常自然而紧密的。

这个事实表明,父母在对孩子说话的时候,他们的语言要表达的意义已经先出现在孩子的生活中了,这些意义是通过说话时的情景和成人的身势语体现出来的。

(2)孩子通过身势语的运用来理解语言的意义。成人用语言表达的意义通过身势语呈现在孩子的生活中,孩子听到语言想要确定意义时,也是通过身势语来进行的。最近脑科学的实验和研究表明,"儿童对于他人的交流意图具有惊人的敏感性。这种领悟意图的能力对语言的习得具有重要的作用。和大家的普遍看法不同,儿童并不是通过重复地将词语与相应的物体进行联系来学习语言的。当听到一个新的词汇时,他们通过追寻说话者的眼神,来确定他所指的是什么东西。"[1]这就从脑科学研究的角度,证明了身势语对语言理解的重要性:孩子先通过身势语来观察和理解成人的意图,从而确定语言的意义。

在身势语运用的基础上,成人适当地给孩子提供语言,不必解释语言的意义,孩子依据身势语的动作、姿势和表情就能逐渐理解。这就是"婴儿通过——先不依靠语言——确定说话者要传达给他们的意义,然后理解意义和语言之间的关系,来学习语言"的意义。[2] 这清楚地告诉我们,孩子生活中无处不在的身势语交流,就是孩子理解语言的基础。

比如,孩子歪着身子要去屋外,妈妈说"不行不行",同时抱着孩子往相

---

① [法]斯坦尼斯拉斯·迪昂:《脑与阅读》,浙江教育出版社,2018,第348页。
② [美]D.W.卡罗尔:《语言心理学》,华东师范大学出版社,2007,第252页。

反方向走。在这里,妈妈的行动和汉语是一致的,汉语"不行"的意思就包含在身势语的交流之中,孩子通过身势语的意义逐渐明白"不行"的意义。即妈妈做出了不让孩子出去的动作、姿势和表情,孩子根据这些动作、姿势和表情,理解了"不行"这个词的意思。在这里,妈妈并不需要向孩子解释"不行"这个词的意思,因为妈妈已经通过行为表明了"不行"的意思。

因此,孩子先通过身势语确定意义,然后再来理解语言。

(3)孩子对语言的理解是逐渐完成的。孩子对于语言的理解,并不是一次完成的,需要反复使用才会逐渐理解,尤其是理解比较抽象、比较难懂的概念。比如孩子对于"今天"这个词的意义,是先有一个笼统的认识,再随着反复使用逐渐达到准确的理解。孩子最先只大概了解"今天"是表示时间的一个词,就可以使用"今天"进行交流了。比如,孩子要吃冰棍,妈妈说"今天不行",他的理解也许和"现在不行"差不多,所以过了一会儿,孩子又会说吃冰棍,妈妈还是说"今天不行",孩子就会意识到,哦!原来"今天"还没完。孩子把"今天不行"理解为"现在不行",又知道"今天"还挺长,这些理解虽然不准确但都正确地完成了实际的交流。在这样反复不断使用"今天"这个词的交流中,孩子就逐渐领悟了"今天"的意思。这表明,孩子最初学习语言,是在反复使用的过程中逐渐领会的,而不是靠教学、靠讲解一次性完成的。

孩子的语言能力就是这样在语言的土壤里"生长"的,不是靠讲解更不是靠教学,而是在日常的听和用中慢慢学会的。

生活中到处充满着语言,孩子随时和家人进行着交流,他们就是在无数这样的交流中,逐渐领会了语言的意义,慢慢地学会了说话。

伴随着孩子的成长,交流内容不断丰富,听到的语言也越来越多,孩子的交流形式就不断向语言形式发展。孩子学会了用语言表达需求,一开始还会和原来的身势语一起使用,比如,在妈妈怀里使劲歪着身子,一边嘴里说着"去、去"。但逐渐地,语言就会替代身势语,孩子就不再往外歪身子,而是直接说"去外面"了。

二、习得也是聋童语言发展的必经之路

(一)聋童的语言习得更应该从身势语开始

如果听童和聋童都处在使用身势语交流的阶段,也就是都在一周岁

内，一般讲差别是不大的。在这一阶段，交往主要依靠的是身势语，所以聋童的交往并不会有明显的问题。在过去不做新生儿听力筛查的年代，很多聋童的父母在孩子一岁以内，可能还没有发现孩子的听力问题。这是因为使用身势语进行交流，孩子的反应并没有明显的异常。

因为丧失了听力，聋童通过视觉进行身势语交流的能力有可能高于一般的孩子。我们常常看到，除了听不到，不会说话，很多聋童都非常聪明，都很善解人意。父母洗手他会去拿毛巾，客人来了他会去搬凳子，学做事情也有模有样。但是，如果没有语言的介入，聋童会一直停留在身势语交流的阶段。甚至到了七八岁，他们还是只能采用比画，即用模拟的身势语来表达。怎么看待这些交流对我们来说非常重要，因为这些交流都是孩子生活中必需的，我们首先不应该回避它。身势语是每个孩子学习语言的基础，聋童的汉语习得就更应该从身势语的运用开始。家长和教师应该有意识地使用好身势语，满足生活中的沟通需要，打好帮助聋童习得汉语的基础。

（二）聋童的家庭语言沟通方式

聋童在家里的沟通方式大致可以分成以下三类。

第一类，使用身势语和口语、书面语一起进行交流。这些孩子生活在成人使用口语和书面语的环境中，成人坚持教他们使用口语和书面语，他们就逐渐习得了书面语，并形成了一定的口语能力和看话能力。典型的例子就是海伦·凯勒和我国的周婷婷等。随着社会进步和聋童听力语言训练工作的积极发展，这样的沟通方式会越来越多。只要方法得当，重度极重度聋童同样也可以使用书面语加上口语进行交流。但是我们要明确，每一个孩子都需要通过身势语来学说话，聋童使用身势语更加有必要。以为要使用口语和书面语就不能使用身势语，这种看法是错误的。当孩子们有了语言能力，自然就会逐渐减少身势语的使用。

第二类，使用身势语和手语①进行交流。如果孩子的父母也是聋人，平时使用手语进行交流，那么孩子就会习得手语。因为手语也是一种身势语，这些孩子和父母的交流会比较好。如果会手语的父母有比较好的书面

---

① 本书使用的"手语"一词，就是指聋人使用的"自然手语"。本书依照龚群虎的观点，把文法手语、规约手语、教学手语都看作是"手势汉语"而非真正的手语。因此，手语就是自然手语，也就是聋人的手语，也就可以省略"自然"二字。

语能力,又注重孩子的汉语学习,手语的交流对孩子学习汉语就会有很大的帮助。有许多事实证明,聋人家长如果书面语能力比较好,既采用手语交流又有意识地教孩子学习书面语,效果就会比较理想。因此,父母如果能和孩子一起学习和使用手语,也会有利于聋童的汉语及各方面的发展。

对于手语能力,我们要特别注意的是,习得良好的手语能力并不能改变"语言要通过运用才能习得"这一规律。也就是说,手语虽然可以帮助孩子学习汉语,但我们不能用手语交流来代替汉语交流。如果一直使用手语交流,很少甚至不使用汉语作为交流工具,聋童没有汉语习得的环境,要掌握汉语是非常困难的。所以,即使我们学了手语,仍然要坚持使用汉语和孩子进行交流。

第三类,以身势语为主进行交流。相对来讲,前两类沟通方式还是少数,第三类才是比较普遍的情况。这类孩子中受过语言训练的孩子,或多或少学过一些书面语和口语,但他们在家里很少使用汉语,很多只是停留在教师教过的一些简单口语上面。这是因为家长还不懂得"语言是习得的"这个规律,受"教了才能用"这种观念的影响,不敢也不会和孩子使用汉语交流。另外还有相当一部分孩子,没受过语言训练,家长放弃和孩子使用汉语交流,孩子就一直停留在使用身势语的状态。没受过语言训练和受过语言训练但效果不理想的孩子看似差距很大,这里把他们归入一类,是因为他们家庭中的沟通中都很少使用汉语。如果这些聋童的家长不使用汉语或手语和孩子进行交流,那孩子就只能一直使用身势语。

和所有的孩子一样,不论聋童的听力、听能是否能得到改善,他们良好的语言发展都取决于是否使用语言进行交流。聋童听不到,汉语学习本来就很困难,如果再脱离了语言发展的正确轨道,违背了"语言是习得的"这个规律,那就更是难上加难。如果通过助听设备能使孩子的听力得到改善,他们坚持汉语交流就容易一些。孩子的听力不能有效改善,家长和教师就更应该遵循语言习得的规律,通过孩子可能感知的方式,坚持使用汉语交流来让孩子逐渐习得汉语。

对采用后两类交流方式的孩子来说,如果家长在家里能很好地坚持使用口语、书面语和孩子进行交流,那孩子就会进入第一类的状态,汉语能力就会突飞猛进地发展。与孩子使用汉语进行交流当然越早越好,但即使开始得比较晚,只要持之以恒也一样可以取得很好的效果。即使孩子已经开始上学了,只要家长和教师能够在家庭和学校的交往中坚持使用汉语,孩子的汉语发展也会很快走上正轨。

（三）语言隔绝，比丧失听力更可怕

1. 语言隔绝，就是没有"陪伴"和"使用语言"

如果孩子生活在没有"陪伴"和"使用语言"的状态之中，这就是语言的隔绝。

语言学上有几个著名的孩子与人类语言隔绝的例子。这些例子告诉我们，即使听力正常，但没有"陪伴"和"使用语言"，孩子就无法获得语言能力。

第一个例子是印度莫卧儿帝国阿克巴大帝的"哑屋"。阿克巴大帝坚信婴儿通过听到别人的讲话而获得语言能力，脱离了语言环境的儿童便不会说话。阿克巴大帝派人建造了一幢听不到人声的大厦，把一些新生儿送入大厦，让诚实热情的看守抚养他们，让无语言能力的乳母为他们哺乳。由于这里完全与人类语言隔绝，因而被称为"哑屋"。1582 年 8 月 10 日，阿克巴大帝视察了这所实验大厦。这座寂静的大厦既无人语亦无哭闹。虽然这里的孩子已满 4 周岁，却没有显示出任何说话能力。

还有个著名的例子就是狼孩。1920 年，在印度加尔各答东北的一个名叫米德纳波尔的小城，人们在狼窝里发现了两个女孩。其中大的七八岁，小的约两岁，这就是曾经轰动一时的"狼孩"。这两个小女孩被送到米德纳波尔的孤儿院抚养，人们还给她们取了名字，大的叫卡玛拉，小的叫阿玛拉。到了第二年阿玛拉死了，而卡玛拉一直活到 1929 年。由于脱离人类社会，印度"狼孩"自然不会有语言交流的需要。卡玛拉获救后的 4 年内只学会 6 个词，听懂几句简单的话，7 年时间才学会 45 个词并勉强地学了几句话。

这两个例子告诉我们，隔绝了人类社会，隔绝了使用语言的环境，没有"陪伴"和"使用语言"，孩子即使有良好的听力，也无法获得语言能力。

"儿童语言的获得离不开与成人进行交际的语言环境。至今人们尚未发现脱离人类社会或被剥夺与成人语言交际机会的孩子，能够学会语言的。"[1]"接触语言是语言正常发展的先决条件。"[2]所以，只要存在语言的隔绝，所有的孩子都无法掌握语言。

2. 聋童的根本问题是语言的隔绝

聋童不能自然而然学会说话，我们习惯于把原因归结为听力障碍，过去

---

① 李宇明：《儿童语言的发展》，华中师范大学出版社，2004，第 54 页。
② ［美］D. W. 卡罗尔：《语言心理学》，华东师范大学出版社，2007，第 323 页。

有一个常见的说法就是"因聋致哑"。这个说法看起来很有道理,但其实并不准确。准确地说,聋童不能自然而然地学会说话,是因为听力障碍引起的语言隔绝造成的。聋童失去了听力,就失去了在生活中听到并使用语言的机会,所以就无法自然而然地学会说话。但是,听力障碍和语言隔绝之间不是无法改变的因果关系,即使听力完全丧失也并不必然造成彻底的语言隔绝。聋童可以通过其他的途径使用语言,可能是口语,更可能是书面语。许多成功的经验已经告诉我们:"陪伴"和"使用语言"远远比"听力"更重要!

首先,陪伴是必须的,是第一位的。没有陪伴,孩子就无处获取听到或看到语言的来源。其次,仅是陪伴但不和孩子使用语言,孩子也难以习得语言。所以,一直对孩子使用语言也是孩子习得语言的前提条件。

实际生活中有这样的案例:一位单身母亲自己开店,工作中自己带着孩子,让孩子一直在边上看电视。回家后她也极少和孩子交流,还是自己忙工作、做家务,仍然让孩子自己看电视。孩子的智力和听力都正常,但长到四五岁还只会说几句简短的话。这就是缺少陪伴、很少进行语言交流造成的问题。聋童还面临的一种情况是:有陪伴但没语言。大多数家长发现孩子听不到以后,如果医治和听力补偿效果不好,就会不由自主地放弃对孩子使用语言。因为对孩子的口语无效而不使用,这就使孩子与语言产生了隔绝,失去了习得语言的机会。

所以,导致聋童无法掌握语言不是因为失去了听力,而是因为不使用语言。丧失听力并不能彻底隔绝孩子的语言环境,我们除了可以通过医疗和科技手段(比如助听设备、电子耳蜗)寻求解决方案以外,对重度极重度的聋童,我们还可以使用书面语和他们交流。已经有许许多多的事实告诉我们,只要家长和教师能够陪伴孩子,能够坚持对孩子使用汉语,孩子就能习得汉语。

因此请父母和教师牢记:丧失听力并不可怕,语言的隔绝才真正可怕。

三、只要不隔绝语言,奇迹就会发生

(一)奇迹是这样创造的

聋童也可以通过使用语言来掌握语言吗?答案是肯定的:成人能陪伴并通过合适的方法与孩子使用语言进行交流,那么听不到就不是习得语言的障碍。

1. 海伦·凯勒的教师做到了陪伴和使用语言

海伦·凯勒在一岁半的时候因为疾病失去了听力和视力。她的教师安妮·莎莉文在海伦6岁零九个月时来到了海伦身边,从此就终生陪伴着海伦(一对一的、专职的、终生的陪伴)。那一年莎莉文老师21岁。从教海伦学习第一个词语"doll(布娃娃)"开始,莎莉文老师时时刻刻都陪伴在海伦的身边,一直在和海伦使用语言进行交流,也一直在帮助海伦阅读,帮助海伦使用语言与其他人交流……

海伦在《假如给我三天光明》一书中描述道:

"第二天早晨,莎莉文老师带我到她的房间,给了我一个洋娃娃。我玩了一会儿洋娃娃,莎莉文小姐拉起我的手,在手掌上慢慢地拼写'doll'这个词,这个举动让我对手指游戏产生了兴趣,并且模仿在她手上画。当我最后能正确地拼写这个词时,我自豪极了,高兴得脸都涨红了,立即跑下楼去,找到母亲,拼写给她看。

"我并不知道这就是在写字,甚至也不知道世界上有文字这种东西。我不过是依样画葫芦模仿莎莉文老师的动作而已。从此以后,以这种不求甚解的方式,我学会了拼写针(pin)、杯子(cup)以及坐(sit)、站(stand)、行(walk)这些词。世间万物都有自己的名字,是在老师教了我几个星期以后,我才领悟到的。

"有一天,莎莉文小姐给我一个更大的新洋娃娃,同时也把原来那个布娃娃拿来放在我的膝上,然后在我手上拼写'doll'这个词,用意在于告诉我这个大的布娃娃和小布娃娃一样都叫作'doll'。

"这天上午,我和莎莉文老师为'杯'和'水'这两个字发生了争执。她想让我懂得'杯'是'杯','水'是'水',而我却把两者混为一谈,'杯'也是'水','水'也是'杯'。她没有办法,只好暂时丢开这个问题。

"我们沿着小路散步到井房,莎莉文老师把我的一只手放在喷水口下,一股清凉的水在我手上流过。她在我的另一只手上拼写'water'——'水'字,起先写得很慢,第二遍就写得快一些。我静静地站着,注意她手指的动作。突然间,我恍然大悟,有股神奇的感觉在我脑中激荡,我一下子理解了语言文字的奥秘了,知道了'水'这个字就是正在我手上流过的这种清凉而奇妙的东西。

"井房的经历使我求知的欲望油然而生。啊!原来宇宙万物都各有名

第一章 语言习得,每个孩子学语言的必经之路

013

称,每个名称都能启发我新的思想。我开始以充满新奇的眼光看待每一样东西。那一天,我学会了不少字,比如父亲(father)、母亲(mother)、妹妹(sister)、教师(teacher)等。"①

海伦·凯勒在《我的老师安妮·莎莉文》一书中描述道:

"在我年幼时,恩师并没有直接向我描述那些有形物体,而是将它们放在我的手上,同时拼写出名字,这样我认识了狗、猫、鸡、鸽子、书、手表、望远镜等健全人眼中的物体。恩师还将我的手放在她的脸上,体会不断变化的表情。正是通过这样的方式,恩师让我触摸到的物体自然地呈现在我的面前。

"'它'(海伦在书中把小时候蒙昧的自己称作小恶魔,笔者注)能够准确无误地把触摸到的物体和相应的单词对应起来,比如'水泵''地面''宝宝''教师'等。'它'完全沉浸在一种被解放的喜悦之中,因为'它'学会了表达自己的生活需要。'它'当时被老师深深吸引,但这并不是被迫的,而是一种自然的需求。

"老师笑着走进房间,空气里弥漫着愉快的气氛。老师把海伦的小手放到自己面带笑容的脸颊上,用指尖拼写着'笑'这个单词;老师接着温柔地胳肢海伦,直到她突然发出笑声。

"通过一起荡秋千、翻跟斗、双脚跳、单脚跳、腾空跳等一系列嬉闹和玩耍,老师引导海伦实现单词和动作的相互配合。各种运动、锻炼以及游戏使海伦的求知欲望得到了激发。她不断询问这些动作的名称,通过安妮指尖不断涌现的智慧火花追求新的知识。她们在一起捉迷藏、拍球,或者和小猫小狗玩耍嬉戏。安妮的指尖在积极地刺激海伦的掌心,这种从指尖拼写焕发的魔力是她终生难忘的。"②

我们可以从海伦上面的描述中总结出如下几点:

(1)海伦·凯勒特别强调了莎莉文老师不是用描述的方法来教她学习单词,而是在生活中采用把语言与实物相对应的方法。莎莉文老师用指尖在海伦手掌上书写单词,并且将实物真实地呈现在海伦面前。这个方法帮助海伦学习了大量单词,让海伦学会了表达自己的生活需要。与实际对应的方法不仅仅局限在实物(名词)上,'笑'等一系列动作(动词)也是以这样

---

① [美]海伦·凯勒:《假如给我三天光明》,华文出版社,2002,第20–21页。
② [美]海伦·凯勒:《我的老师安妮·莎莉文》,求真出版社,2010,第19–21页。

的方式来学习的。因为海伦的盲和聋,'水'与'杯'不易区分,但她们最终仍然使用语言与实物对应的方法解决了这个问题。

(2)这个方法让海伦明白了原来宇宙万物都各有名称,这激发了她的求知欲望(学习语言的欲望)。海伦对表达生活需要的学习很有兴趣,她被深深地吸引,这种学习不是被迫的,而是一种自然的需求。

(3)海伦听不到口语也看不到书面语,但安妮老师通过用手指在掌心书写书面语,让海伦同样可以使用语言来进行交流。安妮老师的陪伴以及她和海伦在生活中学习和使用语言(海伦把它称为从指尖拼写焕发的魔力),对海伦非常重要,使海伦终生难忘。海伦·凯勒的所有成就就是从这里起步的。

2. 周婷婷的家人做到了陪伴和使用语言

周婷婷出生于 1980 年,一岁半时因药物致聋。周婷婷三岁半在亲人的教育下,开始学习识字和说话,就读正常小学后连跳两级,并以优异的成绩提前学完高中课程,成为我国第一位少年聋人大学毕业生。

在《墙角的小婷婷》一书中,周婷婷描述了她开口说第一个词"饼干"的过程:在她三岁多的时候,婷婷的奶奶为了让婷婷开口说"饼干"一词,和婷婷僵持了四十几分钟,终于让婷婷喊出了"布达(饼干)"。周婷婷随后写到,自己因此明白了:"原来,在这个我以前从未感知的语言的世界里,每一个事物,都有属于自己的名称呢!那一刻我充满了一种求知的欲望,恨不得要知道所有事物的名称。我就到处指着我感兴趣的东西,父母亲人也在激动之中,顺着我手所指的事物,告诉我这是'花生',那是'鸡蛋',这是'爸爸',那是'袜子'……"

从那以后,周婷婷的爸爸试着让婷婷一边学识字一边说话。周婷婷在书中这样描述:"全家人开始动员起来,在我能看得见、够得着得所有物体上,都贴上了识字卡片,卡片上标出了这个物体的名字,比如'床''沙发''橱柜''椅子'等。突然之间,我的世界里,汉字无处不在了。"

"每次吃饭,当我吃到自己喜欢吃的菜时,爸爸就不失时机地从衣兜里取出笔,在纸上飞速写下我刚吃过的菜的名字,然后指着上面的字教我念,就这样,我不知不觉地认识了很多字。

"每次出门,我只要看到任何一个新的事物并指出来,爸爸就赶紧用笔写在手心上教我认。往往出去一趟回来,爸爸的手心手背和胳膊上都写满了字。"

在书中周婷婷还描述了她五岁时,爸爸妈妈因为忘带钥匙,用竹竿绑上纸条伸进屋内,请她开门的经过。纸条上的语言是:"婷婷,外面不是大老虎,是你的爸爸妈妈,请你下来开门,好吗?"婷婷看到纸条才打开了大门。

"六岁时,我已经认识了两千多个汉字,并能轻松地阅读报纸上简单的文章和亲人的书信了。在许多人眼里,我无疑是创造了一个奇迹。而我自己却觉得,这两千多汉字只是在快乐中,在不知不觉中,闯进我的脑海里,再也不会被忘掉。"①

从周婷婷对自己语言学习的描述中我们可以看到:

(1)周婷婷有一个好的陪伴者并且一直坚持和她使用汉语。他们既用口语又用书面语,因此在周婷婷的生活中,家里的物品,吃到的食物,外出感兴趣的事物,所有的一切都有文字相对应,周婷婷的世界里书面语无处不在。

(2)周婷婷的父亲在生活中随时随地把用到的汉语告诉周婷婷,让婷婷学习使用。这个方法非常符合语言习得的规律,因此两千多个汉字是在快乐中不知不觉闯进周婷婷的脑海,既容易理解,也不会被忘掉。

(3)周婷婷和海伦·凯勒同样采用书面语和口语进行学习和交流,区别仅在于周婷婷视力完好,所以她学习使用书面语和口语交流比海伦更方便。

3. 每一个聋童都可以在生活中学习并使用汉语

一些聋校毕业的学生中书面语掌握得比较好的孩子,他们之中比较大的,自己的孩子刚上小学;比较小的,毕业才两三年。这些聋童在他们长大成人以后,用书面的形式讲述了自己在开始学习汉语时的状况(括号中的文字为作者所加):

赵××:"我大概五岁的时候还不知道自己是个残疾人。有一次我悄悄地出门,无意间看到两个小男孩蹲着玩耍,一边说话一边捧腹大笑。我好奇地盯着他们一动一动的嘴巴,心想动动嘴巴就能让人开心。于是我就跑回家照镜子练习动嘴巴,练了好几天,信心满满。过了一段时间,妈妈在镜子面前梳头发,我鼓起勇气,学着同龄伙伴的样子跟妈妈说话,可是妈妈一愣一愣的,许久后给我翻了个白眼。我受到了很大的打击,偷偷地躲在小山后

---

① 周婷婷:《墙角的小婷婷》,南海出版社,2006,第26—35页。

面。我开始意识到我和别人真的不一样,但还是一次一次地安慰自己长大了肯定和别人一样会说话。

"我外婆大概看出我闷闷不乐的样子,她教我学说话,在她的鼓励下我张开嘴巴动了动,却没有发出声音。她在我耳边大声喊着,我被吓了一跳,耳边好像还在响着,怪怪的。我第一次发出了'妈妈'的声音,但'妈妈'是什么我也不懂。这个时候妈妈来了,外婆叫我喊一下,我就听话发出了声音。妈妈一愣便哭起来了,把我抱住了,我此时明白了'妈妈'就是称呼。之后全家动员教我学说话,主要是长辈的称呼,比如我妈妈忙着做饭,叫我去把舅舅叫来吃饭,我看妈妈的口形,便知道要请谁。但是我的很多事情却没法使他们知道,比如我想去哪里玩,我身体哪里不舒服……无力难熬。

"第一次来到聋校时看到三五成群的同学打着手语,我才知道原来不止我一个人是这样的。上课学拼音时我看到书本上发音部位的图片才明白,原来α、o、e……发音有声带震动,有鼻腔吸气、吐气的不同等等,比较复杂。难怪外婆在我耳边喊'妈妈',我感觉不到气流。在老师的指导下我学会了说话,也学会了写字。现在大部分人(指和她交流的人)自行说话时,我也能通过他们说话时嘴形的变化来了解他们讲话的内容。我能看懂的就发音,不能看懂的就写字。"

汪××:"儿时记忆深处是,爸爸妈妈只会教我上厕所、吃饭、睡觉等手势,不是标准的中国手语,是大大咧咧,胡乱自编打出的动作。那时候没读书,不懂他们的口形是什么意思。我只会看动作,但讲道理基本上都没有理解,只有被打才知道是非与对错。自从耳聋后到八岁这段时间很想读书,但却不知道如何向爸爸妈妈表达自己的想法,(那时)身不由己,倍感无力,挣扎苦熬。

"八岁后上学了,开始接触手语,老师用手语和口语相结合教我们α、o、e……看老师的口形,我慢慢地理解了词语的含义,突然感觉到了老师像是打开了我新世界的大门。

"放假回家,我迫不及待地把我读熟了、理解了的几个词语,就是儿时每天看爸妈打的上厕所、吃饭、睡觉的词语写出来给爸妈看,再通过老师教我的标准手语来教给爸妈。就这样,我们一家子的手语慢慢地积累起来,手语交流变得通畅无阻了。"

张××:"小时候。二爸爸(二叔)为了让我开口说话,就让我留下来教我。二爸爸拿我的手触摸他的喉咙,发出标准的每个发音,按辈分顺序喊爷爷、奶奶、外婆、爸爸、妈妈……他见我还是毫无反应,不肯说,仍然耐心地反复地教我发音,直到我肯开口用弱弱的声音喊出来,会叫爷爷、奶奶、外婆、爸妈等称呼。

"爸妈买了一些小木棒,在家里教我学数字 1 到 100,爸爸示范给我看,他拿出一根写 1,拿出两根写 2,爸爸让我写 1 到 10 三遍。写完三遍后再继续学 11 到 20,就这样我会了数字 1 到 100。

"堂姐来我家,用小木棒教我学加法算术 1+1、1+2、1+3……姐姐一手拿出一根,一手拿另一根,放在桌面上,让我数一数有多少根,我数了数就写'2'。接着学减法,姐姐写出'2-1',再从两根小木棒里拿掉一根,我看了半天才写'1'。后来姐姐给我布置算术加减法作业。

"玩危险的地方或者利器工具等,爸妈都会板着脸凶巴巴地瞪着我。我会看爸妈的脸色,是可以玩,还是不可玩。

"爸妈用手比画和我交流,比如上厕所,爸妈捂着肚子蹲下身子要方便。当要吃东西时爸妈都是直接拿给我吃,我会摇摇头表示不吃,点点头表示吃。口渴时,爸妈用手握成'O'形对着嘴巴做喝水的动作,这些动作我都看着学着,至少让爸妈看懂我想要什么。

"爸妈伸出大拇指,表示我是好孩子、很棒,小拇指表示不乖的孩子、你不行、不好。我有了理解,大拇指代表好,小拇指代表坏。"

上述案例中聋童上学前家里的语言交流状况基本属于我们说的第三类,具有以下特点:

（1）他们小时候家里模拟的身势语运用比较多,使用汉语进行交流都没有达到周婷婷那样比较理想的状态。因为交流的困难,家长都不可避免地出现回避和减少交流的状况。比如,一位孩子回忆中谈到妈妈对孩子的说话声不理解、不回应的态度。这些孩子幼年都有很多无法表达自己的愿望、觉得自己和别人不一样的痛苦感受。

（2）这些孩子在孩提时代都有一定的口语和书面语交流,只是内容局限在最基本的生活需要上。虽然与家人之间的交往使用汉语不多,但也看得出还是有一定的使用口语和书面语的习惯。

（3）家庭成员在教他们学习汉语的时候,主要采用的方式是抽一些时间专门对孩子进行教学,基本没有像海伦·凯勒和周婷婷那样,在生活中随时随地学习和使用语言。

（4）在上学以后,他们都能坚持使用书面语和父母、他人进行交往。他们的文字书面语词汇比较多,比如"一愣一愣、许久、便知道、无力难熬、儿时、挣扎苦熬、畅通无阻、弱弱的、触摸"等,这显示出他们在接受学校教育以后主要使用书面语进行交往、进行阅读的语言特点。

(5)这些孩子的汉语发展比较好。他们的回忆内容真实可信,描述比较细致,基本没有语病。这样的汉语能力使他们可以进行日常阅读,甚至可以承担一般的文案工作。除了听不到,他们在生活中基本没有语言障碍,可以和听力正常的人一样工作和生活。

这一切都说明,坚持使用汉语的关键并不在于是否有时间,而在于父母、教师是否能充分地认识到这一点。无数事实证明,即使起步较晚,只要父母和教师能坚持在生活中对孩子使用汉语,就能使孩子习得比较好的汉语能力。

(二)如何看待海伦·凯勒和周婷婷的语言学习

1.奇迹的背后是朴实的道理——语言是习得的,语言是用会的

我们拿海伦·凯勒和周婷婷做例子,有的家长和教师会想,她们太杰出了,简直就是奇迹,我们哪里做得到。事实也的确如此,许多听力正常的人也没有取得海伦·凯勒和周婷婷那样的成就,一般的聋童当然无法和海伦·凯勒和周婷婷相比,这是非常正常的事情。

可是我们应该看到,海伦·凯勒和周婷婷的事实已经向我们证明了,她们学习语言的方法并没有什么特别,她们学习语言的唯一途径,就是坚持陪伴和使用语言。而这一点是我们完全可以做的,这就是我们应该学习和借鉴的"法宝"。孩子听力有障碍,我们完全可以使用身势语、书面语、口语与孩子交流。如果您的孩子能够通过助听器、电子耳蜗等获得比较好的听力,可以进行听力语言训练,那么您就更应该使用口语、书面语与孩子进行交流。如果您的孩子有条件学习手语,您就更有条件使用书面语、口语与孩子进行交流。总之不管您孩子的情况如何,如果他不使用汉语进行交流,就不可能学会汉语。

2.在生活中坚持和孩子使用语言

我们已经知道,语言不是像上课那样通过专门教学的方式来教给孩子的,而是用着用着用会的。在习得语言的过程中,语言是由成人在孩子做一件事情或看到、用到、遇到某一事物的时候告诉给孩子的。孩子听力正

常,家长只要会说话、用得对就可以。孩子听不到,家长只要会写、用得对也就行了。这是一般的家长都做得到的。海伦·凯勒和周婷婷的事例告诉我们,她们就是这样做的。她们一开始并不是通过语文课的方式学习书本上的语言,而是有一个人陪伴着她并且和她使用着语言,把在生活中用到的东西,看到的东西,想表达的内容与书面语对应起来。唯一特别的是,海伦听不到看不到就用手指在掌心书写,周婷婷听不到看得到就直接采用书面语。

很显然,我们绝大多数聋童都和周婷婷一样可以直接使用书面语,因此家长只要会写、会用就可以。所以家长必须把"我们不是教师,不会教怎么办"的想法彻底抛弃掉。家长要做的就是随时随地把相应的汉语通过书写和各种方法告诉给孩子。

3. 陪伴和使用语言是家长最有力的武器

有些家长觉得"要让我们一直陪伴孩子,我们没有时间",这当然可以理解。但是,家长和孩子在一起生活,其实是有很多交流需要的。家长和孩子使用身势语交流,同样需要时间。在使用身势语交流的同时使用书面语,并不会增加很多时间,而且交流还可能会更有效。

我们从前面几个聋童的回忆中也可以看到,这些孩子幼年时使用汉语进行的交流也不多。但只要在家里能形成一定的使用书面语、口语交流的习惯,孩子就容易获得比较好的汉语能力。家长和孩子关系最亲密,每天交流的时间也最长,如果放弃和孩子的汉语交流,对孩子的损失是非常大的。

作为教师,我们必须清醒地认识到,通过语文教学的方式来学习书本上的汉语之所以吃力不讨好,就是因为这样的汉语学习不符合语言习得的规律。语言习得的规律和海伦·凯勒、周婷婷的事例告诉我们,每个孩子最基本的语言能力都是通过生活中的语言交往逐渐获得的,是在不知不觉,没有压力的状态下完成的。在生活交往中运用语言,因为每一句话都和生活实际紧密相连,不但语言的意义容易理解,还可以让孩子直接模仿着使用,是一件事半功倍的事情。理解了这一点,教师就应该努力在教学和生活中多使用汉语与孩子交流,同时积极鼓励和帮助家长使用汉语和孩子交流。

语言和生活息息相关,和我们的愿望、需求、喜怒哀乐息息相关,和我们的每一个动作、行为息息相关,和我们的各种想法息息相关。没有哪一个东西会像语言一样,无孔不入地渗入我们的生活中,所以,海伦·凯勒和周婷婷都描述了她们开始懂得语言意义时的喜悦和快乐。本书几位聋童的回忆中,也都表达了他们对语言的渴望和无法使用语言进行交流的痛苦。现实中,很多聋童和语言隔绝的状况是非常严重的。作为家长和教师,要积极关注孩子的渴求,不负我们肩负的使命,尽量多陪伴孩子,坚持使用汉语和孩子进行交流,这是我们能做的最佳选择,也是我们帮助孩子习得汉语最有力的武器。

知识链接1-1

儿童为什么能够获得语言

儿童为什么能够获得语言?儿童为什么能够如此神速地获得语言?这是儿童语言学最为基本的理论问题。

在对待儿童成长的问题上,一直存在着先天(遗传、生理)与后天(环境、教育)的争论,这种争论也影响到对于儿童语言发展的看法。

1. 模仿论

长期以来的看法是:语言获得是一个模仿和强化的过程。儿童学说话是通过模仿周围的声音,在成年人的帮助下重复、纠正和做出响应方式。近年来,这一理论显然不再能解释语言发展的所有事实。儿童的确大量模仿,特别是在学习发音和词汇方面,但他们的语法能力很少能用这一方法解释。

2. 遗传论

语言获得模仿论的局限性导致20世纪60年代产生另一种理论,其基础是语言的遗传因素。据考证,小孩出生时肯定有先天的获得语言的能力;人类的大脑是为语言"准备"的,从这一意义上说,当小孩身处语言环境之中时,某种显示或构成语言的一般性原理就开始起作用。这些原理组成儿童的"语言获得方法(语言获得机制,LAD)"。[①]

先天语言能力说(遗传论)把儿童获得语言描绘成一个积极主动、充满创造性的过程,而不像后天环境论(模仿论)把儿童看作只会对刺激发生反应的被动模仿者。儿童获得的不是一句一句具体的话语,而是关于语言的一系列规则。

---

① [英]戴维·克里斯特尔:《剑桥语言百科全书》,外语教学与研究出版社,2002,第356-357页。

LAD 的活动有一个临界期,过了这个临界期,LAD 就会退化。所以成人学习语言的能力不如儿童;儿童能在较短的时期内获得语言,没有 LAD 是不可想象的。

3. 先天和后天相互作用论

后天环境决定论(模仿论)和先天决定论(遗传论)的观点,都是较为极端、较为激进的,只强调后天因素而否定先天因素,或者只强调先天因素而否定或轻视后天因素,都难以对儿童的语言获得做出满意的解释。先天和后天相互作用论提出的以语言应用为中心是儿童快速学习语言的根本途径与方法,儿童与成人语言交际的互动实践活动,对儿童的语言发展起着决定性的作用,是当前语言心理学界的共识。

(1)认知说。相互作用论者以皮亚杰的认知说为理论基础,认为儿童的语言发展是天生能力与客观的经验相互作用的结果。

人类有一种先天的认知机制。但是,这种先天的认知机制是一种一般性的加工能力。它不仅适用于语言活动,也适用于其他一切认知活动。

儿童并没有特殊的语言学习能力,语言学习能力只是认知能力的一种。语言不决定认知能力的发展,相反,认知能力的发展决定语言能力的发展,语言能力的发展不能先于认知能力的发展。

儿童的语言发展,是儿童主体因素和客观环境因素相互作用的结果,是通过同化和顺应不断地从一个阶段发展到另一个阶段的过程。

(2)社会交往说。社会交往说认为语言获得不仅需要先天的语言能力,也需要一定的生理成熟和认知的发展,更需要在交往中发挥语言的实际交际职能。因此,他们特别重视儿童与成人语言交往的实践,并认为儿童和成人语言交际的互动实践活动,对儿童的语言发展起着决定性的作用。

社会交往说认为,社会交往几乎可以看作儿童的一种天性。儿童会说话之前,就已经能用体态与成人交际,并听懂成人的话语;在单词句和双词句阶段,儿童以语言、体态或者是体态语言相结合的方式作为交际手段,最后过渡到可以完全用语言进行交际。

(资料来自李宇明:《儿童语言的发展》,华中师范大学出版社,2004,第40-55 页。)

语言、言语和非言语交际

语言和言语是两个不同的概念。语言是由声音和意义结合而成的符号体系,比如,汉语、英语、俄语等等,任何一种语言,都是由语音、词汇、语法所组成的一个完整的符号体系。语言是社会的,静态的。而言语则不同,言语是对语言手段的具体运用,比如我们说的话,写的文章。所以,言语不是静态的、社会的,而是个人的、动态的。言语交际是指人们运用语言手段互相沟通思想感情的活动。

非言语交际则是指人们对非言语手段的具体运用。根据信息载体来分类,主要分为:表情、动作、界域、服饰、副语言、时间、场景等。

1. 表情

我们一般所说的表情指面部表情,即发生在颈部以上的能反映内心变化的动作、状态和生理变化,比如挤眼、蹙眉、脸红等。脸是人体的门面,是交往时最引人注目的部位。喜怒哀乐的变化和生理健康的状况都直接反映在面部表情上。表情有很大一部分具有全人类性,语言不通时可以通过表情交流情感。人类和动物的表情也有很多相似之处,也可以相互沟通。

2. 动作

人的动作是通过先天的遗传或后天的学习而得到的。它是人的机体对外界刺激的一种反应。与动物的行为不同,人的动作行为并非单纯的生理反应,而是生理与心理的综合反应。因为动作的内容较多,我们把它分为手势、身势、触摸三章介绍。人们经常使用身体动作来交流思想感情,尤其是在语言不通的时候,动作更可以发挥它的替代作用。

3. 界域

界域指人对空间的需求,是人类的一种交际工具。人们在交往过程中,经常利用相对位置作为信号来表达一定的意思,利用界域交流思想感情。界域也称空间语言、人际距离,可以表示人际关系、社会地位、社会态度、情绪状态等。

4. 服饰

服饰指人们的穿着打扮。服饰包括服装、鞋帽、发型、化妆、饰物、随身携带物品甚至个人交通工具等等。因为服饰是附着于人体而显示其意义的,所以我们说服饰也是一种人体语言。

5. 副语言

副语言指伴随有声语言的非语词声音,如音高、音色、哭声、笑声、停顿等。声音形象在人的整体形象中占有非常重要的地位。

6. 时间

时间在人际交往中具有重要的意义,迟到、早退、拖延时间等反应人的性格或态度。不同文化的时间观念差异很大。

7. 场景

场景指人为的环境,包括建筑、器物、颜色、光线、气味等。场景所传递的信息是异常丰富的。

(资料来自李杰群:《非言语交际概论》,北京大学出版社,2002,第6-7页。)

前语言交流

直到第二年的前期,婴儿基本上以非言语方式与他们的世界进行交流,他们用力拉人们的衣服,指他们想要的物品,挥手表示再见。这些姿势虽然都很基本,但显示儿童对交流如何进行有了理解。这些交流技能的出现似乎是由于儿童理解了动作如何能用作达到目的的手段。这些进步发生于生命的第一年内,说明婴儿对交流的理解先于并促进儿童对语音、句法和语义的习得。

远在儿童开始以可理解的方式说话前,他们就已接触到他们的照看者对语言的社会使用。这些课业甚至在出生前就已开始,从孕妇那里得来的轶事性证据表明在子宫里的儿童能听到他们母亲的言语,并可能做出反应(例如,踢的动作)。

与陌生人的声音相比,新生儿还偏爱母亲的声音。我们不知道婴儿究竟能在多大程度上听到其他声音,在怀孕多少时间后,婴儿成熟到能知觉言语。不过至少,这些研究说明新生儿在出生时已有知觉言语的能力。

(资料来自[美]D. W. 卡罗尔:《语言心理学》,华东师范大学出版社,2007,第247页。)

前语言姿势

尽管婴儿在生活的第一年接受到丰富的语言,但这时他们自己还不能说话。在他们使用语言交流前,他们用姿势进行交流。

在约 8 个月时,婴儿开始在交流意义上使用姿势,如指点和出示。心理学家形成了确定一个行为是否有交流意义的标准,主要的标准是:①等待;②坚持;③形成另外的计划。例如,假定一个婴儿拉父亲或母亲的腿,等待他(她)看她,然后指一个玩具。

儿童的指点如作为一种陈述,以此得到成人的注意,他们会看着成人的脸以确认成人在看着他指的事物,而此前没有这种确认的企图。儿童对他人姿势的理解也遵循相应的模式,他们向着他人指的方向观看,而不是向着说话者的脸,以此对他人的指向作出反应。

总之,前语言儿童用姿势吸引接受者的注意和交流。这样,向言语行为的转化可以看作是学习用词来做不用词而已经做过的事。年幼的儿童似乎用他们对情境的认知意义的理解帮助想出成人在说什么。婴儿通过——先不依靠语言——确定说话者要传达给他们的意义,然后理解意义和语言之间的关系,来学习语言。

(资料来自[美]D. W. 卡罗尔:《语言心理学》,华东师范大学出版社,2007,第 249–252 页。)

第一章 语言习得,每个孩子学语言的必经之路

第二章
身势语，聋童习得语言的金钥匙

"对听力残疾儿童的发展来说，沟通是最重要的，其他都应退居其次。"①

每一个孩子的语言都是在身势语交流的基础上逐渐习得的，聋童听不到，他们就更需要身势语的交流来帮助他们理解和运用语言。如果家长和教师有意识地运用好身势语，就能有效加强父母与孩子之间的沟通交流，就能为聋童学习汉语和手语打好基础。

一、聋童身势语交流的重要意义

（一）身势语有强大的交流功能

语言学的研究表明，我们的语言交际中存在着大量的身势语。比如手势、身体姿势、面部表情、视线接触、交际双方的位置、谈话中的停顿、语速等，都是身势语。这些身势语始终是我们语言交际中传递信息的重要因素。法国的一位心理学家曾这样说过，"人们交谈时说话本身的分量只占7%，语调占38%，面部表情和手势占到55%。"②可见身势语的交流功能非常强大。

---

① 张宁生、李玉影：《听力障碍儿童心理与教育》，郑州大学出版社，2018，第106页。

② 张宁生、任海滨：《手语翻译概论》（第二版），郑州大学出版社，2015，第169页。

在我们的交往中,身势语在一些场合还可以独立地表达意义,并且表达得恰到好处。比如在一个严肃的场合,一个人迟到了,另一个人不说话,对着迟到的人朝着一个方向努努嘴,示意他赶紧过去。迟到者伸伸舌头,表示歉意,交流就完成了。如果示意者的表情很严肃,那迟到者就会明显感到批评和指责的意味。我们仅仅用目光以及表情的变化,在特定的场合就可以表示"可以和不可以""赞许和批评"等各种意思。我们的微笑、责怪、冷漠、严厉、愤怒等表情都可以单独传达某种意思。这种单独运用身势语进行的交流在某些时候非常重要,是我们每个人都需要的。

身势语除了进行实际交流,还是默剧、动画、无声电影等艺术形式的主要表现手段,比如孩子喜欢的动画片《猫和老鼠》、卓别林的无声电影等都是如此。身势语也是许多教学方法的基本要素,最基本的教学法比如操作法、演示法等直观易懂,就是因为其中包含着大量的身势语。可以这样说,所有的直观教学手段,包括实物展示、动作演示、图片、示范、表演、动画、视频等等,都是身势语的延长。比如三角形的画法,教师的操作示范主要就是身势语。没有语言的讲解,孩子模仿教师的操作也能学会三角形的画法。甚至必须使用语言的讲读法,也是离不开身势语的。我们用讲读法讲解课文,也需要用演示、图片、动画等创设情境。在所有的教学过程中,身势语的运用都是不可缺少的。

(二)身势语的交流对聋童特别重要

密德(Meadow,1981)等曾经跟踪调查了 7 对聋哑母亲和聋哑儿童,14 对非聋哑母亲及聋哑儿童,以及 14 对正常母亲及儿童的交际过程。结果发现非聋哑母亲与聋哑儿童所用来交流的时间要比其他几组少得多。另外这一组的聋哑儿童也很少主动与母亲交流。相反,当母亲孩子均为聋人或正常人时,两者之间的交流则要多得多。[1] 这一调查结果表明,在很多听人父母和聋童的家庭里,沟通障碍是一个严重的问题。我国的研究者早就指出了聋童特别需要身势语的交流:人际间沟通的媒介除"语言之外,还可以有其他媒介,如姿势、表情之类,可以统称作'姿势表情沟通法',听力残疾儿童不能用口语,自然而然就用'手'来指指点点,比比画画。"[2]所有的孩子都有

---

① 靳洪刚:《语言获得理论研究》,中国社会科学出版社,1997,第 86 页。
② 张宁生、李玉影:《听力障碍儿童心理与教育》,郑州大学出版社,2018,第 140 页。

一个使用身势语进行交流的阶段,我们的聋童就更应该有。这种运用姿势、表情进行沟通的方法,是聋童们特别需要的。

笔者所在学校曾经接收过这样一位聋童:他的父母都是山区的农民,他的家单独在村外的山坡上,和村子有一段距离。这个孩子从小被关在家里,很少与其他人交往,父母忙于生计也很少和他进行身势语的交流。所以,当他进入聋校时,教师和他进行身势语的交流,他连表情的反应都很少。开始大家怀疑他是不是还有智力问题,但后来他的日常行为却表明他的智力是正常的。逐渐熟悉了环境后,他也会学别的同学那样主动来帮教师做事情。这个孩子从小连身势语的交流也很少,严重地影响了他以后的汉语学习。在学校里,他很少主动和他人交流,学会的手语也比其他同学少,当然他的汉语学习就更不够好。但是他的动手能力并不差,职业技能也学得不错。这个事例告诉我们,从小进行身势语交流对聋童是多么重要。

当然,绝大多数聋童都不会像上面这位孩子那样,但回避交流的现象在聋童的家庭里、在学校里却很容易产生。回避交流指的是本来按照正常的生活、按照常理应该说的话,因为难说就不说了;一些可以用身势语来交流的事,因为觉得麻烦,或者说不清,就算了。长时间的回避交流会严重影响孩子的发展,所以,家长和孩子使用好身势语进行交流是非常重要的。我们不能认为这些身势语不规范,更不必担心使用身势语会阻碍孩子的汉语学习。从聋童的角度来说,他使用身势语进行交流是非常正常的。父母应该认识到,即使终生使用手语,孩子仍然可以像正常人一样,只不过使用的语言不一样罢了。无数的事实证明,聋人能够从事各种职业,而且可以做得非常好。所以,当确认孩子的听力有问题,父母马上就应该有意识地和孩子进行身势语的交流。这与您带着孩子就医,给孩子配戴助听器、做电子耳蜗,做听力和口语训练并不矛盾。因为身势语是实际生活交往的需要,也是学说话的基础。运用身势语进行有效的沟通交流有利于孩子的生活,有利于孩子智力和语言的发展。

父母、教师和孩子使用好身势语,这只是我们要做的第一步,聋童使用身势语也只是他们生活的需要和语言学习的开始,远远不是最终的结果。我们要确信:和所有的孩子一样,聋童也不会一直停留在使用身势语的阶段,他们也会在身势语的基础上发展他们自己的语言——手语,也可以在这个基础上学习和掌握书面语以及一定的口语。

（三）理直气壮地使用身势语

父母在大庭广众之下运用身势语来和孩子交流，可能需要克服一些心理上的障碍，比如觉得不好意思、害怕引起注意等。每一位家长发现孩子的听力有问题时，都会感到难过；每一个孩子在发现自己和别人不一样时，也都会渴望自己能和别的孩子一样。每个聋童幼小的心灵里，几乎都有被别的孩子排斥、嘲笑甚至欺负的创伤。如果家长觉得自己的孩子异于常人，如果教师嫌他们比别人差，孩子是会通过您的身势语感受到这种情绪的。毫无疑问，父母和教师都希望帮助孩子，那最好的方法就是真正从心底接纳他们。所以，理直气壮地使用身势语，理直气壮地夸奖孩子，是一个好家长、好教师必然的选择。父母和教师充满自信地和孩子交流，肯定并夸奖孩子，是孩子自信和快乐的源泉。

每一位父母都能教自己的孩子学说话，面对聋童，用好身势语就可以做到这一点。坚持一段时间，您就会发现，要让孩子明白您的意思，其实并没有那么难。并且还会发现，身势语很多时候比说话更快捷、更方便。这可以改变您对孩子的看法，不断发现孩子的聪明和进步，帮助您走出抑郁的心境。

对教师来说这一点也同样重要。您从身势语交流的角度去观察孩子，去和孩子交流，您就会发现您的学生其实很聪明。他们学习和使用身势语进行表达特别有天赋，各种动作能够模仿得惟妙惟肖，常常能把大家逗得哈哈大笑。教师在身势语交流的基础上进行教学，聋童会非常喜欢。因为他们能看懂，能理解，也就能正确地回应。所以，作为聋校的教师，努力地运用好身势语，是首先应该做好的一件事。身势语不但可以使教师和学生更好地进行交流，还可以解决手语词汇少、不够用的问题，极大地提高聋童学习和运用手语的能力。

（四）认识身势语的局限性

因为人类社会已经有了语言，所以，聋童也必须使用手语和汉语进行交流，才能为社会所接受。到了一定的年龄，社会交往扩大了，孩子不但在他人面前会羞于使用身势语，大部分人也不会和孩子使用身势语进行交流。所以，身势语虽然可以起到交流作用，但是还不能完全取代语言。我们使用身势语，只是通过它先完成交流，并在这个基础上帮助聋童学习手语和汉语。

虽然身势语可以进行很多日常交流,但仅仅使用身势语交流却会使孩子一直停留在具象思维的阶段。发展孩子的语言能力和抽象思维能力,始终是我们教育教学的重中之重。只有在孩子获得了最基本的语言能力和一定的抽象思维能力之后,他的语言和思维能力才会随着交往、学习不断地自我生长。到那个时候,孩子理解一个新的概念、新的词句时,就可以脱离身势语,用汉语来解释和学习汉语(比如我们常用的词语解释,就可以帮助孩子基本理解新词的意思)。所以,聋童使用身势语的阶段理应适当长一点,但我们也应该认识到身势语的局限,尽快帮助孩子在身势语的基础上使用手语和汉语。

二、聋童家庭中的身势语运用

(一)身势语的交流无处不在

在聋童的家庭里,身势语的交流是无处不在的。我们端过一杯水给孩子,孩子就会张开嘴来喝或者接过来自己喝。孩子喝了水,我们就完成了这个交流。再比如我们看着孩子笑,孩子也会笑。我们张开双臂,孩子就会扑到我们的怀中。我们给孩子穿鞋子,拍拍孩子的脚,孩子就会伸出脚配合。我们拉着孩子去洗手,走到水龙头那里,孩子就会把手伸到水龙头下。教孩子穿衣服、整理床铺,只要做样子给孩子看,他就会模仿着做……聋童的生活中根本不可能离开这些身势语交流。

随着孩子年龄的增长、交流范围的扩大,聋童和父母之间需要使用很多模拟的动作、姿势和表情来进行交流。如前提到的一个聋童的回忆:“爸妈用手比画和我交流,比如上厕所,爸妈捂着肚子蹲下身子要方便,玩危险的地方或者利器工具等,爸妈都会板着脸凶巴巴地瞪着我。我会看爸妈的脸色,是可以玩,还是不可玩。”这些模拟的动作、姿势和表情,相信每一位家长和孩子都需要使用。

除了简单的交往可以使用身势语,相对比较复杂的意思也可以运用身势语的组合来表达。比如做一个开车的动作,然后用手指一下,就表示汽车在那个方向。做出攀登的动作,然后把头往上伸做出探望的样子,就表示自己爬上墙头在看墙外。同样是做出攀登的动作,接着做出往下望并且瑟瑟发抖的样子,就表示自己站在了高处。再比如,“我在一旁看笑话,我看你有多大本事",只要在实际场景中"双手交叉放在胸前,身子略微后仰,用嘲笑的表情看着"就行。同理,一个人"很悠闲的样子,很得意的样子"用身势语也都能够很好地表达出来。

用身势语可以表达生活中具体的事物,那么表达抽象的概念行不行呢?比如对孩子说分东西要"公平"。从表面看,这很困难。可是,帮助听力正常并且已经掌握口语的孩子理解"公平"这个概念,也需要通过具体事例进行讲解,才符合孩子的认知和理解水平。所以,和我们用汉语向孩子解释抽象概念的方法一样,身势语也完全可以采用举例子的方法,用具体的事例来表达"公平"的意义。比如您给孩子一块糖,给自己四块。这时,孩子就会不满意,您就赶紧对孩子做一个理解和同情的表情,一块一块地给孩子增加。等加到一样多,如果孩子满意了,高兴了,就表示孩子有了最真实的"公平"的概念。如果孩子不满意,还要糖块,您就做出拒绝的动作和表情,指指两边的糖块,掰着手指数给孩子看,表示已经"公平"了。所以,身势语也完全能够表达比较抽象的概念,甚至表示"每个人都会死"这样时间跨度比较大的事实状态,表示"勤劳努力好,好吃懒做不好"这样的价值判断也都是可以的(见本章后面身势语运用举例)。

(二)身势语在生活中的具体运用

1.教孩子生活自理

教孩子生活自理,是最简单也是最需要的。您想让孩子做什么,怎么做,就做个样子给孩子看,再指指孩子并用目光示意,孩子就会模仿着做。比如吃饭,您先拿着汤匙做个吃饭的样子,再把汤匙塞到孩子的手里,孩子就会明白这是要他自己吃。您把衣服拿到孩子跟前,如果孩子等着您帮他穿,您就摇摇头,然后做个穿衣的动作并指指他示意他自己穿。您用期待的眼光示意孩子,孩子按要求做了,您会自然地流露出高兴和赞许的表情,反之您就摇摇头。这些意思孩子完全都能理解。

2.告诉孩子不许做某件事

对孩子做出的危险举动,您可以做出生气的表情再摇摇手,表示不允许。比如把孩子拉到他推倒的椅子跟前,指指椅子,做出一个椅子倒了砸在脚上的动作和痛苦表情,再摇摇手。如果孩子点头表示知道了,你就点点头微笑一下,默契就达成了。

3. 要求孩子做家务

要孩子做某件事,比如扫地,您拿把扫帚给孩子,把着他的手做扫地的动作然后放开他,示意他自己扫就可以了。以后您就只需要对着孩子做个扫地的动作,甚至只是指指地上的脏东西或者指指扫帚,孩子就会知道这是让他去扫地。

4. 教孩子一定的礼仪

让孩子对着长辈或客人鞠个躬、拉拉手、笑一笑,这些您都只要给孩子示范一次,并且用表情和目光示意他做就可以了。告诉孩子不能哭闹、不随地小便等,您可以先模仿一下孩子的行为,然后就做一个对所有孩子都做过的动作,用一个食指,贴着自己的一个下眼睑往下拉,然后做一下鬼脸,表示难为情、丢脸的意思。

5. 跟孩子讲道理

孩子吃饭时边吃边玩,您想告诉他不要玩。孩子吃饭太快,您想告诉他不能狼吞虎咽。说了这些之后,您还应该告诉他为什么。这些看起来都比较难,但身势语也能说清楚,孩子也会明白。您可以先模仿孩子玩一下吃一口的样子,然后看着孩子摇摇头;让孩子摸摸他自己的碗让他知道饭凉了,再摇摇头表示这样不好;接着您再让他摸一下别的碗对比一下,然后指着这个热的碗竖起大拇指,再指着他的碗,捂住肚子做出疼的样子。您夸张地模仿狼吞虎咽的样子,然后放下碗就捂住肚子,告诉孩子吃得太快也不好。然后再做出正确吃饭的样子,一口一口专注地吃饭,然后用手指指自己或拍拍自己胸前,竖竖大拇指,告诉孩子这样是好的。接下来你可以伸出一只手,手掌向下从孩子的头顶比画到自己的身体,表示孩子跟自己的高低关系。然后手一点一点往上升,意思是说孩子以后会越长越高。这么多身势语组合起来,就可以表示"要好好吃饭,不能太快也不能太慢,这样身体才会好"的意思。

除了讲道理,身势语也可以用来和孩子讲条件、讨价还价。比如您不让孩子多吃零食,可以指指零食,用询问的表情对孩子伸出一个手指、两个手指,表示你要几个?孩子也许会伸出三个手指,您就摇摇头,伸出两个手指,就是只给两个的意思。孩子要看电视,您要他扫地。孩子跑过来拉拉您指指电视,您可以先做个扫地的动作,再指指电视,孩子就会明白,扫完地才可以看电视。

6. 和孩子做游戏

孩子们最喜欢游戏。所有游戏都需要示范和解释规则,这些意义身势语都能表达。比如下棋,"马"应该这样走,"炮"应该那样走,都只要先作示范,然后孩子做对了就点头,做错了就摇头,或者用竖大拇指或小拇指来表示肯定和否定,孩子就会理解和掌握规则。游戏需要互相配合、互相竞赛,这也可以用身势语来表达。比如先指指孩子,再指指自己,可以表示"你先我后"的意思。拍拍胸脯做个骄傲的表情,可以表示自己很厉害的意思。对自己竖起大拇指,对孩子竖起小拇指,当然是表示"我比你好"的意思。

7. 帮助孩子看图书、看动画

您和孩子一起看图书、看电视,可以模仿书中和电视中的人物做出各种动作和表情,把静态的图书变为身势语的表达。您可以模仿大灰狼做出凶恶的表情,做出扑过去的样子;模仿小兔子害怕的表情,逃跑的动作;模仿小猴子掰玉米、抱西瓜、追小兔的过程;模仿熊大、熊二滑稽可爱的动作等来给孩子讲故事。童话故事中一般的情节都可以表演,这样做可以让孩子更好地理解故事内容,更喜欢看书。在看图书、看表演的过程中,您还可以做出一些评价,以此来教育孩子。比如对大灰狼做出斥责的表情和击打的动作,对小猴子两手空空的结果,做出两手一摊无可奈何的动作表情,或者用食指指点着上下晃动几下再配上相应的表情表示批评或嘲笑。

8. 帮助孩子使用各种设施和工具

比如使用抽水马桶,骑小自行车,您做给他看就是了。您还可以模仿孩子的动作,再用表情和动作对孩子的表现表示肯定和否定。

9. 帮助孩子学习知识

教孩子数数,您肯定是伸出手指一个一个地数。教孩子看图识字,比如看到苹果,可以指指苹果,做一个"拿起来咬"的动作,再指指文字,念一念,让动作和图、文字对应起来。看到汽车,可以模仿驾驶员握着方向盘开车。教孩子认识某个人,可以模仿一下这个人的特征,比方说高个子、大胡子、戴眼镜等。再比如教孩子看数学的线段图,比较两条线段的长短,使用身势语也能讲解。您可以指指一条线,用手在两端模仿一下它的长度,意思是说,这条线是这样长。再指指另一条线,重复同样的动作,然后把这个模仿的长度移到另一条线段上进行比较,意思是看看谁短谁长。然后再指一下长线段多出来的部分,用手比画出它的长度,转到孩子的面前,用一个询问的表情,这就是在问:"这部分有多长?"线段上如果有数值,孩子们就可以掰着手指头来计算。

10. 帮助孩子理解汉语

把这一点放在最后,因为这是最重要的。我们当然希望孩子不要一直使用身势语,而是像别的孩子一样尽快学会使用汉语。但是,我们帮助孩子理解汉语最好的办法,就是使用身势语。前面是单独使用身势语来进行交流,如果我们对孩子直接讲话,对孩子写出了书面语,再用身势语把所讲的话和书面语的意思表达出来,就能帮助孩子理解汉语的意思。

有人认为,我们可以用手语来进行沟通,用手语来解释汉语的意思。如果能做到当然很好。但是第一次学手语词,也要使用身势语向孩子解释这个手语的意思。比如"扫地"(一个手掌摊开,另一个手在上面模仿扫帚扫地)这个手语,您也需要使用身势语向孩子解释它的意思。您要么拿着扫帚扫地给他看,要么模拟扫地的样子,两个手握拳一上一下伸在胸前做出握着扫帚扫地的样子扫几下,这样孩子才会明白手语词"扫地"的意思。还有,看图识字也能理解汉语,一个人通过扫地的图片就可以理解"扫地"的意思,图片其实就是静态的身势语。如果孩子看懂了静态的图,他自己就会做出扫地的动作。如果用杯子的图片来学习"杯子",孩子看懂了,他就会做出拿杯子喝水的动作来。

最初教孩子理解手语和汉语都是离不开身势语的,因此,在孩子的生活中,我们想办法用好身势语至关重要。身势语是您最初教孩子学习汉语的唯一武器,无论怎样的纯口语教学,无论您有多坚决不想让孩子学手语,您和孩子都离不开身势语的运用。因为真实的动作和行为,是一定要用的,指点和一些模仿的动作也是离不开的,这是孩子学习手语和汉语的基础。

上述这些身势语的运用都是从父母和教师的角度来讲的。对于孩子而言,因为身势语是人的本能,所以孩子本能就会使用,事实上他也一直在用。如果父母有意识地使用身势语,孩子就会更好地使用他的身势语来跟您交流。比如想买什么,孩子就不会只是用那些不太好的身势语,比如赖在那里不肯走,甚至哭闹发脾气。我们可以看到有些聋童有非常好的行为规范和沟通能力,很容易沟通,很会察言观色,这就是因为父母和他们建立了良好的身势语交流,使他们很好地掌握了这种能力。笔者曾见过这样的情景:一位聋童在超市里,故意在妈妈面前做出眼馋的表情,俯着身子专注地看着想买的东西。妈妈装作没看懂,没反应,他就隔一会儿对妈妈做个笑脸,引妈妈来看自己,然后又专注地看着自己想要的东西。孩子就是用这萌萌的动作和表情,既不用口语也不用手语,准确地"说"出了自己的要求。这个事例说明这对母子平时有着良好的身势语交流,有着很好的默契。所以,我们一定不要低估孩子使用身势语的能力,因为这就是他们生活中最好的交流工具。

(三)身势语运用示例

手语需要学习,但身势语每个人都会使用。只要您大胆地运用身势语,就一定会运用得非常好。

1.真实的动作、姿势和表情

除了动作示范,还有一些真实的姿势、表情等,需要我们经常运用。

(1)指点。指点可以表达很多意义,比如,一把扫帚倒在地上。教师指着扫帚,用一个询问的表情扫视大家,就表示询问"这是谁干的?"再对着大家用食指指点着上下晃动几下,就表示"你们这样真不好。"用这个动作指着孩子的作业,就表示"你看你做的作业。"这个动作对着某个人,就表示对这个人的批评。

(2)微笑。微笑的交流作用非常大,这在听人中也同样如此。双方微微一笑,互相就心领神会了。微笑传递的是善意和温暖,即使陌生人之间也是如此。如果一个孩子刚刚顺手往地上扔了一点垃圾,正好您看到了,您微笑着摇头示意,就表达了善意的批评,就可能让孩子去捡起垃圾扔到垃圾桶去。

(3)触碰(包括拉手、握手、拥抱等肢体接触)。父母和孩子每次出去都拉着手,就可以建立一种默契,既表示"我们不分开",也表示"我需要你"。睡觉之前,父母和孩子拉拉手,贴一下脸,可以表示暂时分开前依恋的情感。教师对学生的触碰,最常见的就是每次见到了拉拉手,加上一个笑脸。教师迎面见到一个高年级的聋生,相互一笑,击一下掌,这些都是很好的身势语交流。这可以和学生增进情感,说的是"你好",表示教师对学生的尊重和喜爱。经常这样做,孩子就会亲近和信任您。

微笑和触碰等这些情感的交流对聋童特别重要,因为这正是他们所缺少的。人们经常会因为交流困难而疏远,所以聋童常常会被有意无意地忽视和冷落。因此,父母和教师在恰当的场合很自然地拉拉聋童的手,抚摸一下他的头,会让孩子感到您的善意和爱。当一个孩子生气了趴在桌上捂着眼睛不看您时,也许您就能用到摸摸他的头这个方法了。如果您和孩子有这个默契,孩子是会感觉到的。

2. 对动作、实物的模拟

(1)对动作的模拟。对动作的模拟,以踢足球和骑自行车为例做如下示范。

踢足球:用手做一个圆球的样子往脚下一放,直接用脚踢。

骑自行车:用双手做扶着自行车把的样子,然后双脚轮流抬起放下做蹬车的动作。

(2)对实物的模拟。相对于动作的模拟,身势语对物体的模拟比较困难。实物在眼前的话我们就用指点来表示,如果不在眼前就只好用使用这个实物的动作再加上对物体的模拟、指点。比如:

冰棍:用一个食指当冰棍做吃冰棍的动作,然后用另一个食指指一下当"冰棍"的手指。

西瓜:两手五指张开做一个圆球状,再用一个手掌模拟刀表示切开,两个手分开表示西瓜成了两半,拿起一个放到嘴边啃,或者拿勺子挖来吃。

碗:双手拇指和食指比出一个圆形,对着这个圆做盛饭的动作,接着做吃饭的动作,然后再比出这个圆形。

饼干:拇指和食指比出一个圆形,拿到嘴边咬,吃。

生日蛋糕:用双手拇指和食指比出一个生日蛋糕一样大的圆形,再用一个手的拇指和食指比一下蛋糕的厚度,模拟插蜡烛、点蜡烛,模拟切蛋糕、吃蛋糕的动作,还可以抹一下嘴边表示擦奶油。

3. 对道理的讲解

(1)"勤劳努力好,好吃懒做不好"。指指自己,然后反复模拟做某一件事的动作,比如扫地、拖地,指指各个房间继续模拟做扫地、拖地的动作表示做了很多,然后模拟累的姿势和表情。再指指某个方向,表示孩子认识的某个人,或指指图画书中的某个人,反复模拟吃这个吃那个的动作,做个扫地的动作再做摇摇手躲避的动作,模拟出不肯扫地的动作和表情。最后对这个人摇摇头,用食指指着他上下晃动儿下,做出批评的表情。

（2）珍爱生命，敬畏生命。指指孩子，用一个手比出孩子的高度，然后从离地面大约五十厘米开始慢慢往上升高，到孩子的高度，用高兴和赞扬的表情表示孩子慢慢长到现在这么高了。然后再继续一点点升高，到自己的高度，表示孩子也会慢慢长到这么高，等孩子有了理解的表情，就高兴地点头表示孩子说得对。然后模拟老人驼背和拄拐走路的样子，表示自己老了，然后再做出眼睛一闭歪倒的样子，闭着眼不动，用一个手推推自己的身子，但仍然闭着眼睛不动。然后再做出孩子哭泣的动作和表情。接下来把模拟老人走路到闭着眼睛不动的过程简化一下，指着孩子做一遍，表示孩子也会这样。孩子有了理解的表情，就可以指着另一个人，用询问的表情问孩子，意思是这个人会不会这样？如果孩子点点头，就表示他有了理解。当然这样的讲述，孩子不能太小，父母可以根据实际情况来决定。根据笔者的经验，至少六七岁的聋童，对这样的身势语表达都是能够理解的。

理解死的概念，是为了让孩子懂得安全的重要，所以接下来我们还可以用身势语讲"汽车撞了也会死，在河里也会淹死"等。当然，这种身势语的讲解，最好和图片、视频等结合起来讲。这样更容易讲清楚，孩子的理解也更准确。在这里不厌其烦地举出这些例子，只是为了说明这种看起来比较难的说理，身势语的表达其实是可以做到的。

4. 讲故事

（1）《吃鸡腿》。《吃鸡腿》表现的是一个人吃一个鸡腿，开始很高兴，但是鸡腿咬不下啃不动，鸡腿的筋弹性十足，最后办法用尽、洋相百出的过程。

（2）《跳水》。《跳水》表现的是一个人看到别人在高高的跳板上跳水，感到很羡慕，就豪气十足也要去跳水，结果在扶梯上越爬越高越来越害怕，勉强爬到跳板后就站不起来了，只能一点点往前爬，最后闭着眼睛掉进水里的过程。

（3）《洗澡》。《洗澡》表现的是一个人到澡堂去洗澡，从开始拧不动水龙头，到洗澡水一会儿热一会儿凉，他一会儿挨烫一会儿受冻，最后生气地一脚踹开门往澡堂外冲的过程。

这些故事都使用身势语来表达，不会手语也能讲，不懂手语也完全能看懂。这样的故事非常受聋童欢迎，他们完全能理解，还会模仿得惟妙惟肖。教师和家长经常这样做，有利于激发聋童的表达欲望，提高他们的表达能力和语言学习能力。

三、身势语的分类及特点

近些年随着具身认知观的发展和一些实证研究的支持,心理学家开始逐渐认识到身体在认知活动中的重要性。具身认知观认为,身体的感觉——运动系统(包括情绪、本体感受)是概念形成的基础,所以,在概念形成过程中,身体线索至关重要——"人们逐渐意识到,身体经验是建构知识的一种源泉,而这种建构是通过活动的、鲜活的生理性体验而进行的。我们的身体有它自己的记忆,储藏着各种故事和潜在的创伤经验。这种身体智慧的获得需要我们学习向身体聆听……这种知识是存在的,只是经常隐藏于直接意识觉察之后。若要得到这种无意识的知识,就需要给予我们的身体以更多的关注。"[①]

认知心理学的"具身认知观"说明,学习的过程和结果看似发生在我们的大脑中,其实却离不开我们的身体。大脑的确是学习的重要器官,但我们的身体却是学习发生的部位,是知识的源头,所以,我们要充分认识和重视身势语在学习中的重要作用。身势语不仅在生活中起到交流的作用,为儿童学习语言提供材料,它本身还是儿童学习的开始,是知识的源头。我们通过身势语这种身体活动获取的各种"活"的生活体验,是我们概念和语言形成的重要基础。

同时,身势语和手语有着千丝万缕的关系,身势语是手语的基础和源头。

(一)真实的身势语的和模拟的身势语

1.真实的身势语

真实的身势语是指能够表示意义的真实的动作、姿势和表情。如客人来了,您"打开门,侧身让开,露出微笑的表情,再做一个请的动作",这就是一连串的身势语。这些身势语表示的意思是很明确的,大家都会做,大家都能懂。我们的生活中,有大量的身势语就是真实的动作、姿势和表情,我们把这种真实的动作、姿势和表情叫作"真实的身势语"。

但是,不是生活中所有的动作、姿势和表情都是身势语。不表示交流意

---

① 叶浩生:《"具身"涵义的理论辨析》,《心理学报》,2014 年第 7 期,第 1034 页。

义的动作、姿势和表情就不是身势语。比如我们端给孩子一杯水的动作是身势语，但是独自在家给自己倒一杯水，就不是身势语。再比如，我们平时一般不会做这样一个动作："一个手掌直立，四个手指在头一侧发际边前后擦动几下"，如果有人做了一般也不表示什么意义。所以对这样的动作，大家看到会感到奇怪，不明白他在做什么。从心理学的角度看，人无意识的举动也能表示他内心的心理活动，所以这个动作也可以被称为身势语。但显然，这个动作和我们所讨论的能够表示交流意义的"真实的身势语"是有区别的。

2. 模拟的身势语

除了生活中真实的动作、姿势和表情以外，模拟真实的动作、姿势和表情，也是非常重要的身势语。同样是上面打开门表示"请进"的那些动作、姿势和表情，如果是一位演员在台上对着一扇虚拟的门做出来，这就是一连串模拟的身势语。模拟的身势语表示的意思和真实的身势语是一样的，大家也都看得懂。

大家都爱看的默剧、动画、无声电影，都包含着大量模拟的身势语。陈佩斯、朱时茂著名的小品《胡椒面》整场几乎没有口语，完全靠动作、姿势和表情来展示情节，但大家都看得懂；孩子爱看的动画片《猫和老鼠》，在一定的场景中，通过猫和老鼠模拟人类的身势语，把故事讲得惟妙惟肖，引人入胜；卓别林主演的无声电影，运用的也是真实的和模拟的身势语。凭借场景和时代背景，卓别林的这些身势语不但能演绎故事，还能够表达深刻的思想和哲理。

通过对比，我们可以发现真实的身势语是随着生活中的交流自然发生的，既是生活的需要也是交流的过程。而模拟的身势语不但可以进行交流，而且可以用来描述事情，讲述故事。对失去听力的聋童来说，这恰恰是一个天然的最佳交流手段。

（二）自然的身势语和约定的身势语

因为真实的身势语和模拟的身势语都可以直接表示意义，所以这两者都属于自然的身势语。

1. 自然的身势语具有天然的视觉可理解性

自然的身势语是指能够表达意义的真实的和模拟的身势语。自然的身势语是从人类诞生开始就具备的一种交流能力,也是每个人从出生开始就自然发展并伴随终生的一种交流能力。只要智力正常,具有正常的生活能力,就会具有这种交流能力。我们不需要使用语言,直接就能通过身势语进行交流。自然的身势语每个人都会运用,每个人都能看懂,身势语这种"一看就能懂的"特点,我们可以把它叫作"天然的视觉可理解性"。

2. 约定的身势语具有约定的视觉可理解性

一些约定的动作、姿势和表情虽然能表示意义,但这些意义是人为约定的,不经过学习就看不懂,这就是约定的身势语。比如"摔杯为号",摔杯是一个真实的动作,一般的意思是表示愤怒,大家一看就能明白。可是摔杯动作经过约定,就成了行动的信号,变成了约定的身势语,就只有约定的双方才明白。再比如,交警的指挥动作也是一种身势语,但交警的指挥动作都经过约定(规定),大家要通过学习才能明白。上面所说的"一个手掌直立,手指在头一侧发际边擦动几下",汉语手语把这个动作约定为"男性",因此,这个动作就只有学过手语的人才能懂。这些经过约定的身势语,就已经成了一个符号。如果这些约定的身势语传播开来,用的人多了,就成了行业用语的视觉符号或手语符号。

可见,视觉可理解性是可以被赋予的。约定的身势语本身虽然不具有天然的视觉可理解性,但在被约定以后,在掌握这些约定的身势语的人看来,也就具有了视觉可理解性。我们可以把这种视觉可理解性称为"约定的视觉可理解性"。

(三)身势语的几个重要特点

1. 自然性、必然性

身势语具有与生俱来的自然性和必然性。陈蓉霞为达尔文的《人类和动物的表情》一书写导读时指出,"人类的情感是天生的,不习自会的,并且具有共性"。当代心理学认为,人类的情绪分为基本情绪和次级情绪。基本情绪有五种:快乐、悲伤、愤怒、恐惧和厌恶。"五种基本情绪在孩子两岁时即发育完毕,从特定的面部表情中可以识别。先天眼盲和耳聋的儿童同样具有这些表情,足见这些表情并非模仿而得,而是与生俱来的。"所以,我们的动作、姿势和表情是与生俱来的,它既是我们生存的需要,又是生活本身,是一种自然的存在,我们是无法把它从生活中去除的。不管我们是否愿意,身势语是不可回避的,是一定要用的,也是永远不会忘的。只要有交往,我们就一定有身势语。

所有的孩子,在没有学会说话时,都是使用身势语来进行交流的。所有的人在获得语言能力以后,身势语也还存在于交往之中。在因为某种原因(比如疾病)失去语言能力之后,一般也可以继续使用身势语(比如老年瘫痪失语的病人)。对聋童来说,他们本身具有使用真实的动作、姿势和表情的能力,而模拟这些不可回避的动作、姿势和表情,使用模拟的身势语来进行交流,是自然而然的事。聋童即使听力补偿的效果比较好,身势语的交流也是无法避免的,这都是身势语自然性和必然性的体现。

2. 天然的视觉可理解性

因为身势语的自然性和必然性,所以身势语还具有"天然的视觉可理解性"。"天然的视觉可理解性",顾名思义就是我们不需要使用语言文字,交流的意义能通过形象直观地表示出来,能通过形象直观地被理解。用通俗的话说,"天然的视觉可理解性"就是"不需要学习,每个人一看就能懂"。这和我们常说的形象性有共同之处,所以我们也可以把"天然的视觉可理解性"理解为"形象性"。

3. 通用性

由于身势语的自然性、必然性和天然的视觉可理解性,所以身势语的表达还具有全人类的通用性。如果到了国外,在语言不通的时候,我们就会采用身势语的表达方式。比如点餐,我们就会看着菜单图片或者邻桌的菜用手指指,再竖起手指,竖一个就是一份。显然,这个方法每个人都会用,并不用别人教。在语言不通的情况下,我们听不懂对方的话,但还是很容易感受到对方的敌意或善意,这是因为各个民族的语言虽然不同,但身势语却是相通的。

人类天生具备的、无法回避的、充满形象性的身势语表达,我们人人都会运用,并不需要专门的学习。运用身势语进行陈佩斯、朱时茂《胡椒面》那样的表达,其实我们也都会,只是达不到表演的水平。看艺术家的表演是一种享受,而我们如果进行身势语的表达,可能就不美观甚至让人看着不习惯。但是,在表达意思这个层面,如果生活需要的话,我们和艺术家就不会有什么差别。只不过因为我们有语言这个交流工具,所以一般不必采用这样的方式。

四、聋童模拟的身势语和手语

(一)聋童的身势语和听童的身势语

1.听童的身势语

从孩子出生开始,他就有了身势语。婴儿最初的身势语主要是一些真实的动作、姿势和表情,比如手的动作(比如抓握)、身体动作或姿势(比如扭头),还有脸部的表情等,这些身势语都是随着人的表达需求自发产生的,或者是身体的本能反应。随着他们活动能力的增长,这些动作、姿势和表情就会越来越丰富,表达的内容也越来越多。但一般儿童单独使用身势语进行交流的阶段比较短,他们很快就开始在身势语的运用中逐渐理解和使用语言,逐渐减少了身势语的单独使用。

模仿是每一个孩子的天性,因此听童的身势语中也有很多对真实的动作、姿势和表情的模拟。虽然和聋童相比,听童模拟的身势语比较少,但在每个孩子的生活中,模仿成人的动作、姿势和表情,是他们重要的学习和游戏内容。如孩子玩过家家、模仿成人做事、模仿老人弯腰走路、模仿鸭子走路、模仿小白兔蹦跳等。他们会拿着玩具枪模仿军人打仗,拿一个棍子模仿成人扫地,拿一个圆形的盖子当方向盘模仿开车⋯⋯

2.聋童的身势语

和听童的身势语相比,聋童的身势语具有以下一些特点:

(1)模拟的身势语大量增加。和听童相比,聋童的身势语大量增加了对真实动作、姿势和表情的模拟。他们因为生活交流的需要,不但模拟动作,还开始对事物和情景进行模拟。孩子要吃西瓜,他就会模拟出西瓜的形状和切西瓜、吃西瓜的动作。孩子扫完了地,就会模仿扫地的动作在室内扫一遍。孩子说某个孩子打了自己,就会指指别人,然后模仿别人打自己的动作。孩子说这个东西不是他拿的,是隔壁某个孩子拿的,就会指指隔壁,模仿出那个孩子把东西拿走的样子。

这种聋童模拟的身势语,很多人把它看作是土手势(自创手势)。但其实聋童的这种身势语并不都是土手势,因为这种对事物和情景的模拟是自然的、直观的、形象的,具有天然的视觉可理解性。也就是说,这些模拟的身势语,是大家都会这样模拟、也都能看懂的。这些模拟的身势语是不是土手势,我们在下面"模拟的身势语和土手势"一节中来展开讨论。

(2)动作、姿势和表情比较夸张。聋童往往会把一些动作、姿势和表情加以夸张、重复等来表达意义。比如表示肚子痛,一般婴儿的身势语就是哭闹,扭动身子等,再大一点还会用手捂着肚子。如果痛得很厉害,孩子还会用两个手捂住肚子佝偻身子并显示出痛苦的表情。聋童的身势语和所有孩子是一致的,他们同样会因为肚子痛而哭闹。但是在逐渐成长的过程中,其他孩子逐渐使用语言来表达,聋童却仍然使用这种身势语。为了表达,聋童的身势语会比较夸张,假设身体的反应并没有这么痛,他们也是用两个手捂住肚子加上痛苦的表情来表示肚子痛。

(3)使用身势语的阶段比较长。很显然,和听童相比,聋童使用身势语交流的阶段比较长,身势语成了他们生活中最重要的交流工具。听童在身势语的基础上很快开始学习说话,聋童在身势语的基础上自然地发展,就会为学习手语打下良好的基础。如果父母和孩子能积极主动地使用身势语进行交流,孩子使用的身势语就会比其他孩子更生动丰富,更活灵活现,更有助于相互之间的交流。在这个基础上,父母、教师尽早积极使用手语、书面语、口语和他们进行交流,他们的手语和汉语的也会很快地发展起来。

(二)模拟的身势语和土手势

要分辨聋童模拟的身势语和土手势(自创手势)是不是一回事,我们需要先看一看聋童生活中究竟都有哪些交流的方式。有些人会觉得,聋童的身势语就是土手势,我们也习惯于把聋童的模拟动作称作土手势(自创手势)。这种认识有一定的道理,但并不准确。聋童因为交流的需要,的确会有一些自己创造的手势动作。这些手势因为和聋人约定的手语不同,叫土手势(自创手势)也有道理。但是,聋童在家中的交流主要不是靠这些土手势(自创手势)来进行的。

1. 聋童生活中的交流方式

在没有掌握语言(包括手语)前,聋童在生活中主要有以下几种交流的方式:

(1)真实的身势语交流。比如,在生活交流中,我们拍拍孩子的脚,让他抬脚配合穿鞋,我们指指扫帚让孩子去扫地,直接就是生活中真实的动作。孩子拉拉妈妈的衣角,指着想买的东西,要求妈妈买这个东西,也并不是手语而是身势语。“努努嘴,使个眼色”“噘起嘴巴表示生气”“瞪着眼睛摇摇手”更是所有人都会使用的身势语。这些身势语的交流一般的孩子不再需要单独使用,但却是聋童使用最多的交流方式。很显然这些交流使用的都是身势语而不是土手势,每个人都看得懂。

(2)模拟的身势语交流。模拟的身势语就是对真实的动作、姿势和表情进行模拟。我们已经举过大量的例子说明,这种模拟的身势语同样具有天然的视觉可理解性,一看就能明白。比如男孩子直接模拟小便的动作,女孩子拉拉裤子,蹲一下来表示上厕所。因为聋童非常需要这种模拟的身势语交流,这种方式也最引人注目,所以最容易被看作是土手势。

(3)土手势(自创手势)的交流。比如,孩子用拇指和食指弯成一个圆来表示饼干,最初父母可能不明白,但通过交往的情境和孩子的身势语(表情、指点甚至直接去拿饼干),父母就能明白孩子这个小小的圆代表饼干。以后孩子再做出这个圆,不用再做其他的动作,父母就能明白孩子说的是饼干,这就是他们之间一个手语词的约定。因为圆形的东西有很多,孩子的这个手势动作,不是一看就能明白的,所以需要有一个约定的过程。笔者认为,在聋童的交流中,需要进行约定才能明白意义的身势语才是“土手势”。这种土手势(自创手势),除了约定者之外,其他人一般都不容易看懂。

这种土手势主要是用某一个事物的特征来表示这个事物,比如用某个人的特征来表示这个人。但这种土手势的词一般不会很多,因为用“模拟的动作”来表示事物更容易也更清晰易懂。比如电话的外形很难模拟,但打电话的动作就很容易模拟,所以我们常常模拟打电话的动作来表示电话。只是在无法模拟“使用这个事物的动作”时,聋童和家长才需要模拟“这个事物的特征”,创造出一个土手势。如果可以直接模拟动作的话,一般家庭就不会创造出土手势。比如,大多数聋童家庭都没有约定出上厕所的土手势,要么使用指点,要么就使用模拟的身势语。

2. 模拟的身势语和土手势的辨析

我们以一项对聋童“自创手势”的研究为例,来看一下聋童模拟的身势语究竟是不是土手势(自创手势)。

有研究者在2005年对一所学校新入学的聋童进行了一次手势调查,这是一项非常有价值的研究。调查列举的自创手势如下:

苹果:①双手拇指、食指相对呈圆形;②放在嘴边做咬的动作。

梨：①一手拿梨子状；②另一手做撕梨子上的包装纸的动作。

西瓜一：①一手放在肩上托着；②头微侧，另一手拍拍，做挑选西瓜状。

西瓜二：①两手相对模仿西瓜大小；②用右手做切西瓜状；③拿起一块做吃状；④做摔瓜皮动作。

毛巾：做洗脸动作。

牙刷：①做漱口状；②一手食指在嘴边来回动，模仿刷牙。

猫一：双手五指从嘴边往外拉。

猫二：①两手在嘴边一张一合；②同时眼睛一闭一睁。

狗：①两手耷拉在胸前；②头一顿一顿像狗叫的样子。

鱼一：①做钓鱼动作；②一手抓住另一手的大拇指并抖动四指。

鱼二：①先做钓鱼的动作；②两食指相距半尺一顿。

树一：①拧柳树的动作；②吹柳哨的动作；（①应该是拧柳树叶，本书作者注）

树二：两拇指、食指做三角形，一层一层向上移动，呈松树状。

花：①摘花的动作；②放在鼻前做闻花状。

小便：男孩模仿站立小便的姿势；女孩模仿脱裤子或蹲下状姿势。

该调查报告准确地把聋儿这些手势的表达特点归纳为五点：①模仿事物的基本外形特征；②模仿事物的典型动作和神态；③表达事物的用途或功能；④直观模拟动作行为；⑤指代现场的事物。同时，调查也发现了他们有的手势惊人相同，他们的自创手势有局限性，抽象程度不高，属于前手语等特点。[①]

（1）分析与讨论。上述五个特点除了①"模仿事物的基本外形特征"以外，②③④⑤都直接和动作、姿势和表情有关。②"模仿事物的典型动作和神态"，例子中"狗"这个手势动作就是模仿狗站立的姿势和吠叫的动作、神态。③"表达事物的用途或功能"也使用动作来表示。事物有用途或功能，就会有相应的使用动作，比如毛巾是用来洗脸的，洗脸就是一个动作。牙刷是用来刷牙的，刷牙也是一个动作。④直接就是模仿动作行为，和⑤指点一样，都是真实的身势语。

所以，这些手势大部分都和模拟的身势语有关。我们可以把上述例子

---

① 赵庆春、沈玉林：《离群聋儿自创手势与中国手语的比较研究》，《中国特殊教育》2006 年第 6 期，第 7 页。

分为"模拟事物相关的动作、姿势"和"模拟事物的外形特征"两类：

第一类：模拟事物相关的动作、姿势。例子中大部分手势都属于此类。"西瓜、毛巾、牙刷、鱼、花"等都是直接模拟事物相关动作的，是非常形象的。"西瓜一"模拟了挑西瓜的动作，"西瓜二"模拟了切西瓜、吃西瓜等动作，"毛巾"模拟了洗脸、擦手的动作，"牙刷"模拟了刷牙、漱口的动作，"鱼一、鱼二"都模拟了钓鱼的动作，"花"则模拟了摘花、闻花的动作。这些动作和要表达的事物相关度很高，具有明确的视觉可理解性，不会引起误解。这些动作再配以一些表示特征的手势，就能准确地表达例子中名词的意义。比如"鱼"在模拟钓鱼的动作以后，加上了鱼的长度（外形）或被抓的鱼扑腾的样子，就能准确表达"鱼"的意思。狗自身具有动作、神态。例子中"狗"就是模拟狗站立的姿势和吠叫的动作、神态，也非常形象易懂。

我们认为，这项调查发现"有的手势惊人相同"，应该就是指这一部分。这一特点和"他们的自创手势有局限性，抽象程度不高"等特点，恰恰说明了这样的手势动作并非"自创"，而是模拟的身势语，具有人人都懂、一看就能明白的天然的视觉可理解性。所以，聋童这些"惊人相同"的模拟事物相关动作的手势，与其说是自创手势，不如说是模拟的身势语更为准确。

例子"苹果、梨、树一、猫二"等，其中"苹果"这个手势先模拟了外形特征（圆），然后就模拟了咬苹果的动作。从这个动作看，"苹果"这个手势至少可以确定是一种水果。"梨"是撕梨上的纸这个动作，"树一"是与柳树叶相关的动作"摘"和"吹"，这些动作都不是直接模拟使用该事物的动作。"猫二"模拟的是猫张嘴和眨眼的动作，这些动作也不是猫典型的动作特征。因此，"苹果、梨、树一、猫二"这些动作和事物的相关度不高，不易理解或容易导致错误的视觉理解，所以就不容易看懂。这些动作带有一定的自创性，在交往中需要经过约定才能起到交流作用。

第二类：模拟事物的外形特征。猫自身也具有动作和神态，但"猫一"没有模拟猫的动作、神态，只是模拟了猫长长的胡须这个特征。人类对常见的动物，已经有了一些约定俗成的身势语表达方式，比如用模拟鸭子一摇一摆走路的样子来表示鸭子，模拟兔子长长的耳朵来表示兔子等，这是大家都能看明白的。所以这里的"猫一"虽然没有模拟猫的动作、神态，但因为大家都用模拟猫的胡须来表示猫，也就很容易看懂。从性质上来说，这就是一个已经被约定的"手语"，只不过约定的范围更广，超出了聋人手语的范围。

一些事物自身没有动作和神态，也没有直接使用的动作，只能用手势动作来模拟事物的特征,要理解这样的手势难度就比较大。"树二"是例子中唯一单独模拟事物外形特征的手势,这样的手势就不具有天然的视觉可理解性(笔者猜测"树二"可能是聋童对着简化的塔松图片模拟的)。这说明要单独用手势动作模拟事物的特征,和模拟相关的动作相比,明显是比较困难的。

(2)结论。这些例子中只有"苹果、梨、猫二、树一、树二"这五个不容易看懂的需要经过约定才可以用来交流的手势动作,才属于土手势或自创手势。因为这些手势动作具有一定的自创性、需要经过约定才能理解,符合"离群聋儿的自创手势是对生活经验的符号化"的定义。其余那些"惊人相同""抽象程度不高",具有天然的视觉可理解性的手势,则是模拟的身势语。

同时,把这些模拟的身势语看作自创手势,是我们仅仅从词的角度去观察离群聋童交流状态的结果。在聋童的实际交流中,我们会发现他们模拟的身势语很多时候展示的是一个过程,是一个句子才能表达的意义。比如孩子指指某个人,做一个"拳打向自己"的动作,这其中并没有土手势(自创手语),但却完整地表达了汉语一个句子"他打我"的意义。这类模拟的身势语表达在聋童的生活中比比皆是,而且人人都能看懂。用"自创手势"或"土手势"来概括这种交流,显然不如用"模拟的身势语"来概括更为准确。同理,小品《胡椒面》中陈佩斯、朱时茂的表演不需要演员和观众互相之间的约定,人人都看得懂,所以我们就能据此判断他们使用的都是身势语,而不是土手势或自创手势。

3. 模拟的身势语和土手势(自创手势)的重要区别

通过以上的辨析,我们可以得出模拟的身势语和土手势有以下几点重要的区别:

(1)模拟的身势语一看就懂,而土手势需要经过约定。模拟的身势语是直接模拟现实情景的,具有天然的视觉可理解性,属于前语言。土手势直观的视觉意义不明确,需要经过使用者之间的约定,所以,土手势属于语言符号,性质上和手语符号相同。手语和土手势的区别,只不过是约定的范围大小不同。因此,是否具有天然的视觉可理解性,是否需要约定,是我们判断模拟的身势语和土手势最明确的标准。

(2)模拟的身势语表达范围更广,而土手势往往用来表示名词。模拟的身势语使用的是动作、姿势和表情,非常适合用来表示事物、行为、动作、状态和过程。而土手势常常用来表达模拟的身势语无法表达的事物,如我们前面举例的饼干、树二和人名等。所以土手势往往仅以词的形式出现,在需要表达完整的句意时,土手势需要和模拟的身势语相结合才能完成。

(3)模拟的身势语先于土手势产生,并且在交流中会一直存在,而个人的土手势则大多会被聋人群体约定的手语所取代。听力正常的孩子也很早就会使用模拟的身势语,而土手势只是在模拟的身势语不能满足聋童的交流时才出现。土手势随着聋童交往范围的扩大,会失去存在的价值,小范围约定的土手势会被更大范围内约定的地方手语或通用手语取代。但是,模拟的身势语会一直存在,它永远不会失去交流作用,它会作为一种重要的表达方式,一直保留在手语内部。即使是听人,在需要的时候,这种模拟的身势语也可以单独承担交流的作用。所以,土手势会被取代,模拟的身势语却永远不会消失,永远不会失去交流的作用。

4. 如何看待和使用土手势

有的家长和教师会觉得,既然要学习和使用手语,就要学习规范的手语。这当然有一定的道理,土手势在今后一定会被更大范围约定的手语所取代。不过在没有条件学习手语的时候,土手势的交流作用也应该得到肯定。家庭中为了交流而约定一些土手势,对交流只有好处,并不会有什么坏处。以后孩子到了学校,土手势马上就会被取代,并不会影响手语的学习。

更重要的是,我们一定要分辨清楚,很多我们认为的土手势,其实是模拟的身势语。即使今后孩子掌握了手语,在手语的运用中也经常会用到这些模拟的身势语。模拟的身势语我们每个人都会使用,既容易表达,也容易看懂,所以我们一定要大胆地加以运用。前人用"哑语"概括聋童与他人的交往。但在今天,如果我们还简单地认为聋童模拟的身势语就是"哑语",就是"土手势",这是肤浅的认识。我们理应对聋童模拟的身势语做更进一步的观察和分析,不能笼统地把聋童模拟的身势语看作是"土手势"。

(三)模拟的身势语和手语

手语也使用动作、姿势和表情表达意义,当然也是一种身势语。但是,手语不是自然的身势语。这是因为,手语中除了自然的身势语以外,还包含着大量约定的身势语。

手语是一种语言学意义上的语言,而身势语只是生活中真实的动作、姿

势和表情,聋童的身势语则加上了对真实动作、姿势和表情的模拟,因此,手语和身势语既有联系又有各自的特点:

1.身势语是口语和手语的共同基础

人类交往中最基本的动作、姿势和表情,是人类真实的实际的交往,表示的是人类生活中真实的事实和逻辑关系,而人类语言的基本作用就是替代这些实际的交往。美国语言学家布龙菲尔德用"S→r···s→R"这个公式表明了人类的语言(r···s)是人类非言语的实际行为(S···R)的替代手段。[①] 这说明语言不管是口语还是手语,首先是人们互相之间真实的实际交流行为的替代手段,是我们用来表示这些真实的动作、姿势、表情以及想法的工具。离开了人类的实际交流行为,离开了这些真实的动作、姿势和表情,语言就成了不可理解的怪物。

人类语言的发展是这样,个体语言的发展也是这样。"儿童的语言发展是在非语言的交际中完成的。婴儿在不会说话以前就知道如何使用手势表达要求。"[②]"前语言儿童用姿势吸引接受者的注意,用姿势来进行交流。这样,向言语行为的转化可以看成是学习用词来做不用词而已经做过的事"。"意义—意图的原始系统—先于并引导着语言的理解和产生。婴儿通过—先不依靠语言—确定说话者要传给他们的意义,然后理解意义和语言之间的关系,来学习语言。"[③]这里的"不用词而已经做过的事","意图的原始系统",指的就是已经用动作、姿势和表情做过的事、已经表示出来的意义。语言心理学的研究已经明确表明,身势语是每一个孩子习得语言之前的交流工具,是他们语言发展的基础,他们的口语是在身势语交流的基础上发展起来的。

聋童虽然失去了听力,但正常的生活行为,自然的身势语仍然是他们"意图的原始系统",仍然是他们确定语言意义的依据,也是他们"不用词而已经做过的事"。和所有的孩子一样,身势语交流也是聋童习得手语和有声语言之前的交流工具,也是他们理解手语和有声语言的基础,他们的手语和有声语言也是在身势语的基础上发展起来的。

---

① 姚小平:《西方语言学史》,外语教学与研究出版社,2011,第362页。
② 靳洪刚:《语言获得理论研究》,中国社会科学出版社,1997,第25页。
③ [美]D.W.卡罗尔:《语言心理学》,华东师范大学出版社,2007,第251页。

这样我们就可以得出一个结论：我们的口语和手语都是在身势语交流的基础上形成和发展起来的。孩子有良好的听力，他们就在身势语交流的基础上形成和发展口语，如果失去了听力，他们就在身势语交流的基础上形成和发展手语。如图2-1所示。

图2-1　身势语与口语、手语的关系

理解了身势语交流是口语和手语这两种语言形成发展的共同基础，我们就能解释为什么聋童既可以通过手语理解和习得有声语言，也可以不通过手语理解和习得有声语言。正是因为有了身势语交流这个理解和学习语言的基础，我们才可以解释海伦·凯勒、周婷婷等很多聋童不通过手语却能够学习和掌握书面语、口语的现象。

手语和口语有共同的基础，还说明在良好的学习状态下，手语和口语是一种相互促进、共同发展的关系。同时，和口语相比，手语和身势语的关系更加紧密。从身势语发展到口语，表达形式经过了转换，从动作、姿势和表情转到了语音的形式。而从身势语发展到手语，使用的却都是动作、姿势和表情，因此手语和身势语的关系更为紧密。为了充分重视身势语作为手语和口语基础的重要性，我们有必要对手语和身势语这两个概念加以明确的区分和细致的分析。明确身势语和语言发展的关系和作用，有助于我们更好地运用身势语帮助聋童学习手语和汉语，也有助于我们理解手语的特点，更好地分析和运用手语。

2. 模拟的身势语是手语的直接源头和重要的组成部分

手语在聋教育和聋人群体出现以后才开始形成和发展，而人类运用模拟的身势语远远早于手语，这是手语和模拟的身势语之间的重要区别。显然，聋童这些模拟的动作、姿势和表情还不是手语，只能看作是手语的开端或者源头，因为这些动作和表情还没有符号化，没有掌握手语的人也很容易看懂。手语的真正形成,手语发展成为一门真正的语言,需要等待聋人群体的出现,需要有一个把模拟的身势语以及大量的手势动作约定为手语符号的过程。

和有声语言相比,手语词汇的数量有限,但因为手语有身势语做基础,可以随时使用身势语的模拟功能,因此表达能力并不受手语词汇的限制。世界各国约定的手语词汇都不相同,但和有声语言相比,互相之间却易于沟通,也是因为模拟的身势语都是各国手语重要组成部分。

3. 模拟的身势语人人都懂,但手语的掌握需要经过习得

模拟的身势语直接模拟现实情景,具有天然的视觉可理解性,人人都懂,人人都会用,也永远不会忘。而手语则是约定的,手语和口语一样,是一门真正的语言,必须通过运用才能习得,而且长期不用还会遗忘。

聋童要获得手语能力,也必须进入手语交流的环境。听人要看懂手语,如果单就一个手语词句来说,可能找个人问一下,找手语书看一下,就能学会。但要真正掌握手语,就需要有手语交流的环境,就必须在生活中经常使用手语进行交流。许多聋校教师从教多年,手语仍然不熟练,最根本的原因就是他们仅仅在课堂上照着自己的口语打出手语词,很少使用手语在生活中进行交流。

4. 模拟的身势语和手语的"内部构造"完全不同

模拟的身势语内部几乎没有词和句的区分,往往用一个动作就能表达有声语言需要一个句子才能表达的意义。因此,模拟的身势语的"内部构造"只遵循一个规则,即"直接模拟现实情景"。而手语则约定了大量的词汇,和有声语言一样,手语可以通过词汇的组合来表示意义。

手语中包含着大量经过约定需要学习才能掌握的词汇,手语词汇的组合也需要依照一定的规则,这是手语和模拟的身势语在"内部构造"上的重要区别,也是手语的表达能力远远强于模拟的身势语的重要原因。

模拟的身势语虽然还不是手语,但是,在手语形成以后,模拟的身势语却成为手语最重要的组成部分。模拟的身势语和手语有着千丝万缕的关系,是手语具有形象性的根本原因。关于这一点,本书将在第五章中展开讨论。

动物的沟通交流

研究动物之间如何进行交流是一项艰难、耗时而有意义的工作。它不仅揭示了动物不为人知的一个方面,而且对于人类自身的探究也带来重大突破。研究人员在黑猩猩、狼等动物进行漫长近距离的观察研究之后,掌握了他们的一些肢体语言,得出的结论,颠覆了人们原来的认知。

我们知道动物们相互交流,声音信息不容易被错过,但是,这只是它们真正交流内容的一小部分。和人类一样,动物用身体把自己的意思表达清楚,可以是手势,或者姿势,甚至一个眼神。但是我们如何理解它们实际上在表达什么呢?科学家借助最新的科技手段,开始解码动物每个动作的含义。有的时候我们感觉像在照镜子。人类的肢体语言和它们非常接近,比我们想象的更原始,也许我们都有能力去和动物交谈。

当你不能讲话的时候,你的身体就是你的声音。很多动物发出声音的能力非常有限,但是,它们的肢体语言和面部表情颇为丰富,能够帮助它们沟通。我们也是这样,身体语言帮助人类和动物表达自己的意思。动物发出的一些信号,非常明显,但是大多数信号对于我们人类来讲过于微妙,难以捕捉。

灵长类动物学家凯瑟琳·赫法特在西非度过十一年,研究黑猩猩的肢体语言。她也观察圈养黑猩猩的行为,今天她来到动物园。二十只黑猩猩生活在这里,此处是世界上最大的黑猩猩圈养地。她要通过观察这些高度进化的类人猿,来更好地理解人类语言的发展,包括肢体语言和声音语言。

凯瑟琳:"我真的对人类沟通方式的进化很感兴趣,但是很不幸,我们不能通过挖掘化石研究语言的进化,所以我所做的就是把人类的沟通方式和其他动物做比较。黑猩猩和人类一样有着非常丰富的肢体语言,我们观察到它们身体做出八十种不同的动作,每个动作传递不同的信息,以帮助它们在社交和各个环节中交流沟通。比如今早送来的不同种类的水果,几只黑猩猩为此开始打斗。然后所有成员家属,意思就是说走过去,拥抱朋友,表示对它们的支持。伸出手、握手,也许是和曾经的对手和好。"你能听到的只是很多尖叫,你看到的是至少十到二十种不同的姿势。这些不同的肢体语言帮助你分辨出更为微妙的交流。

但是，要分辨出众多微妙的姿势并且破译，这项工作很复杂，于是凯瑟琳把观察对象拍摄下来。她捕捉到某个特定动作所引起的反应，那么她就能推断这个动作是什么意思了。凯瑟琳花了十一年辨别解码了黑猩猩八十种不同的姿势。伸手是要求拥抱，翻滚是邀请一起玩耍，蹦蹦跳跳是说"跟我来"。指指嘴巴，这只黑猩猩想要嘴里的食物。把手指放进另外一只黑猩猩的嘴里，是表示信任。这只小黑猩猩如何知道该爬到妈妈的背上去呢？再看一遍，妈妈抬起了后腿，这就是跳上去的信号。

凯瑟琳的工作打开了一个完全崭新的世界。这些沟通方式我们原来一无所知，观察越多，科学家便断定了越多的信号。黑猩猩幼崽和人类的婴儿一样，要花数年通过向父母学习和同伴玩耍来掌握这些沟通的技巧。

像人类的幼儿一样，黑猩猩幼崽花费几年的时间跟妈妈和群体里的其他成员学习肢体语言。他们生活在复杂的群体之中，需要各种动态的社会交往、沟通。凯瑟琳："不仅是一起战斗或者寻找伴侣，还有谁要找谁做朋友、谁是谁的同盟，谁和谁一起，要在一两周之内接管黑猩猩群，或是决定谁能分享食物。"黑猩猩的社会和人类社会有相似之处，它们进化出肢体语言，传递范围广泛的信息，从群体政治到日常闲聊，包罗万象，凯瑟琳拍摄的素材揭示了这些。它们发出的声音非常有限，不能涵盖每一项日常互动，但是他们的肢体语言丰富，足以弥补语言匮乏的短板。雄性首领要雌性来这里，它做的就是伸出手臂，然后雌黑猩猩就走过来站到面前。雄性也向另外的雌性发出信号，让它过来，但是这只的反应不够迅速，首领有点不耐烦了，于是猛烈地摇动树木，大树晃动，这真是很大的动作，其实就是在告诉雌性马上过来。一个等级低下的黑猩猩希望高等级的分享食物，它必须采取正确的行动。我们看到这些小的乞求的姿势，这样伸出手，我们就看到雄性猩猩给了雌猩猩一点，它就吃了。黑猩猩幼儿通过和群体里其他成员的日常互动学习。在这个场景中，树下的小黑猩猩想和它交朋友。伸出手臂，意思是"让我靠近些"，它的朋友做出了完全相同的姿势。地面上的这个小黑猩猩处于群体底层，所以它必须首先得到朋友妈妈的许可，于是它又伸出手臂表达意愿，但是朋友的妈妈不同意。小猩猩的反应不需要解释，小孩子耍性子都是一个样子。黑猩猩百分之九十五的基因都和我们一样，他们成熟的肢体语言和我们一样丰富。

灵长类动物学家凯瑟琳的研究表明，从肢体语言的范围和多样性上来讲，黑猩猩击败了其他所有动物。我们很容易理解黑猩猩这个手势：走开,和我们的完全一样。那么我们有什么复杂的相同手势呢？在爱丁堡动物园,黑猩猩经常和研究人员接触,它们可以自由进入观察室,以便我们能够研究黑猩猩和人类的相互理解可以达到何种程度。"伸出手指,"黑猩猩想要什么就指着那个东西。"好,我正努力发现它喜欢什么样的食物,蓝莓和苹果?""选择,你去,选了蓝莓。"但是,沟通时间短暂。不,还没有来得及给它奖励。雄性首领决定加入,它展示自己的统治地位,拍击墙壁,就像在野外击打树干那样显示力量。在这个环境中,它用和黑猩猩沟通的方式和你沟通。它希望人类和其他黑猩猩一样明白这一点。不仅是它,雌性首领向观察人员吐口水,也是在显示它是老大。这个很有意思,它是一只地位很高的黑猩猩,它也是在表示对你统治。这些行动是针对研究人员的,而不是其他黑猩猩。黑猩猩做这样的动作,希望人类理解其中含义。这些人都有数年的经验,熟悉黑猩猩的姿势。

凯瑟琳想知道是不是人类都可以理解猩猩的肢体语言,借助于我们和它们的紧密关系,我们是不是都可以和黑猩猩交谈呢？她准备使用十个很明确的肢体语言,比如"让我们梳洗""爬到我背上",还有"马上到这儿来"展示给大家,记录下人们的答案,来看看我们是不是理解黑猩猩的语言。凯瑟琳的志愿者们从未见过这些素材。如果几千个志愿者都能够理解这些手势的意思,那么就说明人类本能地从自己的进化过程中,具备了理解黑猩猩的肢体语言的能力。毕竟我们和它们是同一祖先进化而来。

凯瑟琳收集了七千多人的数据,"我们这个实验在数千人身上进行,我们做的比预想的要成功得多。我们看到人们的答案三分之二是正确的或是全部正确。这告诉我们,我们看到的黑猩猩姿势也是我们的姿势,也许我们不再使用了,但至少我们还能辨认得出,这意味着这种姿势沟通体系可以追溯到很久很久以前我们的祖先那里。"

（摘自央视二套《人与自然栏目》:《动物解码——肢体语言》解说词,2021 年 3 月 27-28 日）

📖 知识链接 2-2

人类的表情

在我的一个孩子的面部上,曾经有两次出现我从来没有见到过的最显著的厌恶表情;第一次是在他出生以后 5 个月的时候,因为倒了一些冷水到他嘴里而发生的;第二次则在更后 1 个月的时候,因为把一块成熟的樱桃放进他嘴里而发生的。他表示厌恶所用的方法,就是:双唇和整个嘴采取一种可以让嘴里所含有的东西迅速流出或者落下的形状;同时舌头也伸了出来。在发生这些动作的时候,还有轻微的颤抖出现。

我们在赞成自己的孩子的行为时,就带着微笑向他们作着赞成的点头;而在不赞成他们的行为时,则带着皱眉向他们摇头。婴孩表示否定的最初动作,就是拒绝食物;我曾经多次观察到,他们在拒绝吃奶时,就把头部从母亲的胸口处横转开来,或者在拒绝任何一种喂给他们吃的东西时,就从食匙处转过头去。在接受食物和用嘴吃的时候,他们把头向前倾。

(摘自达尔文:《人类和动物的表情》,北京大学出版社,2009,第 172 - 180 页。)

当代心理学认为,人类的情绪分为基本情绪和次级情绪。基本情绪有五种:快乐、悲伤、愤怒、恐惧和厌恶。它们分别对应于特定的躯体状态。次级情绪是上述五种基本情绪的细微变化,比如欣喜和惊喜是快乐的变体;惊慌、害羞与焦虑是恐惧的变体;憎恨是愤怒的变体;鄙视和轻蔑是厌恶的变体。今天的神经生理学告诉我们,基本情绪与特定的神经通路有关,当这些通路被激发时,我们就感受到了悲伤、快乐、愤怒或恐惧。次级情绪则还与经验有关,当基本情绪与个体的认知经验相结合时,我们就会体验到更为复杂的心理感受,如悔恨、尴尬、喜出望外或幸灾乐祸等。

流泪首先是一种视觉信号,由于我们的脸部光滑无毛,这一现象就格外突出;同时它还与母亲的反应有关,因为母亲通常会为婴儿"擦干泪水",这就导致了母亲与孩子间亲密的躯体接触。其实当我们长大成人时,恋人之间也常常会做出为对方擦去泪水的亲昵举止。于是,泪水也许成为加强社会成员彼此之间亲密沟通的一种"道具"。正如黑猩猩相互之间梳理毛发那样。少量的泪水分泌有助于清洗和保护眼睛,但"泪流满面"却具有重要的象征意义,主要作用是为了鼓励人与人之间的亲密行为。

(摘自陈蓉霞为达尔文一书《人类和动物的表情》写的导读,北京大学出版社,2009,第 4-5 页。)

言语行为是非言语行为的替代手段

　　布龙菲尔德希望尽可能排除心理因素,把言语活动理解为一种可观察的人类行为,由一连串的刺激—反应组成。他用两个极简的公式来说明非言语行为和言语行为的区别。设有某甲,正处于饥饿状态,闻到了食物的香味,便去寻来解饥。此例中,香味是刺激,寻觅是反应,即:

$$S \rightarrow R$$

　　这种刺激—反应的过程,在人类和动物是一样的。但人还拥有语言,用它来作刺激和反应的替代手段。某甲不必亲自觅食,可以发话让某乙代劳,于是有公式:

$$S \rightarrow r \cdots s \rightarrow R$$

　　公式中的两个小写字母分别表示言语的刺激和反应,即某甲说的话和某乙听到的话;虚线表示声波的传递。我们把"r…s"看作一个"言语事件"也好,视为一种"言语信号"也好,理解为一种行为方式或社会活动的手段也好,总之这就是语言,是语言学要探讨的对象。

　　(摘自姚小平:《西方语言学史》,外语教学与研究出版社,2011,第362页。)

第三章
坚持汉语交往，孩子就能逐渐学会汉语

对家长来说，身势语交流就是和孩子使用汉语的基础。如果家长能很好地使用身势语和孩子交流，那就完全可以和孩子使用汉语。这虽然比较难，但只要想做，就一定可以做到。

一、坚持"用"汉语和孩子交流

（一）家长完全可以和孩子使用汉语

1.家长能为孩子创造重要的汉语环境

说到"用"汉语，我们总是习惯性地觉得，孩子还不会，怎么能"用"呢？要使用汉语，首先就要"教"孩子汉语呀。所以，很多父母都把希望寄托在教师的身上，希望教师教会孩子。

家长寄希望于教师教会孩子，这个想法很容易理解。可是，如果家长不和孩子使用汉语，那孩子就没有使用汉语的环境。孩子出生后，一直陪伴他的是家长，哪怕去了康复中心或者聋校，和孩子生活在一起的还是家长。只有家长和孩子在一起的时间最长。除了家长，其他人很难做到在生活中处处和孩子用汉语进行交流。所以，家长就是孩子的汉语环境，只有家长才可以为孩子创造一个"自然而和谐的汉语环境"。教师和学校再好，也代替不了家长的作用。

学汉语是为了用汉语,如果学了不用,那就等于没学。如果家长不坚持使用汉语和孩子进行交往,把大量的机会放弃了,要单纯依靠孩子在康复中心、在学校里,通过教师的"教"是很难学好汉语的。语言习得的规律告诉我们,语言不是教会的,是用会的。所以,不管孩子有没有去进行语言训练,家长都应该和孩子使用汉语。只要家长时时处处都能够和孩子使用汉语,家长就为孩子形成了一个"自然而和谐的汉语环境"。

2. 聋童应该有更多接触汉语的机会

还没"教"汉语那怎么"用"汉语呢?"用",首先就是在生活中应该使用汉语的时候,让孩子听到或看到汉语,也就是接触到汉语。

孩子是通过不断地使用语言才逐渐习得语言的。所有听力良好的孩子,都是在生活中听着、用着语言才慢慢理解语言的,并不是靠一次或几次"教"会的。他们在生活中听着大量的话语,才慢慢学会了说话。所以,对于有听力障碍的孩子,我们应该让他听(看)到汉语的次数比听童更多。但是,聋童因为听不到、听不清,需要靠眼睛看,就一定不如别的孩子听得多、看得多。聋童无论是接受听力语言训练,还是接受口语教学或者双语教学,他们感知汉语的方法可以不一样,但都要遵循语言习得的规律,都要在生活的交流中,时时听到、看到、感知到家长的汉语,才能逐渐习得汉语。所以,您应该让孩子在生活中处处都能接触到汉语,越多越好。

3. 家长可以让孩子看书面语,也可以让孩子用手语

部分家长认为孩子听不到,更看不懂说话这个想法是错误的。孩子听不到是事实(如果能听到一些,那更应该听了),但是看,是有可能看懂的。家长可以写,用说和写一起来让孩子看,就会容易很多。有了书面语,说就不会是白费的。无论如何,家长首先不能让"听不到"剥夺孩子看到汉语的机会。不管他是不是能理解,首先家长得"用"汉语,这是前提。如果家长不"用",那孩子从哪里去理解汉语?家长用汉语,想办法让孩子能感知,能理解,这才是唯一的正确方法。

手语也是一种语言,和我们一直在使用的身势语一样,比说话容易懂,容易被孩子接受。如果您能学习一些基本的手语来和孩子交流,就会有助于孩子学习汉语。但是,手语的使用改变不了语言习得的规律,孩子还是要使用汉语才能学会汉语。也就是说,手语的习得代替不了汉语的习得,家长必须使用汉语和孩子交流,孩子才能逐渐学会汉语。

（二）坚持用汉语，孩子就一定会理解

1.一边做一边说，孩子就会理解汉语

语言最重要的一个作用，就是替代生活中的实物，替代我们的行为，替代我们生活中的每一个事物以及一切的关系。如果没有语言，我们要表达喝水的意思，就要做出喝水的动作，要说杯子，就要拿个杯子过来。人类有了语言，就可以用一个词来代表一个东西，用说话来表达自己的想法。语言给我们生活中的每一个事物，每一个行为都起了名字，一样新的东西被创造出来了，一个新的关系产生了，我们都会有一个新的词语来表达。孩子诞生了，父母就要给孩子起个名字。这样我们才可以称呼他，才可以和别人谈论他。

汉语和我们的实际行为相对应，其实已经深深地印在我们的习惯之中。看到什么就说什么，做什么的时候，就想什么，这是我们的习惯和本能。在把杯子或瓶子拿向孩子让孩子喝水的时候，哪怕孩子才出生，每一个父母都会说"来喝水啦""宝宝喝水啦"这样的话，还会不断重复。才出生的孩子这个时候并不懂得汉语的意思，可父母仍然会一直这样说着。因为父母每次都这样一边做一边说，每次都这样把喝水的动作和"喝水"这个词相对应，孩子就会逐渐理解"喝水"的意思。所以，用汉语，首先就是在实际的交往中不管孩子是否懂得汉语，坚持一边做一边对孩子说话。只要您说的话和您的实际行为是相对应的，这样做着说着，孩子慢慢就会懂得汉语的意思。最初的汉语理解，就是汉语和生活中的实物、行为相对应，海伦·凯勒和周婷婷都有大量这样的例子。

2.孩子可以把口形和他理解的意义对应起来

聋童虽然听不到，但是生活中很多实际的意思、用身势语表示的意思孩子已经是理解了的。孩子渴了就要喝水，他也已经会喝水了，因为听不到，所以他不知道这个行为叫什么，喝的是什么。我们每次在喝水的过程中说"喝水"，孩子在看您的表情时会注意您的口部动作，您就这样一直用着，让孩子看到就行，孩子慢慢就会把您说"喝水"这个口部动作和喝水的行为相对应。这和所有的孩子最初理解语言时是一样的。

很多时候，如果孩子不明白您说的话，您再使用一个动作，或者给孩子使一个眼色。比如您说了"吃饭"但孩子不明白，您再看一眼饭桌，孩子就明

白了。孩子是很聪明的,很多时候,虽然父母不比画,他们仍然能从眼神、表情(身势语)以及情境猜测到家长的意思。所以,每次到吃饭的时候,您都这样做,孩子就会注意看您说话,也一定会看懂您说"吃饭"的意思。

凭眼睛看话的确很难。但是,看懂日常使用频率最高的那些简短的话,孩子是能做到的。对于单个的词语,用眼睛来看,只要是在适当的情境中,孩子的困难并没有您想象得那样大。看懂最熟悉的人说的最简单的话,每个聋童都能够有一些。只要您固定使用几个生活中常用的词,坚持对孩子说,让孩子看,慢慢地,也许在您只说"喝水"却没有拿过杯子来的时候,孩子就能够用目光去寻找杯子,甚至可能自己跑去拿杯子。这个过程也许会长一些,也许不用太久,家长就会得到惊喜。万事开头难,有了第一个就会有第二个。只要家长坚持着,孩子看懂一些家长说的生活中最常用、最简单的话语,是一定能做到的。

要培养孩子有很好的看话能力,能看懂大部分日常交谈的话,能看懂除了父母、教师以外其他人的说话,就要像周婷婷那样,必须学好口语和书面语,坚持长期使用口语和书面语进行交流。

3. 最大限度地利用残余听力

聋童的哭声、笑声都和大家一样,这说明孩子的发音器官是正常的。孩子越小,发音器官越正常。但是,如果长期不说话,发音就会越来越困难,形成各种发音障碍。家长及早发现和解决孩子的听力问题,比如安装电子耳蜗、选佩合适的助听器等,应该是首先考虑的方案。如果听力问题解决得非常好,那么孩子的汉语学习,就会比较顺利。

如果电子耳蜗、助听器不能解决孩子的问题,我们也仍然应该重视孩子的残余听力,仍然要考虑最大限度地利用残余听力来学习发音,让孩子说得尽量清楚些。受过学前听力语言康复训练的孩子,有一部分仍然进入了聋校学习,但他们的听说能力一般都比没有经过语训的孩子要好,这从一个侧面说明了听力语言训练的重要。

所以,了解自己孩子的听力情况,知道自己孩子怎样才有可能听到以及孩子因为身体状况变化引起的听力变化,是家长时刻要注意的事。掌握助听器、电子耳蜗的使用方法,在和孩子说话时注意孩子听的距离、方向,声音的大小等,都是家长需要认真学习和做好的事情。不要觉得反正孩子听不到,就完全放弃了从听的角度去关怀孩子。在孩子听力不变的情况下提高孩子听的能力,是有可能的。

关注和做好孩子的听力补偿,孩子的听话能力和看话能力就可能互相促进。很多使用残余听力能与他人说话的孩子,很大程度上也使用着看话的技能,所以,看话的时候,其实也是在促使孩子使用听力。看话当然不是必须依赖听力的,之所以叫作看话,就是指没有听力而能看懂话语。但是,如果能利用一些残余听力,看话的效果自然就会更好。

4. 使用书面语

孩子能看懂的话,一般不会很多,尤其是在没有相应环境的时候,看懂说话就更难。孩子再聪明,学得再好,用眼睛看话总是不够用的。而书面语就是用来看的,所以,我们和孩子交流更需要使用书面语。那什么时候开始使用书面语呢?家长和孩子开始说话时,如果孩子还很小,那就不要急,始终保持着慢慢扩大说话的内容就可以。如果孩子到了两三岁,家长就可以试着开始让孩子识字了。汉语的文字是象形文字,每个字每个词都有自己的形状,就像人的外貌。因此,孩子把字词整体当作图画来认识的可能性是存在的。孩子在学会说话之前认一些字是完全可能的。让孩子看文字,很多字不会读不会写但是可以认得,只要认得就可以开始用。

还是拿喝水来说,家长每次在喝水的时候说"喝水",同时也让孩子看到这两个字,并且重复说几次。如果孩子能理解口语也就能理解书面语。因此,使用书面语的方法和说话一样,就是把话写给孩子,和说话一起在生活实际中运用。您可以制作一些词语卡片,在需要用的时候拿出来,或者就一直贴在物品上,这样更方便看到什么就说什么,用到什么就说什么。

(三)让孩子经过一个被动语言交际的阶段

1. 被动语言交际——孩子不会说但能懂

我们总是习惯于认为,会说话才可以用语言交流,你一句我一句才是交流,孩子不会说,就没法交流。但是,孩子在被动语言交际阶段,孩子只能听懂、看懂但不会表达,这是正常的语言学习过程中的一个阶段。听力良好的孩子尚且需要一个长长的被动语言交际阶段,那聋童就更加需要了。刚开始和聋童用汉语交流时,如果您既要他理解又马上要让他学着表达,这就大大增加了学习的难度,违反了语言习得的规律。这样,孩子不但不容易学,还会使他们产生抵触的情绪。明白了这个道理,我们就不能着

第三章 坚持汉语交往,孩子就能逐渐学会汉语

061

急,要耐心对孩子说着、写着,让孩子有一个比一般孩子更长的被动语言交际阶段。

2.让孩子感知、理解

在被动语言交际阶段,感知和理解是关键。所以,我们把话说给孩子,只要孩子能感知到、能理解并做出行动就够了。比如,家长在孩子需要穿衣服的时候,说、写了"衣服",孩子去看衣服、去穿衣服了,就说明他感知到了家长说的话,也理解"衣服"的意思了。家长"用"汉语的任务就完成了,交流已经结束了,汉语已经"用"过了。这个短暂的过程,就是一次成功的"用"汉语。这时候,家长如果要求孩子学着说,当然也可以。但孩子不肯说,不会说,是很正常的。孩子学会说,学会写,学会自己表达有一个过程,尤其是在刚开始"用"汉语的时候,马上要求孩子学会说,是不应该的。听力正常的孩子都有一个只会听,不会说的阶段,您的孩子更应该有。

所以,家长首先要做的,就是让孩子感知和理解汉语,就是完成我们说的被动语言交际。当然,家长也可以要求孩子跟着说,但这不应该是重点。切记不要强求他说,更不要因为他说的不好有惊讶、难过和责怪的表情。因为您"用"汉语的任务已经完成了,您让孩子感受到您的高兴就行。还有,记得用身势语和口语表扬孩子——用您高兴的表情并竖起大拇指说"好"。

这下,您一定能体会到让孩子"用"汉语其实是容易的,因为只要孩子照着汉语的意思做对了就行。因为这比较容易,您就一定能坚持下去。

同时,您也应该理解,在孩子的生活中"用"汉语,这件事只有您能做,您不应该把希望完全寄托在教师和学校的身上。您只要这样坚持下去,就完全有能力教孩子学会汉语。因为所有孩子习得语言的经过都是这样的,只要您把这个阶段做扎实了,孩子在生活中不断地感知和理解汉语,坚持"用"着汉语,就一定能学会汉语。

3.用汉语让孩子行动起来

孩子所有的事情我们都可以用汉语让他行动起来。

对听童来说,这些都是非常简单的事,他们小时候天天这样做,时时都在做,可是聋童却很少有这样的机会。所以我们要让孩子感知和理解汉语,就要用汉语让孩子行动起来。让孩子使用汉语,在使用汉语的过程中学习汉语最好的办法就是:您说、写,让孩子去做⋯⋯

所有日常生活中的汉语,都和孩子密切相关,都可以让孩子行动起来。

让孩子认识各种事物，让孩子指出来。比如您说、写"床"，让孩子指出来，您说、写"哥哥"，让孩子指出来。

和孩子做游戏时，就说游戏中的事物、动作。比如您说、写"跳"，孩子就跳。

和孩子一起阅读时，指出人物、物品、动作甚至文字。比如您说"西瓜"，孩子指出图片中的西瓜，还指出"西瓜"这两个字。

外出活动时指出看到的事物，比如您说、写"西瓜"，孩子指出路边车上的西瓜。

让孩子做出动作。比如您说"开枪"，孩子做出一个开枪的动作。

让孩子去做事。比如您说、写"扫地，去穿衣服，去拿书，去睡觉……"让孩子去做。

我们强调让孩子行动起来，并不是不让孩子学着说，这要看孩子的年龄和实际情况，更要看孩子自己的要求。实际上每个在被动语言交际阶段的孩子，他们都在学着说，只是还不会说。我们强调让孩子行动起来，目的是遵循语言习得的规律，降低孩子学习的难度，让孩子的汉语学习更自然，为孩子进行表达打好基础。所以在这个阶段，我们的目的只是使用汉语完成交际，而不是马上学会说这个词、这句话。

家长说了孩子他能去做了，那当然好。但是他不做，家长怎么办？这就还是要用到身势语交流了。因为本来生活中的交流用身势语是能完成的，很可能您和孩子已经达成了默契：您一个动作甚至一个眼神，孩子就明白了，就去扫地了。但如果总是这样，就等于剥夺了孩子使用汉语的机会。所以让孩子去扫地的时候，先写出"扫地"这两个字，有实际的情境（真实的生活内容）和身势语做基础，孩子理解这两个字其实并不难。我们一定不要低估孩子的理解能力，孩子不会，只是因为我们不用。只要您坚持每次都使用汉语，逐渐地每次用身势语交往的时候都先说，先让孩子看话、看书面语，孩子就一定会理解您说话和书面语的意思，并且做出正确的行动。

所以，用汉语让孩子行动起来应该成为您和孩子的习惯。

二、孩子"用"汉语的具体方法

（一）如何让孩子感知和理解汉语

1.从身势语交流到使用汉语交流的步骤

以下几个具体的例子，可以有效帮助家长了解怎样使用汉语和孩子交流。

示例一　让孩子喝水

第一步：使用身势语和口语让孩子做出行动。

在孩子该喝水的时候，您拿着一杯水，让孩子看看，对孩子说"喝水"并把水递给孩子喝。这时候不管孩子看不看您说话，他都会去喝水。您在孩子知道要喝水、去喝水的时候，让他停一下，让他看您说"喝水"，重复几次，然后就把水给他喝。喝完了您再说几次。

第二步：使用口语让孩子做出行动。

再要给孩子喝水的时候，您先把杯子放在孩子看得到的地方，对孩子说"喝水"试试，看看孩子的表情和动作，也许他的嘴会做一个喝水前的准备动作，也许他会用目光去寻找杯子，如果有这样的动作了，您就赶紧拿杯子给孩子喝水。如果没有，您还是重复做第一步，使用身势语就行了。如果您的孩子根据您的口语知道喝水了，做出了正确的行动，那就说明他能懂得您说话的意思了。

在这个过程中一定注意：

（1）一定要在该喝水的时候说。家长不要觉得自己有时间教孩子了，就去对孩子说。这是"用"汉语和"教"汉语的重要区别，我们一定要坚持"用"汉语，不要单纯地"教"汉语。所以，要坚持每天、每次在该喝水的时候，都这样对孩子说，慢慢地让孩子习惯看家长的口型，慢慢地理解家长说的"喝水"。

（2）不要逼孩子看、逼孩子说。孩子不看家长说话也不要紧，家长只管自己坚持这样做，坚持对他说，并注意他的表情和动作。他如果不看，您要耐心引导他看。他看了，他的表情和动作做对了，家长要赞扬他。如果孩子自己动嘴说了，那最好，他不动嘴也不要逼迫他。

示例二　让孩子扫地

第一步：使用身势语和口语让孩子做出行动。

这一步主要依靠身势语来让孩子动起来。在需要扫地的时候,您对着孩子做个扫地的动作,指指要扫的地方,说"扫地"并用眼神示意孩子去扫地。这一串身势语,四五岁甚至更小的孩子也能明白。这一步每一位家长都会做,每一个孩子都能明白。这样做几次以后,您和孩子很有默契的话,就可以做下一步了。

第二步:使用口语让孩子做出行动。

这一步主要依靠口语(看话)加上表情示意让孩子动起来。不要使用身势语,直接对孩子说"扫地",在他看到您说话却不知道您说什么时,您仍然可以用眼神来示意。因为有以前的身势语交流做基础,同时又有示意,一般孩子是会猜到您的意思的。孩子去扫地了,用汉语交流的过程就结束了。如果他不懂,那您就回到第一步,仍然使用身势语,同时再重复说几次"扫地"。下一次扫地时,您仍然先说话,直到达成默契。如果达到了目的,孩子看着您的口语和示意就去扫地了,第一步就可以不再使用了。

第三步:逐渐取消示意,完全使用口语让孩子动起来。

在第二步的基础上,您说"扫地"的时候,就不要再有表情示意,只让孩子看您说话。孩子看错了,做了其他的动作,您可以摇头告诉他不对。然后继续说几次,让他继续看。如果几次不行,那您就还是回到上一步,仍然示意孩子,让他去扫地。

第四步:使用口语和书面语让孩子做出行动。

在第三步的基础上,您用一张写着"扫地"二个字的卡片给孩子看,指着文字说"扫地",请他去扫地。以后再要扫地,您可以先写"扫地",也可以先说"扫地",给孩子看,让孩子完成扫地的行为。

在这个过程中一定注意:

(1)如果在您做第一步的时候,孩子已经能够看文字,那么在说话的时候,就可以同时出现文字。先不出现文字,是因为孩子还比较小,既要看口语又要看文字可能会比较困难。如果您的孩子可以看文字了,你就可以同时使用书面语和口语。

(2)这几个步骤的进度可以依据孩子的情况来定。您一开始肯定需要慢一点,每一步都反复进行。注意重复不仅仅是指做完了马上再做,做好几遍。而是今天要扫地的时候做了,明天扫地的时候再做。后天扫地的时候您觉得还不能做下一步,那就继续做原来的那一步。

在被动语言交际的过程中,因为聋童一般会比在被动语言交际阶段时年龄大,所以,分步骤只是为了帮助家长理解和掌握这个过程的要领。家长做的时候,只要注意前后顺序不颠倒就行。很可能几步合在一起做也是可能的。当然,孩子不会的时候,您就要根据上面的步骤找出问题在哪里,然后从哪里再开始做。

2. 使用口语和书面语的顺序

口语和书面语一起用,在使用顺序上可以有两种方式:一种是您先说,让孩子看家长的话,然后再写出这个词;另一种是家长先写出书面语,然后家长说并让孩子跟着说。两种方式的相同点是都要让孩子根据汉语去做出行动。不同的是,先说话,主要是训练孩子看话的能力;先让孩子看书面语,主要是为了让孩子认识词语。

所以先出现口语还是先出现书面语,要根据孩子的情况来决定。我们要挑孩子觉得难的先出现,孩子看话比较困难,就先让他看话,孩子看书面语比较困难,家长就不作声,先拿卡片给他看。看了以后,家长要等着孩子让他思考一下。如果都不会,那就用目光示意,或者使用身势语,那孩子是一定会的。

3. 让孩子感知和理解汉语的注意事项

(1)让孩子看话的注意事项。家长说话要做到"看、简、慢":

看,就是要注意让孩子能看到,能看清。家长在对孩子使用身势语的时候,孩子是会注意看您的,所以这时候他就容易看到您说话。有时候为了引起孩子的注意,您可以在说之前,把手指放在自己的嘴边提示孩子,用身势语告诉他"我要说话了"。然后您等孩子看着您的时候才开始说。

简,就是要说得简单。您最先开始说话时只能用词语,用词也要适当固定。不能今天说"喝水"明天说"喝"或者"喝茶",不能说"宝宝喝水了",也不能今天说普通话明天说方言。在孩子注意看的时候,固定说"喝水",并且重复几次,就行了。喝水前、喝水中、喝水后,都可以说几次。

慢,就是要适当慢一些。您在说的时候还要适当慢一些,口部的动作适当夸张些,说话声音适当大一些,稍微慢一些,两个字之间也可以有个停顿。

一边做一边说,既符合我们的习惯和本能,对孩子也不会有什么坏处,只要您不逼着孩子说,做到"看、简、慢"就行了。不管孩子懂不懂,您只要坚持一直这样做,孩子就会逐渐适应并慢慢理解您说的话。所有的父母和孩子说话都是这样的,所以,您一定能做到。不同的是,孩子需要用眼睛看,所以我们要记住"看、简、慢"。

(2)让孩子看书面语的注意事项。您可以让孩子多画画。在开始看文字以前,您要让孩子多画画,您最好能和孩子一起画。当然只是简笔画,画得不很像也没关系。孩子一般都喜欢画画,哪怕他乱涂乱画,您也要夸奖他。和孩子一起画画的过程就是交流的过程,像做事时说话一样,画画的过程中您也可以和孩子说话。

让文字和实物对应。家长可以使用图文并茂的识字卡片做玩具,让孩子把卡片放在对应的物体上,比如让孩子把香蕉的识字卡片放到妈妈买回来的香蕉边上。家长还可以在家里使用的物体上都贴上词语,并且经常取下来让孩子重新贴一遍。

用手指写笔顺。您还可以依着文字写笔顺引起孩子的注意。比较小的孩子识字也许有困难,所以识字时,您可以用手指沿着笔画按笔顺写一遍,引起孩子的注意。但家长不用要求孩子也这样做,如果孩子不感兴趣,就不要做,可以下次再尝试。

让孩子跟着说。有了书面语还要说话吗? 孩子的识字和说话,实际上是合在一起的。有的家长想,让孩子看话太难了,直接看书面语应该更好。可是您试试看,您把话写给孩子,让孩子和实物和行为对应的时候,您是一定会说话的。教孩子认字的时候,我们肯定会读给他、说给他,孩子看着您动嘴,也许他也会跟着动一下嘴。不管孩子说得对不对,都要鼓励。所以,孩子在识字的时候,不要逼着孩子说,但要引导他学着说。不管说得好不好,孩子动嘴就行。您可以适当纠正一下,但不要让孩子感到为难,不要让他感到您觉得他不好,更不能让孩子感觉到您的难过、无奈甚至不耐烦。

4. 把学习语言的快乐还给孩子

我们强调在生活中不断重复地使用汉语,看起来好像很麻烦,但其实生活的内容每天都在重复。比如每天喝水就是一个真实的生活内容,所以这样的重复并不会显得单调无趣。相反,如果孩子看懂了,正确地按照语言完成了行动,懂得了说话原来是有用的,懂得了原来每个东西、每个动作都有名称,就会给他带来极大的乐趣。看看前面海伦·凯勒和周婷婷的例子您就会知道,能够逐渐地改变依赖身势语的状态,学会使用语言进行交往,会给孩子带来多大的乐趣。对孩子来说,能够用汉语完成交流,他就能获得成功的喜悦和自我肯定。正确的语言学习一定是快乐的,我们要把学习语言的快乐还给孩子。只要我们坚持在生活中使用汉语,每次都能让孩子按照您的汉语做出正确的行动,孩子的汉语学习就一定是快乐的。

(二)如何引导孩子用汉语表达

1. 每个孩子都有使用语言进行表达的欲望

每个孩子都有表达的需要和欲望,也都希望自己和别人一样,这是人的天性。第一章中提到一个聋童的回忆:"有一次我悄悄地出门,无意间看到两个小男孩蹲着玩耍,一边说话一边捧腹大笑。我好奇地盯着他们一动一动的嘴巴,心想动动嘴巴就能让人开心,于是我就跑回家照镜子练习动嘴巴,练了好几天,信心满满。"这说明,许多孩子在明白自己和别的孩子不一样以后,心中仍然存在着一个希望,那就是希望自己能和别的孩子一样。小时候,聋童并不知道自己和别的孩子不一样,连别人动嘴是在说话都不知道。所以家长动嘴,他跟着动嘴,也是很自然的事情。大一点以后,只要我们有合适的方式,聋童因为希望自己和别人一样,也是会愿意学着说话的。

小时候,在需求比较简单的时候,聋童使用身势语,在家里并不会感到困难。周婷婷说第一个词语"饼干"的时候是被迫的,就说明了这一点。奶奶早就明白了婷婷的意思,婷婷也知道奶奶知道自己的意思,因为平日这样奶奶就会给自己饼干,所以,婷婷抗拒学习。但是,婷婷在明白了原来说话可以达到自己的需求时,她求知和表达的欲望,就被激发出来了。

如果一个孩子,心中既希望自己和别人一样,又有不愿意说话的想法,那么这两者之间谁的力量更大呢,哪一种力量更主要呢?显然,无论是因为困难、因为习惯而不愿说,还是受到挫折以后的委屈、逆反造成的不愿说,都不如前者的力量大。因为前者是天性,而后者是由环境的各种原因造成的。孩子只要体会到了用语言表达的好处,看到了自己也可以用语言的曙光,人的天性就会牢牢占据上风。周婷婷以及许多聋童学说话的事实可以证明这一点。

但是,愿意学习说话也并不能理解为以后一定能说话,一定能用口语和别人交流。只是说,在小时候,每个孩子都希望和别人一样,都会有使用语言进行表达的欲望,所以,父母和教师要给孩子学说话的机会。

2. 在孩子有表达欲望的时候教孩子表达

为孩子制定的学习汉语的教材,肯定是从孩子的表达需要出发的。但是，要注意的是，我们这里说的孩子的表达欲望，应该是孩子此时心中正出现了某种表达欲望、出现了某种需要和情感。周婷婷要吃饼干的时候，她心里就是有了要吃饼干的需要和情感，而且用身势语表达出来了。这在我们成人看来，是比较容易确定的。这时如果按照孩子想表达的意思，把孩子要表达的意思说、写给他，就很容易让孩子明白。如果孩子的心里并没有这样的需要和情感，您想教他就会很难。比如"我要饼干"这个句子肯定是孩子需要学习的，但如果您让他学习的时候，孩子心里没有这个想法，您就要想方设法用身势语让他明白：这个"我"就是你，这个"要"呢，是你想拿过来吃，很难。如果孩子正想吃饼干，您教他说、写"我要吃饼干"，相比而言，就非常容易了。

所以，您在孩子没有表达欲望的时候教他，孩子就不容易理解意义，就容易鹦鹉学舌。如果孩子没有表达需要的时候，父母或教师一定要教孩子说，就容易造成孩子抗拒学习的情况。孩子不愿学，您继续再逼迫，那就进入了恶性循环。孩子本来就听不到，学说话非常困难。我们在孩子没有表达欲望的时候要孩子反复发音，让孩子来学说话，甚至逼迫孩子说话，是不合适的方式。

家长固定一个时间来教孩子学习汉语，最好是采用看图书、讲故事等形式。让孩子学习使用汉语更重要的时间，是在家长陪伴孩子进行实际交往的时候。这时，家长能及时发现孩子的需要和表达欲望，随时随地和孩子使用汉语。孩子在生活中时时刻刻都会表达自己的需要和情感，在孩子自己有表达欲望的时候"教"他，就是在"用"汉语，这就是最有效的汉语学习。

3. 让孩子主动使用汉语进行表达的途径

（1）关键是做好被动语言交际。让孩子学会主动使用汉语进行表达，是我们最希望看到的结果。为了达到这个目的，我们往往会急切地要求孩子学会说、主动说。可是，让孩子学会主动说的关键其实是家长用好被动语言交际，让孩子理解汉语，按照汉语的意思行动起来。只要家长一直坚持说和写，孩子一直能照着家长的说和写做出行动，以后孩子就会主动说。

所以家长和教师们千万不要着急，孩子不主动说，主要是因为他不理解汉语，还不会说。表达是人的天性，只要您坚持对孩子说，坚持让孩子按照汉语做出行动，孩子理解了汉语，形成了习惯和能力，孩子就一定能学着主动使用汉语进行表达。

（2）装作看不懂身势语。孩子有表达需要的时候，我们教给他汉语，他也学着用汉语表达了，可是，这还不是孩子主动使用汉语进行的表达。而且下一次，可能孩子还是会用身势语表达自己的需要。这时候，家长要再教给他或者提醒他，要求他学着用汉语来表达。家长希望孩子和别的孩子一样，自己主动用汉语进行表达。有的家长也许会使用逼迫的方式，不允许他使用身势语。家长这个想法是合理的，但这时最好采用装作看不懂孩子的身势语，等待他使用汉语来表达，这样的方式往往更有效。因为孩子想达到他的目的，就会尽力想办法，就可能会想起还有使用汉语这个办法。孩子已经学会了口语表达，比如已经会说"布达（饼干）"了，您装作看不懂孩子的身势语，就可以慢慢引导孩子使用汉语来表达。

（3）对孩子的说和写感到高兴。孩子听不到，他们只能模仿口形来发出声音。对这些不标准的发音或者只是动了动嘴，家长也应该给孩子一个称赞的表情，竖起大拇指夸奖他，对他说"好"。在和孩子交流的时候，家长永远要对孩子的"说"保持愉悦的表情，不要有惊奇、责怪、懊恼等表情。尽管他们的发音可能很不好听，我们也要用鼓励的态度来对待孩子。保持愉悦的表情，就是在用身势语对孩子说"爸爸妈妈爱你，喜欢你，你很棒"。孩子发音的好坏和听力的关系十分密切，所以家长要有一个良好的心态，接受孩子的发音。家长对孩子其他的错误有时可以严厉一些，但对于他的"说"，一定要非常珍视，永远用肯定和鼓励的态度来对待。对孩子来说，这非常重要。

（4）利用一些方法帮助孩子发音。首先要特别强调的是，下面介绍的这些方法一定要在孩子愿意学的情况下才可以用。发音的质量和听力密切相关，要说得清楚，最好的办法就是解决听力的问题。我们这里讨论的是那些无法安装电子耳蜗，或者电子耳蜗、助听器效果不明显甚至无效的聋童。对这些孩子，除了针对每个孩子的不同情况尽量利用听力，我们还可以采用一些特殊的办法来帮助他们说话。

让孩子吹纸条。以游戏的形式吹纸条，可以逐渐吹得久一些。

让孩子感受声带振动。如果孩子发不出声音，您可以让孩子把一只手放在您的喉部，另一只放在自己的喉部，然后您发出声音，让孩子感受您声带的振动。您一定要尽早让孩子发出声音，发出各种声音都可以。经常以游戏的形式发出各种长音、短音，交替进行。

让孩子照着镜子对口形。有些词语只要口形正确，发音就比较准确。

比如"爸爸""妈妈"，相对就比较容易掌握。对大一些的孩子您还可以用手来比拟舌头的和牙齿，告诉孩子应该翘舌，或者应该和牙齿或上颚碰一下。也可以试着利用筷子等帮助孩子纠正舌头的位置。

利用孩子的自然发音。有时候您要让孩子发的音，孩子使劲学，但就是发不好。可有时孩子玩得开心时偶然发出一个音，却可能比较接近您要他发的音，那您就要抓住这个机会，让孩子再试着重复，反复体会和尝试这个发音。

这里介绍的是一些最常用、最容易用也是最有效的方法。这些方法家长完全可以自己去尝试，不必担心自己把孩子教坏了，以后教师纠正会很困难。相反，很多口语能力、看话能力比较好的孩子，都是他们小时候父母自己教的。家长掌握了一些最基本的方法，就完全可以自己做。

（三）怎样看待孩子的看话和说话

1.努力让孩子看话说话的原因

我们要让孩子看话和说话，但是，能看懂多少话，能说多少话其实不那么重要，因为看话和说话的目的并不仅仅是为了以后能使用口语进行交流。也许在家里，家长经常说的一些简短的话，孩子能够看懂，能够进行交流，但是，孩子要看懂其他人说的同样的话，还是非常难的。周婷婷有很强的看话能力，能够看懂很多日常的口语，但还是会遇到许多意想不到的困难。交谈时的距离、角度，说话的速度以及他人的语言习惯等，都会影响看话的结果。周婷婷在《墙角的小婷婷》一书中记述了自己在接受记者采访时，由于记者怀疑她看话和说话的能力被冷落的情形，说明有了看话的能力还是会遇到难以想象的困难。聋童能说的话，肯定很少，别人要听懂也很难，但我们还是要坚持让孩子看话和说话。

努力的孩子看话和说话，有以下几个重要的原因：

第一，因为孩子这样的发音，在家里是可以用来交流的，也就是说家长是能明白他的意思的。在家里可以用，就要尽量用。语言是用会的，孩子能这样用汉语，就是在学汉语，这样的机会不能放弃。

第二，只要开了头，证明语言有用，孩子就会喜欢说。这不但是因为"希望和大家一样"是人的天性，更因为语言能为孩子打开一个广阔的新天地。对孩子来说，只要这样的发音不受到嫌弃，只要这样的发音是能用来交流的,是有结果的,孩子就会愿意说。比如他说了"布达",不仅能得到饼干,还能得到夸奖,他怎么会不说呢。这样说着、用着的汉语越来越多,孩子说的习惯养成了,也就有可能越说越好。

第三,说和写是连在一起的,说对于写会很有帮助。当我们在写一个字的时候,心里一定在默默地说这个字,有时甚至嘴都在动。就是不动嘴写一个字,可是脑子里还是在"说",脑子里还是会出现这个字的读音。当我们想写一句话的时候,那更是脑子里在说这句话,一边写一边在说。也就是说,说和写看起来好像是两回事,其实却是连在一起分不开的。这是因为,语言除了进行交流,还是我们思维的工具。我们思考问题比如想某件事应该怎么办,主要也是用语言进行的。学会了汉语,不但是学会了用汉语进行交流,更是学会了用汉语思考问题。所以,孩子虽然听不到,也不容易学会看话,说的话也不清楚,但坚持看话和说话慢慢会使汉语成为他的思维工具,这对他学习书面语是很有帮助的。

2. 孩子说得不好,说得不标准仍要在家里用来交流

可能孩子发音会很怪、很差,家长也不应该着急。如果孩子每次要吃饼干,说的都是"布达",家长可以每次都纠正孩子,但还是每次都要夸奖孩子,让他一直这样用下去。对多数孩子来说,能用来交流的口语肯定是不多的,并且只有比较熟悉的人才听得懂。但不管孩子的发音怎么样,哪怕孩子只有极少的几个词能用来进行交流,我们也要坚持让孩子说。因为,对大多数孩子来说,说的主要目的是帮助他更好地掌握书面语。孩子的发音当然越准确越好,但我们却不能一味地去追求发音,尤其不能以发音好不好作为判断孩子说话好不好的标准。只要孩子的口语能在生活中用来交流,也就是说您能猜得懂他的意思,孩子能达到自己的目的,那就是好的。您培养孩子说的习惯,会让孩子在以后的学习中减少很多困难,会让他的书面语学得比较好。

3. 孩子在康复中心进行语训,更要坚持使用汉语

在这里说的方法,都可以不借助听力,是针对重度、极重度聋童的。也就是说,这是孩子完全没有残余听力或者不使用残余听力时的方法。孩子戴着助听器在康复中心接受语训,那就更需要这样做。首先,身势语每个孩子都要用,应该坚持继续用,用好它。以后孩子听得多说得好了,身势语自然就会减少。其次,教师在康复中心教的听话、发音、说话等所有的训练,都

是帮助孩子说话的,所以,家长一定要在家里坚持用汉语和孩子交流。最后,孩子虽然有一些残余听力,但毕竟听得不是很清楚,家长说话要做到"看、简、慢",对于戴着助听器的孩子来说也是非常重要的。

作为家长,首先要相信自己,父母都可以教孩子学说话,虽然借助了专业的书可能会做得更好,但它并不是必需的,任何时候都不要放弃和孩子的交流。莎莉文老师是一个几乎失明的女孩子,只念过几年的书,她的专业水平并不高。周婷婷的父亲也不是学教育的,但他们做到了最关键的一条,就是坚持陪伴孩子,坚持使用语言和孩子交流。现在,像周婷婷这样汉语发展非常好的聋童其实并不少,这些事实证明了家长能够起到决定性的作用。和孩子在生活中坚持使用汉语这件事,只有家长能去做,只有家长才能做好。

作为教师,我们应该坚信小道理要服从大道理。语言的教学,许许多多专业的理论和方法都必须服从"语言是习得的"这个大道理。专业理论研究把孩子的语言发展分为语音、词汇、语法等许多部分来进行讨论。语言康复训练把语言训练分为口部训练、构音训练、词语、语法、会话训练等来进行。聋校的语文教学按照课文的编排用学课文做作业的形式来进行。这些看起来都很专业,需要受过专业训练的人来做,一般人看到这些会觉得无从下手。但是,语言学习有着自身的规律,用教学的方法来教聋童学习汉语,已经被事实证明效果并不好。我们必须牢记,在自然习得语言的过程中,孩子就是听着、用着语言才学会说话的。从来也没有哪对父母是按照专业的方法和步骤去教孩子学说话的,父母们甚至根本不用懂得这些。聋童汉语学习的关键就是坚持使用汉语进行交流。作为教师,我们一定要让孩子在使用汉语进行交流的过程中逐步学习发音、学习词汇、学习说、写正确的语句。这是我们最应该做的事。

知识链接3-1

习得的基本概念

习得是指儿童不自觉地自然地掌握母语的过程,是指他们通过大量接触语言,在交际中掌握语言。习得的过程中,不注重语言形式而注重意义,语言规律的掌握是无意识的,习得过程是由不自觉到自觉。这就是我们常说第一语言习得,也就是儿童母语的习得。

"在交际中掌握语言"就是强调使用语言进行交际,并且通过交际掌握语言。也就是说学说话不是鹦鹉学舌,也不是为了学习语言,而是为了运用语言完成交际任务。这里必须特别注意的是,"在交际中掌握语言",是在使用过程中学习,在使用过程中掌握,而不是学好了再去用。在习得语言的过程中,学就是用,用也就是学,用语言,首先就是听到或看到语言以后做出相应的行为反应。正是大量的听到或看到语言以后的行为反应,让儿童受到语言刺激并逐渐掌握了语言。

"不注重语言形式而注重意义"讲的仍然是交际的重要性。这是说儿童说的话在语言形式上错了不要紧,关键是能不能完成交际。只要意思对,别人就能理解,就能完成交际。交际完成了,儿童就能够在交际中逐渐完善语言形式,逐渐学会正确地表达。

"语言规律的掌握是无意识的"还是说明交际的重要性。把话说对的目的,就是为了完成交际。成人也许抱有让孩子学说话的目的,但孩子对于语言规律的认识是无意识的,是在交际过程中逐渐领悟的。就是成人,除了专门学习过语法等语言规律的人,一般人对于语言规律也只是会用,即只会使用语言进行交际,并没有准确清晰的理论认识。

"语言习得过程是由不自觉到自觉"也是说明交际的重要性的。这是说在语言习得的开始阶段,孩子不知道自己在学语言,而是为了表达要求才模仿使用语言。语言发展到一定阶段,孩子才开始有了学习语言的自觉,懂得了要学说话。

语言习得的概念和原理说明语言习得和交际是密不可分的,语言习得的过程就是使用语言进行交际的过程。

知识链接3-2

听力(听觉)和听能(听知觉)

听知觉是人脑通过对感受到的声音信息的分析结合而对客观事物做出的整体反映。包括对声音的感知、搜寻、分析、综合、辨别、鉴赏、评价、回味、联想、储存等方面的能力。听能是后天获得的,是在训练和使用的过程中获得的。

听能以听力为基础(没有听力就谈不上听能),但还与人的知识和经验有关,也与人的智力和心理有关。这就是说,听力虽然不能提高,但是通过训练和使用,听能可以获得改善和提高。一个听力较差的听障儿童,如果能得到良好的补偿和良好的训练,他的听能有可能超过听力较好而缺乏训练的听障儿童。

（摘自朴永馨:《特殊教育辞典》(第三版),华夏出版社,2014,第202页。）

知识链接3-3

●使用综合交流法人工耳蜗植入儿童的特殊需要●

在人工耳蜗植入儿童中有不少儿童使用综合交流。综合信息法对于人工耳蜗是否和谐还有一些问题,回答这个问题有必要回顾一下综合信息法的发展历史。

早在20世纪70年代之前,聋教育工作者就被分为两大阵营:口语派鼓吹使用言语和唇读而不用手语,手语派鼓吹使用手语。综合信息法最初形成时是想发挥各种交流方法的优点来促进儿童语言能力的发展。这包括口语、手语、口语加手势、听力、拼写、唇读和信息提示等方法。这样人们认识到依据不同情况,可能需要不同的方法或将多种方法结合起来使用。例如,一名使用综合信息法的儿童在商店或餐馆里与正常听力者交谈时单独使用口语,此时与听力障碍的同学交流可能就需要将口语和手势相结合,而与全聋成人交流时可能就只能使用手语了。在这里综合信息法就被定义为只使用任何需要的方法,而不使用不需要的方法。

假若综合信息法的这个解释被接受的话,这种方法似乎与人工耳蜗并不矛盾。一个人在必要时使用手势来增强他的口语表达,不需要时就不必使用手语。然而随着时间的推移,综合信息法的这个定义已经演变成与同步交流法(在所有情况下都结合使用口语和手势)同义。同步交流法的主张在很多时候被看成是从综合交流法衍生而来,教师以口语为主偶尔使用一下手语或者教师默默使用手语偶尔说一两个单词。同步交流法主张在所有时候都应确保儿童总能完全接受正在进行交流的语言内容。人工耳蜗植入儿童已经改变了接受所有语言内容以及每名综合信息法儿童在各种情况下均使用口语和手语的概念。很多使用综合信息法的儿童在家中或社会上使用他们的人工耳蜗进行完全有效的口语交流,但他们在学校时就达不到这种程度。这是因为交流的大量信息和语言载体都是学术内容。对于这样的儿童要完全接受全部内容手势辅助是必要的,但不是任何场所或者所有儿童都需要这样。

（摘自[美]John K. Niparko 等:《人工耳蜗植入原理与实践》,人民卫生出版社,2003,第 300–301 页。）

第四章
依照语言做出行动，是语文课堂教学的关键

聋童在学校通过课堂学习汉语，和他在生活中学习汉语相比有一些特殊的困难。"语言是用会的"这个道理，不会因为教师和课堂教学改变。了解孩子在学校课堂中汉语学习的情况，有助于家长更好地帮助孩子习得汉语。

一、聋童在课堂上学习语言的特殊困难

（一）学习环境和条件上的特殊困难

听力良好的孩子开始上学时，已经会说话了。他们上课的时候，既能听又能看，能听着教师的话来学习课本里的文字，有问题时也可以问教师，可是聋童却不是这样的。在聋校，"学生是在缺乏听说能力这个基础的条件下开始学习语文的。就是说，一切从头开始。因此，听力障碍儿童语文学习的任务其重心在发展学生的语言，不是单纯地识字，而是学词识字。这是听力障碍儿童语文学习过程特殊性的最基本的一点。听力障碍儿童缺乏自然习得有声语言的环境，不能自然地通过运用言语交往来习得言语能力。所以，他们的语言学习要通过语文学习来进行。因此，普通小学的语文学习是一个'由语及文'的过程，听力障碍儿童的语文学习则是一个'文语并进'的

特殊过程。可见,听力障碍儿童语文学习的任务要重得多也难得多。"①聋童在课堂上"文语并进"的过程,和自然习得语言的过程完全不同,有着许多特殊的困难。

1. 汉语学习的时间明显偏少

在自然习得汉语的过程中,孩子学习汉语的时间、地点就在生活之中,就是生活本身。孩子碰到什么就学什么,在做什么就学什么,汉语随着自然交往就学习了。这就是说,听力良好的孩子是在生活中学习语言的。他们看似自然而然就会说话了,其实是需要大量的时间来学习语言的。因此,自然而然地习得语言并不能理解为轻而易举就能学会语言。"美国心理语学家刘易斯(Lewis)指出:在学会说话之前,儿童听到的话是非常多的。加拿大语言学家麦基(W. F. Mackey)指出:马蒂(W. Marty)估计,儿童在家里学习第一语言,一个人一年大约能花 5000 个小时。"②而聋童通过课堂教学学习汉语,在教室里上课是在学习汉语,下课就很少学习了。按照 1993 年国家颁行的《全日制聋校课程计划》,低段每周 12 节语文课(3 节语言训练/沟通与交往、8 节语文课、1 节写字课),语文课已占全部课时的 34.11%,不可谓不多。但就是这样,一学期也才 240 节课,一年才 320 小时,在学习时间上差距非常大。

而且,"同样一节课,对听力障碍学生和听力正常学生来说,两类学生充分参与学习活动的有效时间是很大差异的。这是因为听觉获取信息和视觉获取信息的差别造成的。视觉是一种要求主动性较强的知觉,相反听觉则较为被动。"③也就是说,和又能看又能听的孩子相比,聋童只用眼睛看着来上课,是更累的。因此,同样一节课,聋童集中注意力上课的有效时间自然会少一些。仅仅从汉语学习的时间上看,聋童就处于明显的劣势。

2. 师生交流时许多信息被丢失

大家都知道聋校的教师和学生要使用手语,但一般并不清楚教师和学生使用手语交流其实存在着许多问题。有研究表明,聋校中"将近 70% 的学生表示看教师的手语有困难。教师的教学语言有效率最高约为 55.2%,最低约为

---

① 张宁生、李玉影:《听力障碍儿童心理与教育》,郑州大学出版社,2018,第 170 页。
② 李宇明:《儿童语言的发展》,华中师范大学出版社,2004,第 41 页。
③ 张宁生、李玉影:《听力障碍儿童心理与教育》,郑州大学出版社,2018,第 170 页。

25.2%,平均大约只有39.87%。"[1]已经上了大学,"接受高等教育的听力障碍学生参加手语翻译测试,成绩最高67.8分,最低20.2分,平均40.89分。"[2]这些研究都说明,并不是孩子进了聋校,学了手语,交流就没有问题了。相反,上课时看不懂教师手语的学生,所占比例应该说非常高。本来汉语说不清楚的意思,希望用手语可以说清楚,可结果却仍然是问题多多。这里面的原因比较复杂,教师手语能力如何,教师是否合理地使用手语,学生的手语能力和汉语能力如何等许多因素,都可能造成师生之间交流的困难。双方之间的交流低效或无效,还会带来回避交流的现象:因为讲不清,本来应该讲的就不讲了。这样的汉语学习,对于既听不到,汉语学习时间又很少的聋童来说,自然就更加困难。

3. 课堂学习中聋童受到很多压力

在自然习得语言的过程中,孩子不是有意识地去学语言的。孩子随着自己本能的表达欲望,随着生活中交往的需要自然而然地学习说话,不用父母督促孩子要努力学说话。教孩子说话,父母也没有教学目标,不需要今天一定要教会什么,孩子也不必一定要学会什么,所以都不会觉得困难和麻烦。学说话时,幼小的孩子说错了会得到纠正,但并不会受到批评,反而总是受到夸奖和鼓励。父母总是很耐心,总是用惊喜的态度对待孩子说的每一句话。尽管孩子的发音还不准,有时连意思也错了,但父母总是感到高兴和有趣,会夸奖孩子真聪明。除了这些,孩子学说话时一般没有同伴的比较,也不会有因比较而产生的压力,更不会产生挫败感。

但是,聋童通过课堂学习汉语就不是这样。课本的汉语容易脱离学生自己的表达需要,不容易产生生活中那种自然的表达欲望,所以他们必须付出更多的努力去学习汉语。课堂教学有明确的教学目标和教学进度,大部分学生都会明显感受到压力。这种压力,正面的作用也只是促使孩子更加努力。如果一位聋童总是达不到学习要求,就会产生严重的挫败感。

4. 语言学习的方式不是一对一的

在自然习得语言的过程中,孩子语言学习的方式是一对一的,是你一句

① 何文明:《聋校教学语言效率研究》,《中国特殊教育》,2003年第1期,第37-39页。
② 白瑞霞:《聋人高等教育课堂手语翻译现状及对策研究》,选自孟繁玲、关雪松、张宁生:《第七届世界手语大会论文选》,郑州大学出版社,2014,第167页。

我一句有来有往的。在一对一的真实的交流中,父母可以根据孩子的理解,来决定下一句说什么,怎么说,这就保证了孩子在交往中学习汉语的效率。

在聋校的课堂教学中,虽然学生人数比较少,但一位教师仍要面对数个甚至更多的学生,这样就难以做到对每一位学生都进行针对性的交流。教师虽然面向大家进行教学,但一位学生表达时,其他同学就只能处在旁观的位置上。因为这种教学的形式和时间的关系,很多学生无法获得独立运用汉语和教师面对面交流的机会。还有一些学生会因为教师无法针对他的情况展开教学而处于游离于课堂之外的状态。只有在大家一起朗读、背诵或抄写这些环节,每个学生的机会才比较均等。但如果聋童对汉语的理解还有问题,这些朗读、背诵或抄写就只是一种耗费时间、无效或低效的汉语学习。

在集体教学的方式中,听力良好的学生只要自己愿意,无论坐在哪个位置,都可以听到师生之间的汉语交流。而凭视觉接受信息的聋童,通过看话、手语、身势语进行交流,面对面的站位是一个必要的条件。即使课堂的座位安排成半圆形,一位同学在自己座位处发言,其他同学也还是难以完全看清。所以,当一位同学在自己的座位处和教师交流的时候,其他同学常常可能处于信息真空的静默状态。

因此,这种学习方式的差异不但造成聋童汉语学习时间进一步减少,而且汉语学习的效率也明显低于语言习得一对一交流的方式。

5. 真实的课堂交流很少使用汉语

在上课时,除了有关教学内容的交流,教师和学生还需要一些课堂行为的交流。比如教师对学生说"你来说",教师一边说口语,同时伸出一只手,手掌向上对一位学生做个请的姿势;教师对学生说"请你到黑板上去写",用前一个动作再加上指一下黑板;教师说"打开书,翻到第十五页",用双手合在一起再模仿打开书的样子,再加上一个数字十五的手势。这样的交流,一年级的学生也都会执行得很好。

在这些最基本的交往中,教师的口语和手语是一起使用的,我们能听会说又懂手语的人,会觉得很好,很清楚。我们会觉得教师的口语很规范,手语动作也很清楚,交流也很有效。这些手语动作的意思和教师说的话意思确实是一样的,手语的意思也是明白无误的。看起来教师是使用了汉语,也使用了手语。但是,学生的感觉也是这样的吗? 学生接收到了汉语吗?

首先,如果教师不注重培养学生的看话能力,那教师一边说话一边打手语,说话的速度和句子的长度就可能不适合学生看话。其次,即使教师把自己说的话写出来,学生也可能并不明白,学生并没有理解这些语句的能力。在正常人看起来,这些都不是困难,但对于初学汉语的聋童,对于只能用眼睛看来进行交流的学生来说,他们还没有汉语能力和看话能力,当然只能选择看手语。而教师这样一边说话一边打手语,确实也是让他们看手语的。这样做背后的逻辑就是"你们听不到,看话也很难,你们就看手语吧"。因此,这种交流方式其实是"话说给自己(包括听课的教师)听,手语打给学生看",学生其实并没有接收到汉语。最基本的课堂交往尚且如此,那么教师讲解课文时的汉语表达,学生能够感知和理解多少,就更需要打个问号了。

同时,学生在课堂上有表达需要时,教师也很少有机会帮助他们学习汉语表达。比如学生需要去小便,只要打出一个手语就行,教师也是点下头就表示同意。比如铅笔芯断了、活动铅笔的铅笔芯没有了、谁拿了我的东西、谁没有做作业等许多问题需要教师解决的时候,学生一般也都是使用手语或者身势语来表达的。

在真实的课堂交流中,教师脱离学生的看话能力,一边说话一边打手语,学生难以接收和理解汉语的现象并不少见,师生之间直接使用手语或身势语交流也是一个常态。因此,在学习汉语的课堂上,学生学着离生活相对较远的课本中的汉语,在真实的交流中却不使用汉语。这样学、用脱节的状态,对聋童的汉语学习是非常不利的。"语言学而不用,或很少使用,就丧失了其存在的价值,就缺少生命力。这是造成听力残疾儿童学习语言效果差的主要原因之一。"①

6. 学校其他课程和活动中学习和运用汉语的机会也比较少

在自然习得语言的过程中,孩子的语言学习常常和其他的学习活动一起进行,比如在学走路、学画画的同时,也在学说话。语言既是其他学习的重要工具,也是其他学习的重要组成部分。人的一切活动都必须用到语言,人也可以伴随着一切活动学习语言。比如学习美术时,教师需要用汉语组织教学和讲解学习内容,遇到不理解的美术术语,又需要美术的实际操作

① 银春铭:《听力残疾儿童的语言教学》,上海教育出版社,1995,第 107 页。

来帮助学生理解汉语。因此,在所有的课程和活动中孩子都可以学到相关的汉语,而且只有汉语的参与才能学得更好。

但是,在聋童的其他课堂教学以及各项活动之中,他们学习汉语的机会明显就比较少。许多课程的教学组织和内容讲解,教师常常以身势语和手语来进行。尤其是一些以操作为主的术科教学,汉语的运用和讲解就更少。相对运用汉语比较多的数学课,学生的应用题教学难度明显大于计算题,主要是因为教师只是讲解应用题的汉语但很难让聋童自己尝试独立地运用这些汉语。

(二)教学和学习方法上的特殊困难

通过课堂教学学习语言,在方法上也不符合语言习得的规律,这给聋童的汉语学习带来了极易被大家忽略的特殊困难。

1.语言学习的旁观者角度

在自然习得语言的过程中,孩子最初的语言学习是以自己为核心来展开的。"儿童最初掌握的词语,都与某一特定的对象相联系,具有专指的性质。这一特定的专指对象,就是儿童掌握该词语的原始模型,简称原型。例如,儿童最早说的'妈妈''爸爸',只是指自己的妈妈、爸爸,对于别的孩子叫他们的妈妈、爸爸感到困惑不解。儿童早期所理解的'车车',只是他自己坐的婴儿车,所理解的'小狗',只是他的一只玩具狗。"①这就是说,每个孩子最初对语言的理解和表达,都是从自己的需要出发的,都和自己的生活、自己的行为有着紧密的联系。孩子喊妈妈的意思,常常是"要妈妈抱",说"枪"常常是要拿玩具枪。他们常常是在表达"我要这个"的过程中学习了"这是什么",在表达"我要做什么"的过程中学习了"做什么"。在自然习得语言的过程中,孩子的语言理解、表达都和他的行为、愿望紧密相关,因此,他们的语言学习是在自己真实的交往情境中进行的,他们是语言交往的实践者、亲历者。

但是,教材的语言只能按照旁观者的角度,从"这是什么,那是什么,谁在做什么"开始,无法从每个孩子亲历的角度去组织语言。教材的语言只能表示一般泛指的意义,词语"妈妈""爸爸"就是泛指所有的妈妈、爸爸,或图

---

① 李宇明:《儿童语言的发展》,华中师范大学出版社,2004,第123页。

中那个孩子的妈妈、爸爸。课文《我的房间》只能泛指一般孩子的房间，并不是任何一个孩子具体真实的房间。课文《我的一天》，虽然讲述的是小学生的一天，但也并不是孩子自己的一天。再比如"蜻蜓喜欢牵牛花"那是蜻蜓的"喜欢"，不是孩子自己的喜欢。聋童首先学的就是课本中那些泛指的语言，这说明，在课堂上聋童是通过教材讲述别人的事情来学习语言的。

通过教材和课堂学习汉语，先天造就了聋童汉语学习的旁观者角度。这和语言习得亲历者的角度相比，存在着明显的差异，也带来了巨大的困难。在听力良好的孩子的课堂学习中，他们凭借已经具有的汉语能力，可以立即把书面语词句纳入自己的口语系统，转换成自己的语言。比如，学了"爸爸"这个词，不用教师说，他们就可以进入自己真实的情境，知道"我的爸爸是哪一个人""我的爸爸在家里""我的爸爸是工程师"等意义。而在很多聋童那里，课本中的词语"爸爸"就是教材中的一幅图和一个手势动作，他们靠自己是无法把"爸爸"这个词和自己真实的生活结合起来的。因此，聋童把教材和教师提供的汉语和形象（图片视频、演示讲解等）转换为自己的生活实际，把教材中的"爸爸"转换为自己的爸爸，把蜻蜓的"喜欢"转换为自己的喜欢，就非常需要教师的帮助。但是，这种转换对于初学汉语的聋童其实是非常困难的。有的聋童最初把所有的成年男子叫作爸爸，就是没有达成这种转换的缘故。如果是在真实的情境中对着自己的爸爸学习"爸爸"这个词，就不需要这种转换，聋童也不会产生理解错误。

这种转换通常需要让学生依据自己的真实情况来运用所学汉语才能逐渐完成。教材需要安排"照样子说写句子"这一类的练习，让学生依照"蜻蜓喜欢牵牛花"写出"我喜欢体育课""姐姐喜欢花衣服"等语句来完成这种转换。所以，在学完课文之后，让学生依据自己的真实情况来运用所学的汉语是更重要也是更难的一件事。在实际教学中，照样子说、写句子，学生并不一定是依据真实的情况写出来的，他们往往依照句式替换一个人物（称谓）和物品，比如把"姐姐"替换成"妹妹"，把"花衣服"替换成"红衣服"。聋童对许多学过的词句停留在似懂非懂的状态，无法很好地运用所学的汉语，就因为从汉语学习开始他就是一个汉语交往的旁观者，是从语言学习旁观者的角度来学习语言的。

2. 语言理解的反向过程

语言学习旁观者的角度还带来另一个问题，就是课堂的语言学习是一个反向的过程。语言心理学告诉我们,孩子最初在生活中习得语言时,意义是先于语言呈现和被理解的。父母在说话的时候,语言要表达的意义已经在孩子的心中了。比如喝水,孩子在没有学"喝水"这个词时,已经通过实际的交往知道"喝水"的意义了。看到父母拿着杯子过来,孩子心里就知道要"喝水"这件事了,只不过还不知道这叫"喝水"。孩子每次在喝水的时候,都听到"喝水"这个词,渐渐地就能把意义和词语对应起来,就明白了"喝水"这个词的意义。就是说,语言习得的过程中,孩子已经先通过实际交往获得了语言的意义,父母只需要给孩子提供相应词语,不用解释意义,孩子就能理解语言。所以,语言习得的过程中,每一位父母都可以担当起教师的职责,因为只要按照生活实际把相应的语言提供给孩子,也就是对他做着、说着就行了。

但是,通过课堂教学学习语言时,上课学习的内容是教材确定的内容,汉语从生活中被抽取出来,以课文的形式作为一个学习内容来学习。课文要学习的语言,并不是学生真实交往情境中的语言,并不和孩子的行为产生自然的联系,孩子心中就不会自然产生语言表示的意义。因此,课文语言的意义就要由教师来告诉学生,也就是说教师要想尽办法帮助学生理解语言。教师不但要让孩子学习汉语词句的音和形,还要把汉语词句的意义"塞进"孩子的心里。为什么要用"塞进"来形容这种状态?就是因为在课堂教学中,学生要学习的汉语意义不是学生在交往情境中自然产生的,而是由课文提供的。语言习得最初是依据意义来获得语言的,而通过课堂学习汉语,却正好是一个反向的过程——总是依据语言来理解意义。也就是说,在生活中习得语言,孩子"先理解意义再学习语言",而通过课堂学习语言,就需要有一个教师依据语言进行解释,把意义"塞"进孩子心里的教学过程。

不仅仅是聋童,听力良好的孩子初学语言的时候,采用教学的方式,也是一个反向的过程,也可能会造成理解错误。比如理解"水"的意义,两位儿童语言习得的研究者发现过"一个儿童把窗玻璃称作水"的例子。这两位研究者认为,"如果最初给儿童看一杯水,并告诉他这是水,那么儿童有足够的理由可以认为水是指玻璃,随后就把这个概念概括到窗玻璃。"①这个例子中,孩子的父母没有在真实情境(喝水的时候)中告诉孩子这是"水",而是采

---

① [美]D. W. 卡罗尔:《语言心理学》,华东师范大学出版社,2007,第262页。

用教学的方式来教孩子：拿过来一杯水，让孩子看，并告诉他这是水。因为这时孩子心中没有"水"的意义，水又装在玻璃杯里，所以孩子产生了错误的理解。

莎莉文老师一开始也是通过教学的方式让海伦·凯勒来理解"水"的，所以海伦·凯勒也有水和杯子的困惑。在这两个例子中，学习"水"这个词语虽然不是在课堂教学的环境中，但父母或教师都脱离了孩子使用水时的真实情境，采用了教学的方式，只是给孩子提供了比图片更好的实物——装在杯子里的水来教孩子学习词语"水"。这两个例子都表明，在初学语言时，用这种最常用的教学的方式来教孩子，孩子的理解也是可能发生错误的。孩子应该已经知道水这个东西了，他们肯定喝过水，用过水。可是，采用这种实物和词语相对应的教学方式，要把"水"这个意义"塞进"孩子的心里，让他们明白什么是水，还是会有困难的。后来莎莉文老师把海伦·凯勒的手放在水龙头下来真实地感受"水"，才使海伦·凯勒准确地理解了"水"的意义。其实，更好的方法应该是在海伦·凯勒要喝水的时候，告诉她"水"这个词语，因为这时候海伦·凯勒的心中已经有了"水"的意义。

事实上，在孩子有了一定的语言能力以后，通过教学的方式也是可以帮助孩子学习语言的。在听力良好孩子的语文教学中，这样学习书面语就更没什么问题。但是，在聋童最初的汉语学习中，采用这种教学的方式，这个反向的过程不但使他们的汉语学习费时费力，而且理解还存在着许多问题。

3. 缺少被动语言交际的过程

在自然习得语言的过程中，所有的孩子都经过了一个被动语言交际的阶段。因为每个人的语言理解都是从被动交际开始的，所以，让学生按照汉语的意思做出相应的行动，是最初理解汉语的最好方式。我们在教学实践中也能体会到，让学生按照汉语的意思做出相应的行动，比让他们看着图或真实的动作说、写出相应的语句要容易多了。因此，最初学习汉语时，或者汉语能力比较差的同学，最需要独立地用自己的行动来对汉语做出反应，他们最需要这种亲身的体验来完成对汉语的理解。

但是，在实际教学中，大多数学生只是看教师讲解汉语的意义，看别人用行动演示汉语的意义，自己很少有机会独立对汉语做出行动的反应。比如教学"坐"和"立"这两个词，只要看到"坐"就能坐下，看到"立"就能起立，就表示学生理解了。可是也许是因为这太容易，更是因为时间的关系,很多同学只是看着其他一两位同学这样做一下,自己并没有机会这样做。如果教师首先选择的是理解最困难的学生,那还好,因为他必须独立面对汉语来做出行动。如果教师为了教学的进度,选择好的或中等的学生来做示范,并且认为做过示范大家就该懂了,那么比较困难的学生就没有机会独立面对汉语进行体验,他的理解就可能会有问题。因为看别人对汉语进行体验和自己亲身进行体验是完全不同的两回事。

通过组织演示和举例讲解等方法来学习汉语,对教师和学生来讲其实都非常难,教师讲不清,学生难领会。而让学生能独立依照汉语做出行动的反应,让他们经过一个被动语言交际的体验,是学生逐渐理解汉语最容易、最好的方法。但是,就目前聋校语文课堂教学的过程而言,每个学生都能独立用自己的行动对汉语做出反应的机会是非常少的。

4.从理解到表达需要当堂完成

听力良好的孩子学到一个新的词语或句子,只要理解了意义,马上就可以运用这个词句来进行表达。这是因为新的词句马上"融入"了他们的语言系统,立即成为他们汉语能力的一部分。所以,他们在课堂上学习书面语,当堂完成理解并学会表达,一般不会有什么问题。但是,每个孩子在最初学习语言的时候,他们对语言的理解都是渐进的,从理解以后到学会表达更是渐进的。理解是渐进的,说明孩子最初对语言不理解或理解不准确是正常的现象,只有通过反复多次运用语言,孩子的理解才会越来越准确。从理解到表达是渐进的,说明孩子懂了意思但不会说更是正常的。每个孩子都要经过一个被动语言交际的阶段,谁都不会例外。所以,初学汉语的聋童,对学过的汉语在理解上还有问题,理解了还不会用这些词句进行表达,其实都是正常现象。所以,他们难以像已经有口语能力的孩子那样,在课堂上一次性完成准确的理解并且马上学会表达。可是,在实际的教学中,教学进度不等人,一个内容的教学往往只提供一到几个课时的教学和练习的机会。在这种状态下,聋童学习运用汉语进行表达,就需要依照句子或句式来进行。由于理解还有问题,很多孩子依照句式写句子,就常常用替换人物、物品等来应对,甚至还可能出现"书包里有桌子"那样的错误。如果经常是这样一次性完成理解和表达,学生的理解和表达就都会有问题。长此以往,有些聋童就会处于"教过了,学过了,最后就没有了"的状态。要求学生自己在生活中去运用汉语,更成了一句空话。

5. 直观教学的困难

在课堂教学中,教师最初帮助学生理解语言的方法,就是把语言和事物形象联系起来。最常用的方法就是用实物、图片帮助理解字词。比如词语"汽车",教师可以提供各种汽车的图片;比如"树叶、树干、树根",用一张图示就可以很清楚地表示出来。这种方式简洁明了,是汉语教学最常用的方式。再比如用视频(动画),用身势语(动作演示)以及手语等,都是帮助学生把汉语和事物形象联系起来的常用方法。一般常见的实物、动作与名词、动词的对应,关系简单明了,是容易对应的。教师采用教学的方式,通过图片和动作演示(身势语)帮助学生联想起实物、动作或情境,学生已经有了生活经验,理解一般是没有问题的。这种把语言和事物形象联系起来的直观教学方法,在学生汉语理解的过程中,起到了重要的、不可替代的作用。

但是,这种联系事物形象来帮助学生理解语言的方法,并不能解决汉语学习的所有问题。像前面提到的对"水"的理解,因为实物和图片比较难对应,初学汉语的孩子就可能理解错误。事实上很多词句的理解都可能存在这样的问题。比如"操场"这个词语,用指一指真实的操场或者图中的操场来理解"操场",学生理解的"操场"究竟是指整体还是局部,甚至是操场上的某些物体? 从杯子和水的困惑中,我们可以想见,"操场"的准确理解,远比区别杯子和水要难得多。再比如"回答问题"这个词组,用"一个学生面对教师站着在说话,几个学生坐着看"的图片或演示,来理解"回答问题"的意义,"回答问题"究竟指什么? 这些学生到底在做什么? 学生要准确理解难度就更大了。这说明,很多词句的理解,仅仅用图片、视频、演示等方式显示事物的形象是远远不够的。

联系事物形象的直观教学方法,更无法帮助学生理解称谓、时间(比如今天、明天)以及虚词等一些最基本最常用的词语。这些词语绝大部分都无法直接用形象来表示,所以理解这些词语时,图片、视频等就难以很好地发挥作用。这些难以用形象表示的词句必须在真实的交往情境中,在汉语反复运用的过程中才能慢慢领悟。

6. 语言解释的困境

我们已经具有汉语能力的人,除了用图片、视频等事物形象来理解汉语,还可以用汉语来解释汉语。我们习惯于采用这种方法来理解汉语,也经常采用这种方法来教孩子学汉语。如果孩子有了一定的汉语能力,也经常会主动问"这是什么,那是什么"一类的问题。在理解什么是"水"的问题上,如果我们能对孩子说,这是一杯水。外面圆圆的是杯子,杯子里面晃动的、可以喝的是水。那么理解"水"的问题立刻就解决了。听力良好的孩子在上课的时候,遇到一个不理解的词语,教师就会用这种方法告诉孩子。但是,初学汉语的聋童是无法通过这样的方式学习汉语的。他们还不具备汉语能力,上面这些用来解释"水"的汉语比词语"水"更难理解。一般语文课中常用的词语解释,对低年级初学汉语的聋童来说,很难起到帮助理解的作用,反而增加了学习的困难。即使到了高年级,对一些汉语发展相对较差的学生,在词语理解时仅仅采用词语解释的方式,仍然是不适宜的。

聋童入学以后,在学校的手语交流环境中,会逐渐习得一些手语。教师除了用实物、图片帮助学生理解汉语,也常常用身势语和手语来解释汉语。如果孩子已经会用"爸爸"这个手语词来表示自己的爸爸,那么用这个手语词"爸爸"来解释汉语词"爸爸",就不会发生理解错误。如果孩子已经理解了手语词"今天""明天",那么用手语来解释汉语词"今天""明天"的意思,也会比较容易。但是,学生手语的掌握也需要一个习得过程。入学之初,聋童绝大多数处在从头开始学习手语的阶段。对于课文的汉语,很多时候,他们容易模仿手语的动作,但并不真正理解手语的意义。比如要教聋童掌握手语词"爸爸",没有爸爸这个人在眼前,没有爸爸的照片,他们也一样不能理解手语词"爸爸"。教孩子学手语时,如果仅仅用成年男子的图片表示爸爸,他们也一样会把手语词"爸爸"用在所有的成年男子身上。所以,离开了真实的交流情境,单单依靠手语来解释汉语,很多时候也是有很大困难的。

(三)教育教学理论和实践中的一些问题

1.口语教学理论和实践上的一些问题

依照学者林宝贵的定义,"口语教学主要是指导说话的语言与笔谈的一种教学方法。为使听障者能与耳聪目明者的听语世界沟通起见,一方面透过读话、听能等特殊训练了解他人所说的话,另一方面训练自己的构音器官发出正确的语音,把自己的意思传达给他人的语言教学法,称为口语教学法。"①但现实是除了少数学生以外,大多数学生确实达不到"读话、听话以及说话"的要求。"以口语为主日常沟通,无论在听障者与健听者之间,或在听障者中间,这种局面至今仍是人们追求中'理想',远非现实。"②而且我们还需要面对这样一个问题,即聋童、聋人之间如何交流?"听障者与耳聪目明的听语世界沟通"的确十分重要,但聋童、聋人之间的交流更是一种实际需要,这是聋教育必须面对的问题。认为口语教学就是要让学生能看懂别人的说话,自己又能开口说话,这和我国大陆地区坚持的口语教学并不一致。事实上,我国大陆的口语教学一直坚持多种语言沟通手段的综合运用,尽管如此,我们的口语教学在实施中还是存在一些值得探讨的问题。

我们完全同意聋童的汉语学习应该以口语为主导的观点,但教师以口语为主进行教学,是否就是口语主导书面语学习的"金科玉律"?许多教师不分条件以口语为主进行教学、按照口语的顺序打手语,非常容易脱离学生的看话能力和汉语理解能力。这种脱离学生看话能力和汉语能力运用口语和手势汉语的方式,不但使学生对教师的口语无法感知和理解,也使手语失去了形象性,严重地影响了学生对汉语的感知和理解。

教师如何用口语讲课,学生如何学口语,是聋童汉语学习中至关重要的问题。这两个问题处理不好,聋童本就困难重重的汉语学习,就会更加困难。因此,口语教学需要广大教师更切实有效地学习、实践和研究。笔者认为,遵循语言习得的规律来思考口语教学以及多种语言沟通手段的综合运用,应该是我们努力的方向。

2. 语文课程本身的问题

《聋校义务教育语文课程标准》(2016 年版)(以下简称《课程标准》)指出,聋校的"语文课程是一门学习语言文字运用的综合性、实践性课程。课程目标从知识与能力、过程与方法、情感态度与价值观三个方面设计。"从理论上讲,这完全可以涵盖语言课通过交往实践培养学生汉语交往能力的要求。但是,在操作层面上,语文课和语言课还是有着明显差异的。

从教学对象来看,语文课是为已经习得口语能力的学生开设的,语言课是为具有母语口语甚至书面语能力的学生学习外语而开设的。

① 张宁生、李玉影:《听力障碍儿童心理与教育》,郑州大学出版社,2018,第 146 页。
② 张宁生、李玉影:《听力障碍儿童心理与教育》,郑州大学出版社,2018,第 150 页。

从教学内容和方式来看,语文课以课文为主来进行语言学习,课文的讲解分析,语文知识的传授,篇章阅读与写作的教学、练习都是语文课的重要内容。语言课则侧重于实际交往,以词句理解和对话交往为主。学习成绩的检测,语言课也以交往能力测试为主,往往会有面试的内容。

举例来说,语文课和语言课都从识字开始,但语文课从写字的角度考虑更多些。比如语文课识字往往从"日月水火、山石田土、头手口耳目"等开始。这几个字结构简单,是很多字的基本组成部分。太阳的"阳"字包含着"日"字,"眼睛"两个字都包含"目"字,所以"日"和"目"要先学。而语言课则往往从交往的角度安排识字,会先学"太阳、月亮,眼睛、耳朵、嘴巴"这些口语化的词。

从这些特点看,语言课侧重于实际交往,以词句理解和对话为主的形式,应该更有利于聋童汉语能力的培养。聋校虽然设置了沟通交往课作为聋童的语言课,但汉语学习仍然以语文课为主。语言课和语文课分别进行,并不利于教师总体把握学生汉语学习的进程。如果学校安排不同的教师进行语文和沟通交往课的教学,则问题会更多。所以,教师在语文课的教学中,要多采用语言课的教学方式,着重对学生进行汉语交往能力的训练。同时,语文课程更多地体现一些语言学习的特点,比如增加实用的对话教学,在成绩检测中增加汉语交往和手语交往的面试等,会更有利于聋童的汉语学习。

更进一步,如果聋童的汉语学习从语言课开始,在具有一定的汉语能力以后再逐渐转向语文课,可能会更合理一些。

(四)缺少汉语习得环境是聋童汉语学习困难的根本原因

美国著名语言教育家"克拉申(Krashen)认为,习得是在非正规教学(自然环境)中无意识地获得语言能力的过程,而学习是在正式教学中有意识地学习语言规则的过程。学习是习得之果,而非习得之因。学习不能导致习得,对语言能力发展起决定性作用的是习得。"[①]聋童通过语文课堂教学来学习汉语,有很多我们自然习得汉语的人很难体会、极易忽略的问题。在这样的汉语学习过程中,学生很难从自身真实的交往出发,很少能独立用自己的

---

① 董蓓菲:《语文学习心理学》,北京大学出版社,2015,第169页。

行动来对汉语做出反应,很少能使用所学的汉语进行一对一的交流,也很少有机会在真实的课堂交流中运用汉语。一言以概之,这些问题都是由于缺少汉语环境、缺少自然习得汉语的过程造成的。正是由于缺少汉语习得的环境,初学汉语的聋童,通过课堂教学学习这些在我们看来两三岁孩子就会的很简单的汉语,有着一般人难以想象的困难。

聋童在学前就能获得良好汉语发展的个案,比如周婷婷等,也用事实证明了汉语环境、汉语实践对汉语发展的重要。同样是听力缺失,但因为具有良好的家庭汉语习得环境,家长能够坚持使用汉语和孩子进行交流,他们就能获得良好的汉语发展。这些事实也反证了通过语文课堂学习汉语的局限。

目前,通过语文课堂学习汉语的形式还无法改变,我们还有相当部分的聋童需要通过这种课堂教学的形式开始学习汉语。这种教学的形式对已经具有一定汉语能力的聋童来说,也是可以逐渐适应的。对从头开始学习汉语的聋童来说,虽然问题很多,但还是有许多学校和教师,通过自己的努力,克服了重重困难,使聋童的汉语能力得到了比较好的发展。当然我们也毋庸讳言,还有相当部分的学生汉语学习困难重重,始终无法跟上教学的要求。随着教学进度的加快,学习难度的提高,这部分学生的差距就越拉越大,汉语能力始终无法得到较好的发展。尽管如此,绝大部分聋童在毕业以后随着交往范围的扩大、书面语运用大量增加从而快速提高汉语能力的事实,使我们确信,目前聋校的语文教学还是为学生的汉语发展打下了重要的基础。对此我们必须加以充分的肯定。

有效提高每一个聋童的汉语学习成效,在逻辑上其实很简单,就是为聋童建立了良好的汉语环境,让他们在运用汉语进行交流的过程中学习汉语,这应该是大家的共识。《课程标准》提出"语文课程是实践性课程,应着重培养聋生的语文实践能力,而培养这种能力的主要途径也应是理解、运用语言文字的语文实践"这一要求,为我们指明了解决问题的方向和途径。聋校的语文课堂教学承担着形成和发展聋童语言能力最主要的任务,因此,如何为聋童形成有效的汉语环境,带领他们通过汉语实践获得汉语能力,是聋校语文教师义不容辞的职责和迫切需要解决的问题。

二、依照语言做出行动和语言理解

（一）依照语言做出行动，就是在进行语言交往实践

要创造汉语环境，坚持汉语实践，我们就必须搞清楚什么是聋童的汉语环境和汉语实践。"对于听力残疾儿童，在他们没有接受特殊教育之前，没有通过特殊的途径学习语言之前，基本上谈不上语言实践。在开始学习语言后的很长一段时间内，语言还只是学习的内容，很难用于交往实践。"[1]这段话准确地概括了一直以来大部分聋童初学汉语时的实际情况，也代表着绝大部分教师的观点。聋童开始学习汉语之后很长一段时间内，的确是既不能听，更不会说，也不会读和写的，可是这是否被称为"语言很难用于交往实践"却非常值得商榷。

在人们的常识中，语言交往就是能听会说，能读会写。聋童听不到、不会说，他们的汉语交往，就应该是能读会写。所以，聋童的汉语交往实践就是指他们可以看懂一般日常的书面语句，能比较通顺地使用书面语进行表达。如果用这样的观点来看聋童的汉语实践，那么大多数聋童"在开始学习语言后的很长一段时间内，语言还只是学习的内容，很难用于交往实践。"

但如果我们用儿童语言习得的观点来分析聋童的语言实践，就能得出以下完全不同的结论。

1. 学生依照语言做出行动，就是在进行语言交往实践

按照儿童语言发展的观点来看，孩子在被动语言交际的阶段，能依照语言指令做出合适的行动反应来完成交往，就说明他已经开始理解语言的意义，把语言用于交往的实践了。所以，一个人的汉语实践不应该仅仅指学了汉语以后用汉语去表达，而是从他学第一个词并尝试着做出行动的反应就已经开始了。只要孩子能正确地依照汉语做出行动，他就已经在进行汉语实践了。承认这一点，才能真正把握"语言是在交往中逐渐习得的，语言是用会的"实实在在的具体内涵。

在教学实践中，只要聋童能开始依照汉语做出正确的行动反应，那他就是在进行汉语实践，哪怕仅仅只能依照几个词做出行动。比如教师说（写）

---

① 银春铭：《听力残疾儿童的语言教学》，上海教育出版社，1995，第107页。

出"书"，他能指出书，教师说（写）出"坐"，他就能坐下，这就是聋童在很好地进行汉语实践了。老师们肯定都知道，和读懂并说、写出正确的语句相比，依照词和短句做出行动并不难，每个聋童都做得到。所以，从学习第一个词语开始，聋童就可以通过自己的行动开始进行语言交往实践。

2. 学生依照语言做出行动，也是他理解语言的过程

在刚开始学习语言时，依照语言做出行动，还是聋童理解语言的过程。如果教师说（写）出"书"，学生不知道该指向什么，那么教师只要做出示范，帮助他指向了书，就是在帮助他理解"书"的意义。教师说（写）出"坐"，学生不知道意义，不知道该做什么，那么教师帮他做出行动，示意或者拉他坐下，就是在帮助他理解"坐"的意义。所以，学生依照汉语做出行动，既是他汉语实践的过程，也是他理解汉语的过程。

3. 依照语言做出行动，也是判断学生语言理解是否正确的标准

我们判断学生是否理解语言，可以通过对话的方式。你一句我一句，我们马上就能察觉学生是否理解自己的意思。问几个问题，学生无法回答，或者回答错了，就说明他对课文语言的理解有问题。可是在开始学习汉语很长一段时间内，这种对话的方法是无法采用的。很多时候，学生正确的书面作业也并不能说明他一定懂得语言的意义，因为他可能通过抄袭或死记硬背来完成作业。所以，只有学生能独立依照自己所写的汉语做出正确的行动，才表明他真正理解了这个语句。

4. 依照语言做出行动，是语言交际中最重要的一环

我们还应该明确，一个人的被动语言交际阶段会结束，但被动语言交际却不会从我们的语言交往实践中消失。依照语言做出行动，始终是我们语言交往实践中不可缺少的部分。只要有交往活动，我们每天都在依照语言做出行动。比如，对方说请坐，您就会坐下来。您说我买两个包子，卖包子的阿姨就会给您拿两个包子。所以，依照语言做出行动，始终是语言理解和语言交往实践中最先开始也是最重要的一环。在聋童的汉语学习过程中，我们要始终高度重视这一点。

和所有儿童一样，聋童也应该有一个被动语言交际的阶段，他们的汉语理解也应该从依照汉语做出行动开始，他们也必须每日每时不断地依照语言做出自己的行动。所以，从学习第一个词语开始，教师就应该让每个聋童都能独立依照语言做出行动。这是教师帮助他们理解汉语的意义，引导他

们开始汉语实践的第一步,也是建立他们汉语环境最为关键的一环。

(二)依照语言做出行动在教学中的重要意义

1.能使创造有效的汉语环境落实到具体的操作层面

学校和教师要努力为聋童创造有效的汉语环境,让他们坚持进行汉语实践,这是大家的共识。可是,汉语环境和汉语实践的范围非常广,涉及方方面面。家庭生活交往可以是汉语实践,社会实践交往可以是汉语实践,主动阅读是汉语实践,学校其他课程可以是汉语实践,学校生活中的其他交往也可以是汉语实践……语文教学的时间有限,教师又面对一群学生,一个人对此会感到无能为力,无从着手。所以,我们才会有这样的感叹:"语言环境是形成人们语言的重要条件,把聋童置身于语言环境中,是形成他们语言能力的有效方法。可惜的是,大家公认它,却很少为实现它而付出辛勤劳动。"①这段话一语中的,道出了"创造有效的语言环境"在聋校语文教学现实中的窘境。

语文教师怎样才能实现为学生创造汉语环境、带领他们进行汉语实践的目的? 如果我们承认进行汉语实践的第一步就是让学生能依照语言做出正确的行动,并牢牢抓住这一点,就可以把为学生创造汉语环境、坚持进行汉语实践的要求落实到具体的操作层面上来。在具体操作时,只要教师通过举例的方式,把课本的语言转变为聋童真实交往中的语言,让他们独立依照语言做出行动,他们就开始了汉语实践的过程。

从学生学习第一个词、句开始,我们就可以用依照语言做出行动的方法来帮助学生使用汉语。在学生学习和生活的交往中,教师也可以用汉语对学生提出要求,让学生依照汉语的指令做事。聋校所有教学和交往活动都可以围绕这一要求形成一条清晰的主线。围绕这条主线来形成有效的汉语环境,带领学生进行汉语实践,非常具有可操作性。

就语文教师的工作而言,语文教师在课堂教学和课余师生交往的过程中,让学生依照语言做出行动,是语文教师可操控、能做到的。坚持这样做,语文教师就能成为聋童最重要的汉语交往者,语文教师和学生之间的汉语环境就能逐步建立起来。语文教师首先建立起自己和学生学习、生活中

---

① 季佩玉:《聋哑学校语文教材教法》,中国盲文出版社,1986,第24页。

"小"的汉语环境,才有可能帮助学生逐步建立起家庭、社会交往"大"的汉语环境。

2. 是学生理解语言最容易、最准确的方法

依照语言做出行动是学生理解语言最容易也最准确的方法。这首先是因为每个孩子最初的语言理解都是从做出行动反应开始的。心理学家对倭黑猩猩学习语言的研究发现,倭黑猩猩能理解一些英语口语,理解的表现就是"当坎兹(倭黑猩猩)听到一个口语词时,他能找到词的符号或物体照片。"[①]这个事实说明了依照语言做出行动是理解语言最容易的方法。除了这个原因,教学中还有下面两个重要的原因:

(1)在课堂交流中,依照语言做出行动的过程最简洁明了。在以视觉沟通为主的教学中,让学生依照语言做出行动的过程最简洁明了,没有多余的动作。比如小明看到"小明有毛巾"这个句子,看到"小明",他就站起来,看到"有毛巾",他就把毛巾拿起来给大家看。这个方法没有多余的动作,谁站起来,怎样做动作,清清楚楚,直接就把句意表达出来了。而教师运用举例讲解的方法,就需要一个讲解的过程。教师的讲解中往往会有很多汉语表达,"在当前的语文教学活动中,'说教'的很多,一堂课中只听见教师'喋喋不休'地讲解、分析。教师一言堂,聋童成'听众'。"[②]除了讲解,演示的组织中还会有一些必需的语言表达(口语、手势汉语以及手语),比如要求学生上来,要求学生站在哪里,要求他去拿毛巾,要求他把毛巾举起来等。而上来演示的学生也需要猜测教师的意图,要按照教师的意图去做。这些过程都增加了额外的动作和意义。因此,教师讲解课文、组织演示不但费劲,还容易使学生的理解产生错误,或者摸不着头脑,远远没有让学生自己依照语言做出行动清楚明白。

(2)形象观察不能代替依照语言做出行动。我们一直强调把语言和形象对应起来,通过形象来帮助学生理解语言,这当然是对的。我们所说的形象,主要部分就是行动,比如实物的展示、动作表情的演示、过程的演示等。但是形象只需要从旁观察就可以,不一定和学生自身对语言的体验有关。

---

① [美]理查德·格里格等:《心理学与生活》,王垒,等译,人民邮电出版社,2003,第237页。

② 季佩玉:《聋校语文教学法》,华东师范大学出版社,2006,第13页。

所以季佩玉在提到这个问题时,就批评我们的课堂"用'形象代替文字语言'也很多,多媒体演示,分角色演示,但都没有把形象与语言文字结合起来,致使聋童的语言文字能力不落实。"[①]也就是说,仅仅观察形象并不一定能使学生准确地理解语言。

《课程标准》提出了"聋校语文课程应注重认真观察、亲身体验、动手操作的过程"这一要求,就是强调汉语的学习除了认真观察,还要亲身体验,动手操作。这说明准确理解汉语是一个人面对汉语进行体验和尝试运用的结果,而不是看看形象就够了的。只观察教师提供的形象,只听(看)教师的讲解或同学的演示,没有对汉语的亲身体验和动手操作,就一定会出现语言文字能力不落实的问题。

独立依照语言来做出行动,是让学生从汉语学习旁观者转变为汉语运用亲历者最关键的第一步,是一个学生亲身体验汉语,动手操作汉语的过程。所以,教师要尽量少用汉语进行讲解,要把观察形象和学生的体验、操作结合起来,着重运用好依照语言做出行动的方法,引导和帮助学生独立面对汉语进行体验和操作,通过自己的行动来理解汉语。

3. 极大地提高学生汉语学习的兴趣,养成汉语交往的习惯

在生活中依照汉语做出行动,是体验和运用汉语的第一步,也是每一位聋童通过学习都能够做的事情。从心理学的角度看,"人们是根据信息的效用决定兴趣大小的。"[②]汉语和聋童的行动产生联系,使他们对汉语的理解有事可做,他们就会对汉语产生兴趣,就会积极参与汉语的体验和操作。通过反复的体验、操作,他们独立依照语言做出行动的能力就会不断增强,就会更加喜欢这样的汉语学习。这样,聋童的汉语学习就不会枯燥乏味,学习的兴趣就能得到极大的提高。

因为需要依照语言做出行动,聋童逐渐就会知道每个词句都有意义,都可以用自己的行为来做出反应。因为需要独立面对汉语,他们就能逐渐养成自己认真读句子的习惯。而且反过来,他们还会知道,每个实物、每个行动都有一个词句相对应。有了这个习惯,他们看到词句就会去想意义,去思考"是谁做? 怎么做?"看到不知道名称的实物和行为动作,就会有知道汉语

---

① 季佩玉:《聋校语文教学法》,华东师范大学出版社,2006,第13页。

② 高星斗、许文秀:《母语教育与智力开发》,中国展望出版社,1987,第188页。

如何表达的欲望,而这正是语言意识开始形成的标志。

在课堂教学和课外生活的交往中,教师都用汉语对学生发出指令,要求他们按照语言做出行动,汉语就能和学生的行动紧紧连在一起,就会和他们的生活息息相关。所以学生还不会说也不会写,就完全可以使用汉语进行交往。如果他们这样使用的汉语越来越多,汉语交往的习惯就能逐渐形成,汉语环境就能逐渐建立起来。

(三)依照语言做出行动的几种方式

1. 真实的动作行为和模拟的动作行为

真实的动作行为,主要是指出实物、做出行动。语文与沟通交往教材中要求的"指一指,摸一摸,玩一玩,圈一圈,连一连,按照指令做一做"等都是真实的动作行为。特别要强调的是,生活中有大量这样的内容。从学生入学开始,我们就可以让学生在学习和生活中按照汉语的指令完成任务,这是依照汉语做出行动的核心。比如每天的"起立""坐下","上课""下课",教师都可以用口语和书面语发出指令,让学生按照要求做出行动。再比如"你去办公室拿书""大家马上排队",等等,都可以让学生依照汉语用真实的行动来做出反应。

模拟的动作行为,就是用模拟的身势语做出动作行为。比如做一做"元元打了个哈欠,翻了个身",演一演"骆驼跪下前腿,低下头往门里钻",都是用模拟的身势语来依照汉语做出行动。模拟的身势语是非常重要的表达手段,很多时候我们都离不开这种方式。即使是"刷牙""洗脸"这些最真实的日常行为,在教学时常常无法做出真实的行动,那就要用到"模拟的动作行为"。

2. 画出示意图

用示意图把词义句意画出来,也是依照汉语做出的真实行动。比如比较难以模拟的"窗外有两棵树""过马路""走人行横道"等句意,都可以用画示意图的方式来要求学生依照汉语做出行动。"过马路""走人行横道",可以做出真实的行动,但因为在教室里,马路和人行横道比较难模拟,所以动作演示就不如画示意图更清晰。

画出示意图还有个特别的好处,每个同学可以同时独立依照汉语做出行动。教师可以要求学生分别在纸上画,教师巡视后请几个同学画到黑板上,这样相对于其他方式效率更高。

3. 用手语表达

手语表达也是一种行动,所以手语的表达也是依照语言做出行动的重要方式。

依照汉语的意思打出手语,实际就是用手语对汉语进行翻译。在聋童的汉语学习中,手语的表达非常重要,可以解决很多其他方式难讲或讲不清的问题。比如"过马路要走人行横道",尤其是其中的"要",用手语表达就很简洁明了。

用手语表达虽然简洁明了,但前提是教师需要确定学生已经准确理解了所用手语的意思。如果不确定,那就应该和其他行动方式一起使用。这样才可以保证学生准确地理解汉语。

在学生有了一定的手语能力以后,让学生用手语讲一讲句意,更是一种让学生依照语言做出行动的好方法。比如"肯定是我的笔不好""到底是什么原因呢"这一类既无法直接演示又无法画图的语句,虽然也可以通过联系上下文、通过整个过程的演示来理解,但如果使用手语表达,就可以做比较准确的解释,还能节约时间提高效率。如果学生依照"肯定是我的笔不好"这个语句做出了正确的手语表达,就表明他已经理解了这个语句。

对学生的手语表达,一定要依照汉语的意思来打出手语,而不是依照汉语一个字一个词地打出手语词。从教学的实际来看,大部分聋童对汉语的理解会有困难,他们的手语表达也只是在日常生活中使用,要准确地用手语来表达课文语言的意思还是有困难的。所以,教师使用手语准确地表达汉语的意思就非常重要。教师能经常采用手语翻译汉语的意义,也经常要求学生这样做,对提高学生的汉语能力和手语能力都会有很大的帮助。

4. 用汉语表达

和手语表达一样,使用汉语进行表达也是一种行动。教师和学生进行汉语对话,就是学生依照语言的意思做出了语言行动,也就是学生在理解汉语。最常用的就是教师依据课文进行提问,学生进行回答。这是我们比较常用的方法,比如教师问"你叫什么名字?"学生回答了自己的名字,就是学生依照语言做出了正确的语言行动。

还有就是给句子换一种说法。比如读了"到底是什么原因呢"这句话,学生能说这句话的意思就是"到底是为什么",读了"肯定是我的笔不好"这句话,学生能说这句话的意思是"一定是我的笔不好",这也是依照语言做出了语言行动。这是一个比较高的要求,但也是教师应该引导学生去努力的方向。教师对学生的汉语能力做到心中有数,就可以提出这样的要求,让学生进行尝试。

实际上,上述这些依照语言做出行动的方式,就是教师讲解课文的方法,教师就是用这些方法来帮助学生理解课文语言的。但是,教师在使用这些方法讲解课文的同时,更应该让学生学习这些方法,让他们自己独立地通过这些方法来体验和操作汉语。

上面这些方法,从真实的动作行为、模拟的动作行为、画出示意图和手语的讲解翻译,再到汉语的解释,处在一个逐步发展又互相交叉综合运用的状态。学生最初的汉语理解,一定要从做出真实的动作行为开始,随着学生汉语能力的逐步提高,也可以同时综合运用不同的方法。

总之,让学生用自己的行动体验和运用汉语,是我们自始至终要着重做好的事。我们要把让学生在学习和生活中按照语言的指令做出正确的行动,当作他们汉语学习最重要的内容,坚持不懈地进行下去。

(四)依照语言做出行动的教学过程和教学举例

具体运用让学生依照语言做出行动的方法,我们可以用一句话来概括:通过举例子,把课本语言转变成学生生活中的语言,然后要求学生依照语言做出行动。

1. 把课本语言转变成学生生活中的语言

聋校语文和沟通交往教材的原意就是要为学生提供真实交往中的汉语。但是教材中的语言并不直接就是学生真实交往的语言,教材编写者不可能编出一本直接描述所有人具体情况的教材。教学用书中建议教师要用举例子的方法来讲解语言,这个举例子就是教师用学生自己的事情写出例句,比如把"手"这个一般的概念,转变为"我的手""某某的手"这样具体真实的"手",这就是学生生活中可以使用的语言。

在一二年级的教学中,每个词句都应该转变为学生生活中可以真实使用的汉语。在以后的课文教学中,教师也尽量要通过举例子的方式,把课文重点的语句转变为学生生活中的语言。

(1)给词语加上学生名字或称谓、动词等。如:(以下例词、例句破折号前面是课文原词句,破折号后面是改变后的词句。"某某"代表班级里真实

学生的名字,下同)

  手——某某的手,我的手。

  毛巾——某某的毛巾。

  爸爸——某某的爸爸。(拿出某某爸爸的照片)

  高——某某高。

  矮——某某矮。

  坐——某某坐。

  走——某某走。

  拖地——某某拖地。

  做早操——某某做早操,同学们做早操,大家做早操。

  妹妹——某某有妹妹,某某没有妹妹。

  大米——某某拿大米,某某买大米。

  草地——某某去草地。

  尺子——某某拿尺子。

  书——某某拿书。

  (2)在句子学习中替换人物、地点或物品等,换上学生的名字、眼前的地点和手头的物品等。如:

  我有毛巾,妹妹也有毛巾——某某有毛巾,某某也有毛巾;某某有铅笔,某某也有铅笔。

  奶奶排队——某某排队,同学们排队。

  奶奶买米——某某买铅笔。

  爸爸喝水——某某喝水。

  我和弟弟去公园——某某和某某去办公室;某某和某某同学去操场。

  姐姐读三年级,我读一年级——某某读三年级,某某读一年级。(需要请一位三年级的同学)

  ——某某读一年级。我也读一年级。

  哥哥九岁——某某几岁(根据学生的实际年龄),我几岁。

  羊抬起前腿、趴在墙上、脖子伸得老长,还是吃不到。

  ——某某抬起手要打人。

  ——某某抬起手去拿书。

  ——某某两手趴在栏杆上。

  ——某某的手伸得老长,还是拿不到。

——某某的脖子伸得老长，还是看不到。

贝贝一回到家，就向妈妈要新的铅笔、新的橡皮。

——某某一进教室，就向某某要篮球。

——某某一进教室，就向某某借雨伞。

2. 让学生依据汉语做出行动

把课本中的词句改变为学生真实生活中的汉语以后，我们就可以让学生依照汉语做出行动。前面已经介绍了行动的不同方式，这里分别再举一些具体操作的例子：

(1)做出真实的动作行为。比如教词语“坐”和“走”，改成“某某坐，某某走”以后，坐的这位同学应该明白自己不用动，因为他本来就坐着，走的这位同学就应该站起来走一走。然后再对换一下名字，坐的同学就要站起来走，走的同学就要去坐下。

再比如教“手”这个词，教师可以加上一位同学的名字，变成“某某的手”。大家做出的行动，就应该指向这位同学的手。改为“我的手”，大家就应该指向自己的手。然后教师再把某某改成另一位同学的名字，单独让某一位同学来指。再换一个名字，让另一位同学来指。教师还可以增加一些难度，比如可以交替替换名字，交替替换“手”和“头”，让同学来指出。还可以根据需要把“手”“头”替换为教材以外的内容，比如“某某的文具盒”“某某的书包”等。

低年级聋童所学的汉语，很多名词和动词的不同搭配就可以依照汉语做出许多行动。比如名词“文具盒”和“拿过来、放好、打开、合上”等动词搭配就都可以做出直接的行动。比如，直接对学生说(写)“请某某把文具盒放好”“请你把文具盒放好”“请某某把文具盒打开”“请你把文具盒拿过来”等。

对于比较难做出直接行动的语句，比如“鸟儿从树上飞走了”，可以举例用“某某从教室里出去了”“某某从操场上走来了”“某某从椅子上跳下来了”等句子让学生做出真实的动作。这些动作做对了，准确理解“鸟儿从树上飞走了”就比较容易了。

(2)使用身势语和模拟的动作行为。比如教学词语“高”和“矮”，教师可以根据实际情况写出两位同学的名字“某某高，某某矮”，然后让这两位同学上来比较一下，让大家看一下。接着教师可以不断替换名字，等着写到名字的同学自己上来比较。教师甚至可以故意写错,把高的同学写成矮的,让大家在比较的时候发现教师的错误。这样就不需要照着图来教"高"和"矮"了。

再比如教句子"姐姐读三年级,我读一年级",教师可以故意都用自己班上同学的名字,直接改为"某某读三年级,某某读一年级"。这里学生的动作就是"摇头"和"点头"或手语。被写成读三年级的同学,教师可以用表情问他,他就应该"摇头"否认。写着读一年级的同学,问他时就应该"点头"确认。然后教师可以把"某某读三年级"的某某擦去,用表情问大家应该写谁。逐个问大家,大家就都应该摇头。这时,教师可以做一个无可奈何的动作和表情,继续问大家应该写谁。这时,可能会有同学指着三年级的方向。那就最好了。教师可以依照学生的意思去三年级请来一位同学,写上这位三年级同学的名字。如果大家都没有反应,教师就更需要到三年级去"借"一位同学了。接着教师就可以写出"某某读一年级,我也读一年级。""我们大家都读一年级。"这时,让大家学习这些句子,就比较容易理解了。

使用模拟的动作行为,就是演一演课文的内容。这种方式是教师讲解课文非常重要的手段,大量的课文讲解都需要用到这种方法。教师在教学时,常常是把用身势语演示作为讲解课文的手段,而我们强调的是,教师应该让学生自己独立按照课文的意义进行演示,做出正确的模拟的身势语,而不仅仅是观看教师或同学的演示。

(3)画示意图、贴图等。对于不能直接用行动作出反应的语句,教师可以用画出示意图或进行贴图等方法,来让学生做出直接反应。比如前面说的"鸟儿从树上飞走了",让学生用示意图画一棵树,画两只飞的鸟,再画一个箭头来表示从树上离开。比如"窗外有两棵树"这个句子,也可以让学生用画示意图的方式,或把树贴到图中窗外的方式。画对了、贴对了就是理解了。

(4)使用手语。比如"窗外有两棵树"这个句子,学生跑到窗前指着窗外,用手比画两棵树,或者在图上窗外的位置,用手比画两棵树。就很清楚地表示了句意。再比如"高比矮好",手语在"高"和"矮"之间用一个"比……好"的动作,表达就非常清楚了。

比如对"他们俩去找老牛评理"这句话的理解,不服气的表情和手语"不信"才能表现出"骆驼和羊谁也不服谁,都不信对方"的状态。这个状态演示得准确了,使用手语词"评理"就能比较好地帮助学生准确理解词语"评理"。

（5）让学生进行汉语表达。用汉语提问，是教师最擅长的方式。从最简单的"谁？什么？做什么？"开始，提问一直是教师讲解课文的重要方式。提问促使学生去阅读课文，还可以依据课文的汉语来回答，是一种依照汉语做出行动的好方式。提问越具体深入，就越能帮助学生理解课文的汉语。比如："他们俩去找老牛做什么？老牛说了什么？从哪句话可以看出老牛批评了他们？他们错在什么地方？他们应该怎么做？"这些提问就能比较好地帮助学生理解课文的汉语。

要强调的是，要让学生独立依照汉语做出行动，就要独立来回答问题。教师面向大家提问，然后请一个同学站起来回答的方式，是做不到每一位同学都独立回答问题的。对教师的提问，学生各自用书面语回答以后，再请几个同学站起来回答，才是一种比较好的方式。

3. 让学生依照语言做出行动的教学实例

这里以"我有毛巾，妹妹也有毛巾"（一年级上，第13课）这个句子的教学为例，将常规教学过程和让学生依照语言做出行动的教学过程做一下对比：

（1）以教师讲解和组织演示为主的教学过程。《教师教学用书》（以下简称《教学用书》）建议"学生无法借助图画直接理解'有''也有'的意思，教学中不要单独讲解词义，而要和它后面的词语结合起来，放到句子中去理解。通过演示和举例来使学生意会，用得多了，学生就能逐渐理解了。"[①]在实际的教学中，教师一般也是这样教的。教师往往会依照图片设计演示：让一个同学扮演"我"并拿着毛巾，然后让另一个同学扮演"妹妹"也拿出毛巾，让大家看这个演示来理解句意。做得好的教师还会更进一步，换一组同学让他们自己来进行演示。

然后教师可以举例，比如让班级里的两位同学拿着毛巾表示"某某有毛巾，某某也有毛巾"，让同学们来理解并学着说"某某有毛巾，某某也有毛巾。"

教师通过演示、举例，讲解等方法帮助学生理解句意后，就会进入下一个环节，引导学生运用句子进行表达。《教学用书》接下来建议"如果学生程

---

① 人民教育出版社课程教材研究所：聋校义务教育实验教科书《教师教学用书》（语文一年级上册），人民教育出版社，2009，第131页。

103

度较好,也可以给学生提出更高的要求,适当地做句子替换练习,有意识地引导学生运用句子进行表达。如让一名学生拿起课桌上的文具盒,说'我有文具盒',另一名学生说'我也有文具盒'。"①

在这个教学过程中,我们必须关注两点:

一是前后两组同学的演示,看起来好像都是依照语言做出了行动,但是,第一组的演示是教师组织的,是依照教师的要求进行的,就有可能不是学生独立对语言做出的反应。第二组同学是自己组织的,但因为他们看过第一组同学的演示,所以也可能不是独立对语言做出的反应。

二是更多的同学主要是看别人(教师或同学)的讲解(演示和举例)来理解句意,缺少自己独立依照语言做出行动的过程。

可见,通过演示和举例讲解的方法,很难做到让每个学生都有独立依照汉语做出行动的机会。因为汉语学习实际上没有和每个学生自己的行动紧密结合,所以教学建议中"用得多了,学生就能逐渐理解"的要求显然并没有在这个教学过程中得到落实,只能放到后续的教学和生活中去。

(2)让学生依照语言做出行动的教学过程。教师在带领学生认读过课文句子以后,就直接把"我"和"妹妹"替换成班上的同学,写出"某某有毛巾,某某也有毛巾",然后就要求学生按照句子做出行为的反应。大家读前半句,前半句写到名字的同学就应该站起来,拿出毛巾向大家示意,表示我有毛巾。然后再读后半句,后半句写到名字的同学也应该站起来拿出毛巾向大家示意。这样不断替换名字,就能使大家都有体验和运用汉语的机会,从而理解这个句子的意思。而且教师还可以故意让某个同学没有毛巾,这位同学在看到自己的名字站起来的时候,就会做出无奈的表情或打出"没有"的手语,这时候教师就可以把句子改为"某某没有毛巾"。

然后教师就可以继续用"文具盒"等物品替换"毛巾",不断交替着替换人名和物品,也可以替换"有"和"没有",写出相应的句子,要求学生依照汉语做出行动。因为"人名""物品""有"和"没有"在不断变换,每位同学就无法模仿前面同学的行为,必须自己独立根据句意做出行动。这样的教学过程中,每位同学都看了、读了这么多与同学行为紧密联系的句子,自己也独立依照句子做出了正确的行动。运用了这么多的句子,"用得多了,学生就逐渐理解了"的目的就达到了。

理解落实了,要学习表达就容易了,再学习说"我有什么"就水到渠成了。每位同学都可以在看到写着自己名字的句子时,就拿起自己的文具盒向大家示意。在这个基础上,他们学着说"我有文具盒""我也有文具盒"了,也就容易多了。

这个方法和教师组织演示、进行举例讲解的方法相比,有以下几个好处:

一是省略了教师组织演示和举例讲解的过程,教师的教和学生的学反而更容易。在整个学习过程中,学生只需要做出相应的行动来理解这些语句,这是每一个学生经过思考都可以做到的。这样的学习学生当然兴趣高,效果好。

二是课堂上有大量的时间可以让学生独立依照不同的语句做出相应的行动。每位同学都有很多机会独立对汉语进行亲身体验和操作,就都能准确地理解语句的意思,直接落实了《教学用书》中"用得多了,学生就能逐渐理解"的要求。

4. 在学习和生活交往中依照语言做出行动

除了课本中的汉语,学习和生活中还有许多汉语,不需要转变直接就可以要求学生依照语言做出行动。

(1)课本中的课后习题。课后习题,本来就是让学生依照语言做出行动,即依照题目要求去做题。这样的汉语非常多,如"听一听,看一看,指一指""先描笔画,再数笔画、写生字""读一读,写一写,再打指语""读一读,记一记,演一演""读一读,再选词填空",等等。

课后习题的汉语常常会被忽视。教师会觉得学生现在还不认得字,就会跳过这些题目的文字,直接让学生模仿教师的行动、依照手语的指令来做作业。这样就等于把学生本来应该运用汉语的机会放弃了。题目要求和课本的语言一样,学生只需要依照语言做出行动并不难,所以教师一定要让学生认真读题,要求他们自己按照题目语言的要求来做作业。对需要分几个步骤做的题目,比如"先描笔画,再数笔画、写生字",教师要分步骤来让学生做出行动反应,读了"先描笔画"就描笔画,再读"再数笔画"然后数笔画,读了"写生字",才开始写生字,这样才能使学生准确理解题目要求。教师坚持这样要求,学生就能逐渐懂得每个题目的意思是要他做什么。

第四章 依照语言做出行动,是语文课堂教学的关键

（2）教学中的课堂用语。教学中,教师还要用到很多教学用语。比如"起立""坐下""你来读""你到黑板上来写""现在开始做作业""大家一起读""打开书,翻到第×页""把文具盒打开""请你把作业放到讲桌上""请你坐好""请把作业本发下去""上课了要做好准备",等等。对于这些语句,教师都要有计划地逐步使用书面语和口语(教师在黑板上写出书面语,然后学生学习朗读并逐步学会看教师的口语),让学生依照语言做出行动。仅仅要求学生依照语言做出行动,其实并不难,用惯了反而会节省时间,学生的兴趣也会很高,所以教师一定要坚持这样做。

（3）生活中的日常用语。学生住校的生活中,语文教师也需要使用大量的日常用语,如"把地扫干净""打开窗""关上门""把桌椅放整齐""把被子叠好",等等。还有让学生去拿某样东西,找某一位教师或同学等等,都需要用到汉语。

课堂教学用语和生活中的日常用语,可以用每日一句的形式,事先写在黑板上来运用。日常用语虽然多,但从身边最常用的汉语开始,学生的兴趣马上就会被激发。教师可以一段时间集中在某几个词句,等学生都能熟练依照汉语做出正确的行动了,再换一些新的日常用语。教师还可以要求学生把这些语句抄录下来,循环使用,还可以让学生自己来写。师生之间就是需要这些内容交流的,和只使用口语或手语相比,写出书面语就更清楚明白,更有助于交流。这样做可能教师暂时增加了一些工作量,但从总体看,学生的汉语能力提高了,完成学习任务就轻松,反过来也就减轻了教师的工作负荷。对教师来说,相比于照着课文用讲解的方式教聋童学习汉语,在日常学习、生活中使用汉语和学生交往,其实是一件轻松有趣也更有效的事情。

5. 几个有效的策略

（1）从词的运用扩展到句的运用。从词的运用开始,循序渐进,逐渐扩展到句子的运用。比如:

"扫地"→"去扫地"→"你去扫地"→"请你去教室里扫地"。

"书放好"→"手放好"→"把书放好"→"把扫帚放好"→"请你把同学的杯子都放好"。

"准备"→"做好准备"→"大家做好准备"→"上课了要做好准备"→"请某某做好准备"。

（2）鼓励学生尝试。依照汉语做出行动都是从模仿开始的，但教师要鼓励学生大胆尝试。教师应该让学生认真读书面语，读完后要等待学生思考。在他犹豫不决的时候，可以用暗示（对学生使个眼色）的方式给他肯定或否定的提示。

（3）保证学生独立面对汉语。教师一定要保证学生能独立面对汉语，独立依照汉语做出行动。所以教师在面对全体同学时，要注意做到内容不断变化，人名不断变换，物品、动作行为也不断变换。为了节省时间，比如依照词语指出图，教师可以要求学生分别在书上指出，教师进行巡视。教师要尽可能采用"依照词语在书上指出图、依照汉语独自画出示意图"等形式，来保证每个同学都有尽量多的机会独立面对汉语。

（4）保证单一的任务。对不是单一指令的语句，比如"打开书，翻到第×页"，两个连续的动作一定要分别来执行。先做"打开书"，再做"翻到第×页"，使行动和汉语准确对应、让学生准确地理解汉语。

（5）采用游戏和竞赛的形式。比如一年级新生"起立坐下"的游戏：

教师用手语表示"起立"和"坐下"，学生随指令全体起立、坐下。

教师用书面语和口语表示"起立"和"坐下"，学生随指令全体起立、坐下。

教师用口语说"起立"和"坐下"，学生看话随指令全体起立、坐下。

在上述三种形式的表达中，教师都可以在连续说"起立"和"坐下"后，对处在起立状态的学生说"起立"，对坐着的学生说"坐下"，这样既能促使学生注意仔细看手语、书面语和口语，也增加了游戏的趣味性。教师还可以请做错的同学单独来做，也可以分组来做。

这样的游戏对很多词语的学习都适用，比如左和右，前和后，甚至铅笔、文具盒等。这样的游戏每天都可以进行，教师可以每天课前对写在黑板一侧的语句，以竞赛的形式快速地选几位同学做一遍。

三、依照语言做出行动和语言表达

（一）依照汉语做出正确的行动是学习汉语表达的基础

教师们都有这样的体会，教聋童理解汉语难，让他们掌握通顺的汉语表达更难。学生比画明白了，就是写不通顺。其实要学会汉语表达，首先就要

107

理解汉语,理解汉语是学会汉语表达的先决条件。所以,依照汉语做出行动也是形成学生汉语表达能力的关键环节。

1.语言表达愿望是在语言理解的基础上产生的

从语言学的角度看,无论是语言能力的发展,还是一个词句的学习,都是理解语言在先,学会表达在后。从信息论的角度说,理解是信息输入,表达是信息输出,要先有输入才会有输出。这些都说明理解是表达的基础。

交流愿望、表达愿望是人的天性,聋童不具备汉语能力时,同样具有强烈的交流和表达愿望。他们理解了汉语,汉语表达的愿望就会被激发出来,这个过程和正常儿童习得汉语是一样的。如果学生对"某某坐下"的汉语能熟练地做出正确的行动了,那么他就可能在合适的场合,搬过一个凳子来对教师说(写)出"老师坐下"的语句。再比如,学生理解了"我要饼干"的意义,他也会继续扩展,用"我要铅笔""我要小便"来表达自己的要求。因此,对于聋童汉语表达能力的培养,我们要牢牢抓住汉语理解这个环节。汉语理解正确了,聋童同样会试着用汉语来表达自己的需求和想法。

2.语言表达一定要先解决语言理解的问题

理解如果不正确,表达一定会出问题。学生写出了"文具盒里有书包"这个错误的句子,就说明他不理解这个句子的意思。如果教师只是打个叉,然后把这个句子改为"书包里有文具盒",这是不够的。一定要让这位学生看看书包里的文具盒,让他从书包里拿出文具盒,然后才告诉他应该是"书包里有文具盒",而不是"文具盒里有书包"。这就是说,因为不理解汉语而产生的表达错误,只能通过正确理解汉语去纠正,仅仅帮他改对句子,是无法解决问题的。教师打一个叉,在旁边写上正确的语句,学生仍然不能理解这个句子。所以,教师要用面批的方式,用依照语言做出行动的方法来帮学生重新正确地理解汉语。

如果学生对汉语的理解是正确的,只是表达有错误,那么教师把正确的表达方式提供给学生就可以了。学生写出了"能不能吃吗?"这个句子,我们可以看出学生的理解是没有问题的,只是表达有错误,那么教师帮学生改成"能吃吗?""能不能吃?"这两个正确的表达就可以了。再比如"同学送给我收到了谢谢"这个语句,可以看出学生对汉语的理解也没问题,所以教师只要帮助学生改正表达的错误,分成"同学送给我××(某件物品),我收到了,谢谢同学"三个意思即可。这种表达错误只需要从表达的层面去解决,不需要重新回到理解的层面。

3.语言表达需要足够的语言输入量

美国语言教育家"克拉申强调语言输入（听和读）对语言习得的重要性,承认语言学习有一个沉默期,当语言输入进行到一定时候,学习者就可以自动地输出（表达）了"。[①] 这里克拉申所说的"语言学习的沉默期",就是指学习者能获得大量的语言输入,但表达还有困难,还处在"沉默"的时期,也就是我们前面所说的被动语言交际阶段。这段话很好地说明了语言理解和语言表达的关系:当语言输入到足够多的时候,语言表达能力就会自动形成。这就是说,仅仅获得正确的汉语输入,但输入不足的话,输出能力也无法形成。正确的汉语输入足够多,学生的汉语表达才会水到渠成,才会主动进行正确表达。我们也可以用自己学习外语的经验来体会这一点。我们通过教师的讲解,查字典等各种方式都可以获得对外语的正确理解,但如果不大量听和读,要提高外语表达能力,还是很困难的。只有以大量的听和读做基础,说和写的能力才会随之而来。

4.依照汉语做出行动就是在培养聋童的汉语表达能力

由上可见,汉语理解存在问题,汉语输入明显不足,是聋童汉语表达困难两个最根本的原因。所以,我们要让聋童获得比较好的汉语表达能力,就一定要从让学生正确地理解汉语,获得大量的汉语输入做起。让学生正确地理解汉语,就需要教师扎扎实实坚持让学生独立依照汉语做出正确的行动。让学生获得大量的汉语输入,更需要教师在课堂内外坚持用汉语和学生交流,持之以恒地让学生依照汉语的指令去完成任务。坚持让学生依照汉语做出行动,解决好汉语理解和汉语输入不足的问题,就是在培养学生的汉语表达能力。比较好地解决了这两个问题,聋童就会产生汉语表达的愿望和兴趣,他们的汉语表达就会自动开始。在这样的基础上,他们汉语表达中的问题才会比较容易解决。

（二）让学生依照行动来学习汉语表达

1.从依照汉语做出行动过渡到依照行动学习汉语表达

比如仿写句子的练习"肖敏和大星乱扔果皮,小华劝他们不要这样

---

① 董蓓菲:《语文学习心理学》,北京大学出版社,2015,第169页。

做",是让学生依照(　　　　　),(　　)劝(　　　　)的填空来仿写句子。这时,教师应该用依照汉语做出行动再过渡到依照行动说、写出汉语的方法,来帮助学生进行表达,步骤如下:

(1)教师先请学生依照例句的汉语做出行动,演示例句的意思或用手语表达例句的意思。

(2)依照这一内容,教师为学生提供相应的表达内容,比如:请三位同学上来演示:两位同学装作打架,一位同学上来劝架。在提供内容之后,就可以要求大家依照三位同学的演示说、写出相应的语句:"某某和某某打架,某某劝他们不要打架。"这就帮助学生从依照汉语做出行动过渡到了依照行动说(写)出汉语。

(3)在依照课文的语句做出行动以及看过、写过教师提供的内容以后,学生再准备自己要表达的内容就容易多了。学生想出了自己要表达的内容,也应该先做出行动,先演示出来或用手语讲一讲,然后再学习进行汉语表达。

依照汉语做出行动和依照行动说(写)出汉语,两者虽然是一个相反的过程,但其核心都是语言和行动的关系。在学习理解汉语的时候,让学生依照汉语做出行动,就是在让学生思考和理解汉语表示的意义。学习用汉语表达的时候,就要让学生先准备好要表达的意义,即先用行动(身势语等)表示出来,再学习用汉语表达出来。这是因为语言表达要先有内容,才可以进行表达。而让学生先把表达内容准备好的方法,就是依照课文例句做出类似的行动。把表达内容准备好了,学习汉语表达才可以比较顺利地进行。

课后练习中看演示写句子的练习,比依照句式仿写句子、依照填空仿写句子、造句等写句练习要容易,就是因为演示为学生提供了表达的内容。而那些进行仿写、造句等写句练习,学生如果自己想不出合适的内容,教师也不提供内容,学生只好仿照句式去套,或者通过死记硬背来写。所以依照句式仿写句子,依照填空仿写句子、造句等写句练习,教师都需要让学生先仿照课文的例句想出、做出类似的行动,先准备好表达的内容。教师可以要求学生先用演示、手语等方式准备好自己的表达内容,然后再让学生根据这些内容学习汉语表达。

2.让学生用行动检验自己的汉语表达正确与否

对学生写的句子,无论哪种练习形式的写句(段)的练习,甚至整篇的日记、作文，教师都可以用依照汉语做出行动的方法，让学生把自己写的句子讲一讲。只有学生做出的行动和他表达的汉语意思相符合，才说明写出的句子是符合要求的。根据笔者多年的经验，学生写出了在字面上看起来正确的语句，但自己不理解或理解错误，甚至是一无所知的情况并不少见。

所以，我们看到学生的书面作业语句是正确通顺的，并不能认为学生就一定掌握了这个语句。如果教师的时间允许，对学生仿写、造句等写句的书面作业应尽量进行面批，至少要针对学生的情况进行抽查。面批和抽查的方法，就是让学生依照自己写的汉语表达做出行动。

在学生学习汉语表达的过程中，教师坚持让学生依照汉语做出行动，学生就能逐渐形成用演示或手语准备好内容再写句子的习惯，也能逐渐掌握检查自己所写语句的方法。

3. 抓住学生的行动和表达欲望及时学习汉语表达

学生的表达需要和行动是紧密相关的。在真实的交往情境中，学生有表达的需要，教师可以从他们的行动中感觉到。比如学生想去拿什么东西，不愿做什么事情；比如拉拉你的衣服，指一下你的后面，告诉你东西掉了，比用手语表达"我要回家"。在学生有表达需求和行动的时候，就是教他们用汉语表达的最好时机。因为这样学习汉语时，是"先理解意义再学习语言"，就是一个自然习得语言的过程。这时候教师只要把汉语说(写)给学生，告诉他以后可以这么说和写就行了，不再需要解释汉语的意义。

在学习汉语表达的过程中，比如"今天""明天"这些概念，就更需要抓住真实情境中孩子有表达欲望的时机来运用。比如在学生用手语或身势语讨论体育课，希望上体育课的时候，教师就及时用上"今天""明天"和"昨天"，对学生说、写出"昨天上过体育课，今天没有体育课，明天有体育课"。在某个孩子的妈妈来学校，大家都关注的时候，用上"今天"，对学生说(写)出"今天某某的妈妈来了"。在第二天，还可以说"昨天某某的妈妈来了"。在明天要放假的时候，对大家说"明天要放假了。"在一段时间里坚持这样做着，孩子就会逐渐准确地理解"今天、明天、昨天"的意义，并且学会在自己的表达中运用。

(三)几种有效的汉语表达训练形式

1. 每日一句

每日一句其实可以远远不止一句，教师带领学生运用的语句，每天可以有很多句。每日一句的意思也不是今天用过明天就换,而是要坚持使用,逐渐轮换。"每日一句"每天运用才是关键。所以,写每日一句,运用是核心、是重点。教师一定要牢牢记住让学生"依照汉语做出行动",不能让每日一句成为"每日抄一句"。这些句子运用得多了,学生熟练地掌握了,他有了描述生活实际的汉语,就会主动进行表达。

2. 写日记

和写句练习一样,写日记也要从教师为学生提供表达的内容、帮助学生准备表达内容开始,具体的方法还是用依照汉语做出行动的方式。比如今天班级里发生的一件事,大家都看到了,教师就可以请同学再演示一下,用手语讲一讲,然后要求学生课后去写。批改的时候,也可以选几个同学把自己的日记抄在小黑板上,然后依照日记的汉语来做出行动,用演示或手语讲一讲。

3. 笔谈

笔谈是聋童最需要和最常用的汉语交流形式,也是教师帮助他们理解汉语、学习汉语表达重要的练习形式。笔谈首先需要的是书面语的理解能力,也就是依照语言做出行动的能力,而这就是最初的、最基本的阅读。因此,笔谈作为一种教学的方式,对学生在课堂上学习使用汉语非常有效。聋人教师梅芙生在介绍笔谈训练时说:"中华聋哑学校有笔谈课,这是结合聋哑人的实际开设的课程,非常实用。"[①]上笔谈课时,教师"每次在黑板上写上10～15个问题,有易有难,范围广泛,都是联系生活实际的。她让我们将问题抄在本子上,回答后,交给她修改。回答得好的,下次上课会夸奖;答非所问或语句上有毛病的,她会修改指正,并挑出典型的抄到黑板上讲解。"[②]这样的笔谈,以对话的形式你一句我一句,就是教师和学生在进行真实的汉语交流。教师把典型错误抄到黑板上进行讲解,就是面批。面批的最主要的方式,仍然应该是让学生依照汉语做出行动。

在低年级,学生会有很多在一般人看来很小的事情跑来跟教师说。这既是他们爱表达的天性,也是学生喜欢教师、亲近教师的表现。如果教师不耐烦,觉得你们说不清就不要说了,学生就会逐渐不和教师说,在教师面前

---

① 梅芙生:《聋教育我有话要说》,中国轻工业出版社,2015,第22-23页。
② 梅芙生:《聋教育我有话要说》,中国轻工业出版社,2015,第22-23页。

安安静静不说不动。可能会有一些教师喜欢这种状态,但这不是一种好的状态。有很多教师,除了完成上课和必要的工作任务,每天还会抽出一定的时间到教室里和学生交流,听(看)学生讲自己的事。学生愿意和教师交流,这就是使用汉语进行笔谈的好时机。像低年级学生老是跑来找教师,教师可以在弄懂学生的意思以后,写出相应的语句给学生,告诉他以后要这样说(写)。下一次如果还是这件事,教师就可以要求学生说(写),和教师展开笔谈。

所以,笔谈可以有不同的操作方式,既可以面向全体学生进行,也可以一对一进行。在课堂上,教师可以用笔谈的形式进行课堂提问,让每个学生同时独立在课堂笔谈本上回答。在班级工作中,教师可以通过笔谈了解事情的经过、学生的想法,和学生交流思想。教师还可以要求学生和家长、邻居同伴进行笔谈,培养学生用书面语和家人、朋友进行交流的习惯。教师也应该把"依照汉语做出行动"的方法教给家长,帮助他们学习用汉语和孩子进行交流。

四、"依照语言做出行动"需要注意的问题

(一)刚入学就让学生依照汉语做出行动是否可行

入学就开始让聋童依照汉语做出行动,这样做能行吗? 这样做是不是超出了教学要求? 学生不认识字怎么办?

(1)沟通交往课可以做的,语文课也完全可以做,也完全应该做。聋校单独设置的沟通与交往课,并没有改变聋校语文课应着重培养聋生的语文实践能力这一要求。在语文课上,学生读懂课文的内容不是最终目的,他们学会运用汉语才是最终目的。而依照汉语做出正确的行动就是在运用汉语,因此设置沟通交往课的本意是要为学生提供一些生活中亟须用的汉语,先使用起来。既然沟通交往课可以这样做,那在语文课上也完全可以这样做。语文课堂是语文教师和学生交往最多的场合,有更多的交往需要和便利条件。语文教师不但要把语文课学的汉语用起来,也要把沟通交往课学的汉语用起来,这是完全可以做也完全应该做的事。

(2)这些被运用的意义是实际存在的,不可回避的。同学的名字、基本的动作、常用的事物这些学生本就已经会用身势语或手语来表达,出现书面

语并不会增加学生的学习难度。比如学习"手"这个词,世界上不存在单独的手,必然要和"某某的手"一起学。所以,我们不能只是把手和手的图片对应起来就完事。出现书面语"某某的手",让学生依照不断变换的汉语指出同学的手、同学的头、教师的头、教师的手,就是亲身体验汉语、动手操作汉语,并没有提高要求。再比如"里""外""进""出"的教学,世界上不存在单独的"里""外""进""出",这些概念一定要和具体的人、具体的事物组合起来才可以理解。所以写出书面语"书包里""书包外""某某在教室里""某某在教室外""某某进教室""某某出教室"这些语句让学生体验和操作,并没有增加难度。

再比如那些相反和相对的概念,也应该放在一起来学习。这些概念即使不出现书面语,也是要用到的。要理解"我们的学校",一定要和"别人的学校"相比较才容易理解。在学习"有"的同时出现"无",在学习"抬起头"的同时出现"低下头",这样的教学,看起来好像增加了内容,增加了难度,但其实是降低了难度。不出现书面语、口语,也要用手语或身势语。所以,出现书面语,学生就能更容易、更清晰地体验和使用汉语,比仅仅使用口语和手语反而是降低难度的。

(3)书面语的提前运用只能使汉语学习更加扎实有效。"儿童掌握字形与实体的联系比掌握语音和实体的联系更为容易。因此,在婴儿开始说话之前就能开始学习认字。"①这就是说,儿童对一个字既不会读也不会写,但却懂得意义是有可能的。"他们往往把一个字甚至由两个字组成的词作为一个整体来感知,因此,与其说幼儿在认字不如说他们在辨认图谱。"②聋校语文教学"遵循多认少写的原则,以识写分流的方式安排识字写字"是符合儿童识字的认识规律的。③ 多认少写,既遵循了识字的规律,也为聋童及早运用书面语创造了条件。

所以,尽管学生还没有开始学习拼音和文字,但完全可以认识一些字词,懂得字词与实物、行为等的联系,也完全可以做出行动的反应。教师指着书本,写一个"书"字,不让学生读和写,就可以在实际的交往中运用。比

---

① 张明红:《0-3岁儿童语言发展与教育》,华东师范大学出版社,2013,第24页。
② 张明红:《学前儿童语言教育与活动指导》,华东师范大学出版社,2014,第177页。
③ 人民教育出版社课程教材研究所:聋校义务教育实验教科书《教师教学用书》(语文一年级上册),人民教育出版社,2009,第1页。

如让学生拿书，学生看到"书"字，就能马上拿出自己的书，这是容易做到的。况且聋童已经到了一定的年龄，有些字可能也已经认识，比如自己的名字等。因此要求学生按照汉语做出行动既不会有困难，也不会与教学的其他内容比如读和写起冲突。因为准确地理解了意义，就为以后的学习打好了基础，以后读和写的学习只会更扎实有效。提前认识和使用了"书"字，到以后正式学习"书"这个字时，就可以做更多的运用扩展。

因此，汉语的运用从词语的运用做起，从学生入学开始就依照汉语做出行动，是完全可行的。

（二）学困生更需要依照语言做行动

对学习困难的学生，教师更应该坚持依照汉语做出行动的训练。如果是双重或多重残疾的学生，写的要求，朗读的要求，说（写）出正确语句的要求，都可以根据学生的实际情况相应降低，只有"依照汉语做出行动"这一条必须坚持。因为这是最容易掌握，也是最实用的汉语应用能力。如果他们还需要学习汉语的话，就要从让他们依照汉语做出行动开始。教师不放弃每一位学生，就要从让他们依照汉语做出行动做起开始。

对一个学习困难的学生，教师写出书面语"坐"和"立"以后，指着"立"字让他跟着读，然后把他拉起来让他站着，让他的行为和汉语相对应。学生站起来以后再让他看看图，读一读"立"字。接着教师再指着"坐"字让学生读一读，让他看图，示意他或拉他坐下。如果孩子还不懂，就重复再做一遍，直到学生能理解为止。

学生能独立依照汉语做出正确的行动，哪怕只有一个词，他也会有兴趣，有自信，就会有下一个。所以教师不要着急，要坚持让困难的学生一个词一个词地学着做出行动。如果他看到词语，就知道该做什么，该怎么做，这就是了不起的进步。在这个基础上，学习书写、朗读，学习说和写才有可能，才会有效果。对学习困难的学生，学校和教师尤其不能以书面考试成绩作为他们汉语学习唯一的评价依据。如果教师以面试的形式，考查这些学生依照汉语做出行动的能力，他们的学习成绩一定会比书面考试要好得多。

所以，越是学习困难的学生，教师就越要坚持对他们进行依照汉语做出行动的训练。

（三）演示、讲解不能替代依照语言做出行动

1.演示和依照汉语做出行动

在学习一篇课文时，我们常常用动作、情节的演示来帮助学生理解课文内容。这时，我们就不能直接改动课文的语句，只能用模拟的演示，由教师或学生来扮演课文中的人物，依照汉语的描述来演示课文内容。动作、情节的演示实际上就是依照汉语做出行动，但我们必须清楚这两者之间有着重要的区别。一是演示作为一种教学手段，常常是教师组织的，是面向全体学生进行的。二是动作、情节演示是模拟的，是模拟演示别人的事情，而依照汉语做出行动，则是学生独立运用汉语进行交往。所以进行课文内容的演示时教师应该注意做到以下几点：

（1）演示以后仍然需要学生独立依照汉语做出行动。通过演示理解课文汉语以后，我们仍然需要举例子让学生独立依照汉语做出行动，让学生更好地理解和运用汉语。比如"羊抬起前腿、趴在墙上、脖子伸得老长，还是吃不到。"大家通过演示理解的只是羊的动作，是课文的内容。所以，教师需要写出"某某抬起手要打人"，"某某抬起手去拿扫帚""某某两手扒在栏杆上""某某的手伸得老长，还是拿不到""某某的脖子伸得老长，还是看不到"这些句子，单独使用这些例句，不断变换这些例句，让每个学生都有机会独立依照汉语做出行动。

演示仅仅是教师讲解课文的手段，而让学生独立依照汉语做出行动，则是每个学生自己独立运用汉语。有了这个过程，才可以使学生对课文汉语的理解落到实处，使他们的汉语能力得到增长。尤其是汉语能力比较差的同学，课文汉语的运用首先需要教师帮助他们来进行。所以，做好课文内容的演示虽然很重要，学生独立地依照汉语做出行动却是更重要的。

（2）演示需要注意分解和独立完成。演示的过程需要完整流畅，使学生能完整准确地理解课文内容。但演示也需要分解，需要分解成单个的词句，让学生依照汉语做出行动。这是因为我们必须判断学生的演示是照着教师的要求做的，是模仿别的同学做的，还是依照汉语来做出的？学生演示对了整个过程，但是否理解了其中的每个词义？对大多数学生来讲，因为演示是在教师的组织和指导下进行的，所以他们虽然正确地完成了演示，但还是有可能没有准确地理解课文的语言。比如，"羊抬起前腿、趴在墙上、脖子

伸得老长,还是吃不到。"真实的情况下,这几个动作是一气呵成的,如果学生照着教师的要求连贯地完成演示,那么到底什么是"抬起前腿",什么是"扒在墙上",学生的理解仍然可能不准确。而且在一位同学对课文的内容做出正确的演示以后,其他同学就很容易通过模仿来完成这个演示。这种情况下,学生虽然依照长长的语句做出一连串正确的动作,但他们对这个语句的理解仍然可能存在问题。

所以,教师在学生做出正确的演示之后,应该要求学生依照汉语把演示分开来做。只读"抬起前腿",学生应该做出"抬起前腿"的样子停在那里,再读"扒在墙上",学生才应该过去"扒在墙上",读了"脖子伸得老长"再做"脖子伸得老长"的样子,读了"还是吃不到"才做出"还是吃不到"的样子"。这样虽然一气呵成的动作过程变得支离破碎,但好处是可以把演示的动作落实到每一个词语上,使学生准确地理解每一个词语。教师可以单独挑出一个语句或一个词要求学生做出行动,也可以请不同的学生进行不同部分的演示,确保学生在独立依照汉语做出行动的基础上进行演示。

所以,教师一定要注意,不能认为把课文内容演示出来,学生就理解了。我们要把演示的动作具体地落实到每一个词句上,使形象和汉语准确地相对应。演示课文内容的时候,教师要紧紧抓住让学生依照汉语做出正确行动这个方法,围绕课文汉语尽可能多举例,不断地变换例句,让每一位同学都有机会独立依照汉语来做出行动。

(3)先独立依照汉语做出行动有助于学生演示并理解课文。许多课文语句,教师还可以先出示学生生活中的例句,让学生先依照句子做出行动。比如,"贝贝一回到家,就向妈妈要新的铅笔、新的橡皮"这个句子,教师可以先出示这样的例句:"某某一进教室,就向某某要篮球。""某某一进教室,就向某某借雨伞。"如果学生能依照这些句子做出正确的行动,那么再扮演贝贝演示和理解课文的语句就容易多了。

2. 讲解和依照汉语做出行动

教师讲解课文会用到很多方法,演示、举例等都是教师帮助学生理解课文汉语和内容最常用的方式。用演示讲解课文,是教师把课文内容演给学生看,用形象帮助学生理解汉语。用举例子来解释词语、句子,实际上就是教师把汉语用给学生看。教师用接近学生生活实际的语句举例子,来帮助学生理解课文的语句。比如:用"某某的长处是跑得快","某某的长处是很认真"来帮助学生理解"你们只看到自己的长处中"的"长处"。

和演示一样,我们也不能认为举例讲解以后,学生就一定能准确地理解汉语了。因为演示、举例子等都只是教师讲解课文的方法,仅仅看教师的讲解,学生自己并没有经过一个亲身体验和操作汉语的过程。相信每一位教师都会有体会,为聋童讲解课文对教师对学生都是一件非常困难的事。尤其是教师使用一边说话一边打手语(口语和手势汉语)的讲解方法,学生的理解就更加困难。所以,在中高段的语文教学中,教师要尽量用举例子的方式,把课文较难理解的汉语转变为接近学生生活、学生能实际运用的汉语,尽量让学生能独立依照汉语做出行动,让学生来亲身体验和运用汉语。即使教师有很好的手语能力,教师在讲解以后,也一定要让学生亲身体验和运用汉语,独立依照汉语来做出行动。只有学生能独立依照汉语做出正确的行动,我们才能确信学生对汉语的理解落到了实处。

 知识链接4-1

儿童语言发展的基市阶段

依据语言系统的划分和语言运用发展相结合的语言学标准,儿童的语言发展可以划分为以下五个大的发展阶段。

第一阶段:声音发展阶段

这一阶段大约是从出生到六个月前后。此阶段儿童只是发出各种无意义的声音,并出现最初的对语声的模仿。儿童与成人之间的交流还不是语言性质的,而只是一些无条件反射和低级的条件反射。

第二阶段:被动语言交际阶段

这一阶段大约是从六七月到一岁。在此阶段中,儿童虽然还不会说话,但已能对话语进行初步的理解,开始以被动的方式参与语言交际活动。对人生具有重要意义的第二信号系统,也在此阶段开始建立。此外,儿童可以用简单的体态语与成人进行交际,表现出最初的社会交际意识。

第三阶段:特殊语言交际阶段

这一阶段大约是从一岁到二岁半。在这一阶段,儿童已经开始说话,能以主动的方式参与语言交际活动。但是,儿童使用的话语是独词句、双词句或电报句,属于儿童的特殊语言。

聋童习得汉语的方法和策略

第四阶段：目标口语发展阶段

这一阶段大约是从二岁半到六岁。在这一阶段，儿童的特殊语言成分已经大大减少，语言已经纳入目标语言的轨道，语音系统和基本的语法规则已经掌握，具有了一定的词汇量和一定的语言运用技能。可以用词语来解释词语，语感已开始形成，并能进行一般的日常语言交际。

第五阶段：成熟阶段

这一阶段大约是从六岁到少年期结束。在这一阶段中，儿童逐渐完善自己的语言系统和语言运用能力，掌握一些较难的语流发音形式和一些特殊的语法现象，迅速扩充词汇量，发展出各种语用技能。在一般的教育条件下，书面语也有较为可观的发展，并对口语发生重大的影响，使之逐渐规范化。此期，儿童语言已经与目标语言没有多大差别，语言发展趋于成熟。

当然，这种阶段的划分不是绝对的，不仅阶段与阶段之间存在着交叉现象，而且各个儿童的实际发展过程，也会与各阶段的年龄界定有出入。就语言的每一子系统而言，又各具有自己的发展阶段，语音有语音的发展阶段，语法有语法的发展阶段，语用有语用的发展阶段。各种具体语言现象的发展阶段，也不一定完全与总体发展阶段相吻合。而且，每一大的发展阶段中，又包含着一些小的发展阶段，比如在第三阶段中，又可以划分为独词句阶段、双词句阶段和电报句阶段等等。

（摘自李宇明：《儿童语言的发展》，华中师范大学出版社，2004，第322–323页。）

语言的输入和语言学习环境

语言输入是儿童接触到的各种语言素材。在语言交际中，它是触发听话人反应的具体话语刺激。就语言学习来说，语言输入是儿童学习的蓝本，也是学习的起点。没有语言输入，根本谈不上语言的学习。

没有语言输入儿童是难以获得语言的，这一点是没有争论的。既然输入对儿童的语言发展具有相关性，那么，不同方式、不同质量的语言输入，就对儿童语言发展的质量、速度和方式有一定的影响。

儿童的语言获得都是在一定的语言学习环境中进行的。儿童生活在目标语言的汪洋大海之中，随时随地都能获取大量的语言输入，并有极多的机会，进行语言输出和获取及时而自然的反馈。

儿童学习语言,几乎没有自觉的学习目的,或者说他根本意识不到自己是在学习语言。他是把学习语言作为人生必需的方式去无意识进行的,而获取人生的必需方式又是比任何学习目的都更具有驱动力的。

在讨论儿童语言获得问题时,教学条件只是一种比况性的说法,因为儿童语言获得以习得方式为主,罕用学得的方式。儿童的语言学习环境最大的特点是它的"自然性"和"和谐性"。可以肯定地说,这种自然而和谐的语言学习环境,是儿童语言获得的最为有利的条件,脱离这种环境,儿童的语言获得是不可想象的。第二语言学习之所以困难重重,重要的原因之一,就是没有这样的语言学习环境。

(摘自李宇明:《儿童语言的发展》,华中师范大学出版社,2004,第294-306页。)

知识链接4-2

全语文教学研究

古德曼的观点:

(1)语言学习是由整体认知开始的,而后才认识语文的各个部分。虽然在语文教学中,我们常常把语文分成"听、说、读、写"四个部分,但实质上,语言是包含着四个部分在内的、一个不可分割的整体。

(2)语言中的音、字、词、短语、段落犹如一张木制的桌子中的原子和分子,我们研究桌子中的碳、氢和其他元素及成分,有助于我们加深对木材的认识,但是,用碳、氢等元素是造不出桌子来的。同样,幼儿在家庭学习语言表达并非始于学单字,然后把单字组合成句子;而是从听懂父母用完整的句子传递的完整的意思开始,然后为了表达自身的需要和一定的目的,慢慢学着开口,用语言表达自己的意思。虽然婴儿只能用简单的文字表达,但是他却传达一个整体的意念。而且事实证明,幼儿在这种自然环境中,把语言当做一个整体来学习,从来就是相当成功的。

(3)反对语文学习的所谓"次序性"(必须先学会阅读,然后才能通过阅读学会其他知识)。他指出:语文的认知学习是运用个人全方位语文知识及策略,而这些知识及策略是没有特定的阶段,因此语文学习不可以分阶段、等级。学生就是在语文学习各种知识的时候,同时学会了听、说、读、写,以及语文本身的形式结构,这三件事是同时发生的。学习阅读和学科知识应该齐头并进,相辅形成,不存在先后轻重之分。

全语文教学理念的主要观点

(1)语言不应划分为内容和技巧,学习者只有在有意义的真实情境中使用语言,才能学会语言。在阅读中学习阅读;在写作中学习写作。

(2)语文教学要培养学生能应用已有的知识和创新思想,尽量表达不属于他人,属于自己的、真实的、有意义的东西。

(3)学生的语言错误只不过是学生语言学习不同阶段的真实反映,学生会按自己的进程发展的。教师要容许学生犯错误,要以辅助者的角色,鼓励学生冒险,大胆使用语言表达自己的思想,即使不准确,也不是失败者。

(4)语言是在互动、社会交往中获得的,因此学生之间也可以彼此互相学习。

(5)每次语言的使用都包括语义、语法和形音,所以语言是一个不可分割的整体。语言的使用包括了第四个系统——实用性。实用性的含义是"在一个特定的情境下,语言使用的社会规则",实用性是语文认知的过程与基础。语言文字的学习并不是认知语义和语法,而是包括语义、语法和应用三大要素。

(摘自董蓓菲:《语文学习心理学》,北京大学出版社,2015,第171页。)

知识链接4-3

让学生依照语言做出行动的教学设计示例

《秋天》①

秋天

天气凉了,树叶黄了,一片片树叶从树上落下来。

天空那么蓝,那么高。一群大雁往南飞,一会儿排成个'人'字,一会儿排成个'一'字。

啊！秋天来了。

---

① 本文选自聋校义务教育实验教科书《教师用书》语文二年级上册第7课。

依照语言做出行动的主要教学设计：

1. 秋天

选一选秋天的时间：3～5月份，6～8月份，9～11月份，12～2月份。

在上面的时间下分别写出相应的季节。（可以由教师写）

2. "天气凉了"

演一演你觉得天气凉了的样子。（发抖）

天气凉了你会怎么做？请你做一做。（加衣服）

3. "树叶黄了"

画一画绿色的树叶，再画一画黄色的树叶。

画一画树叶变黄了的示意图： （绿）→ （黄）

用手语说一说绿色的树叶变成了黄色的树叶。

4. "一片片树叶从树上落下来"

画一片树叶，再画一画一片片树叶。

指一指课文图中一片片树叶从树上落下来，再演一演，最后画一画。

依照学生名字的轮换和句子意思的改变做一做：

某某从教室里出去了；某某从教室外进来了；某某从椅子上跳下来；某某从书包里拿出文具盒……

5. "天空那么蓝，那么高"

指一指课文图中蓝色的天空，找出淡蓝色的彩笔。

演一演天空那么蓝，那么高，再用手语说一说。（抬头望天空作出相应的表情和"蓝"和"远或高"的动作。）

6. "一群大雁往南飞"

在老鹰、小鸟、鸭子和大雁的图片中指出大雁。还可以在学生指出以后出示其他动物的名称并说一说，再指出哪些会飞。

指出"南"的方向，指出地图上"南"的方向，指出地图上我国"南"的区域。（同时，教师指出东、西、北等方向和区域）

依照学生名字的轮换和句子意思的改变做一做：

某某往南走，再往东走。某某往南走两步，再往东走两步。某某往办公室跑去……

7. "一会儿排成个'人'字，一会儿排成个'一'字"

画一画大雁排成个"人"字，再画一画大雁排成个"一"字。

122

用手语讲一讲"大雁一会儿排成个'人'字，一会儿排成个'一'字"。

依照学生名字的轮换和句子意思的改变做一做：

某某一会儿坐下，一会儿站起来；某某一会儿抬头看看，一会儿低头看书；某某一会儿哭，一会儿笑；某某一会儿碰碰同学，一会儿又拉拉同学……

8."啊！秋天来了"

选一选"秋天来了"的意思：秋天到了。秋天走过来了。秋天跑过来了。秋天开始了。

带着高兴和喜欢的表情读一读"啊！秋天来了"。

9.练习：让每一位同学都有独立面对语句作出行动的机会。

某某从教室里出去了……

某某往南走，再往东走……

某某一会儿坐下，一会儿站起来……

第五章
身势语，手语形象性的根本原因

手语或中国手语是指聋人手语，也就是自然手语。按照汉语语序打出的"手语"，应该是"手势汉语"。

第二章已经讨论过模拟的身势语①和手语的区别，本章我们还要进一步讨论模拟的身势语和手语的关系。要强调的是，身势语不需要约定和学习直接就能被理解的特点，在手语的运用中有着充分的体现。因此，直接模拟现实情景的身势语是手语具有"形象性"的根本原因。

一、手语与身势语的关系

（一）手语的形象性

"手语是一门视觉语言，它的最大特点就是具有很大的形象性。"②游顺钊（1977—1984 年）分别在加拿大魁北克和中国广州对聋人的自创手语情况进行了调查（这些聋人都是先天聋或语前聋且从来没进过聋校，不识字也不

---

① 本书把身势语分为"自然的"和"约定的"两类，为了行文简便，本书在使用"身势语"一词时，一般是指"自然的身势语"，即一看就能明白意义的真实的身势语和模拟的身势语。在讨论手语中的身势语时，则主要是指"模拟的身势语"。

② 张宁生、任海滨：《手语翻译概论》（第二版），郑州大学出版社，2015，第 92 页。

认识当地的规约手语且中年或中年以上的聋人）。游顺钊认为,这些手语创造者的词汇与句法创造,可以用"仿其可仿,顺其自然"①这八个字来归纳。这就是说,手语在词汇创造上,尽可能仿其形似,在基本句法上则按照事情自然的时序来展开。手语词汇尽可能"仿其可仿",就是尽可能用动作、姿势和表情来模仿事物的动作和外观,模仿现实的情景。手语句子尽可能"顺其自然",就是按照事情自然的时序,用动作、姿势和表情把事情的过程展示出来。从总体上来说,这应该就是手语的形象性。

因为手语的形象性特别重要,我们有必要对手语的形象性做一个具体的辨析。

1.有些手语词具有"一看就能明白"的特点

手语的形象性,和身势语一样,首先也应该指"不需要通过学习,一看就能明白"这个特点。事实上,手语表达中确实存在着这样的情况。一些手语通过动作、姿势和表情模拟的情景是符合我们看到的实际情况和常识的。我们看到这些模拟的动作、姿势和表情就能想起真实的情景。所以,我们就说这是直观形象的,是具有形象性的。比如手语"吃饭"就是模拟吃饭的动作,"开车"就是开车的动作,"打电话"就是打电话的动作。这些手语词汇动作和身势语的表达一样,具有"天然的视觉可理解性",即"不需要通过学习,一看就能明白"这个特点。

2.手语动作提供了形象不等于形象性

但是,手语形象性的具体情况远比模拟的身势语要复杂。

首先,手语提供了形象,不等于就有了形象性。手语约定了大量的词汇,手语所有的动作都为我们提供了视觉形象,我们都要依靠视觉来感知。但是,这些形象中的大部分,没学过手语的人是看不懂的。也就是说,除了那些大家一看就明白的词和语句以外,很多手语动作,虽然也是形象,里面也包含着形象易懂的成分,但这种形象表示的意义是经过约定的,需要通过学习才能理解,并不是"一看就能明白"的。同时,由词组合起来的手语句子就更不是"一看就能明白"的。因此我们说,这种不是一看就明白的手语词句,它只是直观地提供了视觉形象,却不具有天然的视觉可理解性。如果我们觉得提供了形象就有了形象性,那么教师只要打出手语,学生就应该能看

---

① 游顺钊:《视觉语言学论集》,语文出版社,1994,第 4 页。

懂,这当然是一个荒唐的结论。

其次,手语的词汇是约定的,约定以后的手语形象被赋予了视觉可理解性,对于能看懂手语的人,是否具有形象性?这个问题很复杂。一项研究的结论告诉我们:"在手语词汇中,高度象似的手势是指手势融合了足够多的物体或行为的视觉信息,对手语不熟悉的人可以猜出这些词的意思;低度象似是指对于手语使用者来说手势和含义之间的关系不透明;中度象似是指对于不使用手语的人来说,这些词的意思不容易猜出来,但是一旦告诉他们这些词的含义,就能够轻松掌握手势和意义之间的联系。本研究的中国手语语料库中强象似性词汇占 57.29%,弱象似性词汇占 37.68%,不存在象似性的词汇占 4.83%。"[①]这里所指的"融合了足够多的物体或行为的视觉信息,对手语不熟悉的人可以猜出这些词的意思"的强象似性手势,基本上就是具有"一看就能明白"特点的身势语。在具体分析一个动作的形象性时,我们的确能发现,还有很多手语动作的形象性需要通过学习才能理解,但我们又不能说它没有形象性,这类词大致就属于中度象似性词汇。比如手语"床"这个动作,如果不告诉大家这是手语的"床",可能大部分人并不能"一看就能明白"。但只要明白了这是手语表示的"床",每个人又都会觉得非常像,非常具有形象性。这种需要学习才能理解的形象性,和我们强调的自然或模拟的身势语"不需要约定和学习就能够直接被理解"的形象性在性质上是不同的。所以我们一定要牢牢记住:天然的视觉理解性是无条件的,是每个人都能看懂,都能理解,都觉得很形象的;而约定的视觉理解性是有条件的,约定的手语词提供的视觉形象需要解释和学习才能被理解。在具体的教学实践中,不管手语的形象性存在多么复杂的情况,我们都不应该混淆"天然的视觉可理解性"和"约定的视觉可理解性"这两者的区别。

手语的形象性,首先就应该是指"天然的视觉可理解性"。因为很多时候,使用约定的手语词汇进行交流,师生之间、生生之间如果有一方对手语不熟悉,就不一定能看懂,所以,约定的手语词即使具有形象性,要进行有效沟通也是有条件的,是需要学习的。而手语中包含着大量的模拟的身势语,使用这些模拟的身势语来交流,是每个人都能看懂的。所以,手语的形象性首先应该是指手语中那些形象生动、清晰易懂的身势语表达,这对聋童

---

① 何宇茵、马赛:《基于语料库的中国手语象似性研究》,《中国特殊教育》,2019 年第 9 期,第 56 页。

的汉语学习具有重要的意义,也是我们不应该混淆"天然的视觉可理解性"和"约定的视觉可理解性"的根本原因。

3. 手语形象性的本质,是手语表达符合视觉观察的事实和逻辑

手语是一门语言,我们不能像对待模拟的身势语那样,简单地用是否"一看就能明白"来概括它的形象性。

模拟的身势语为什么"一看就能明白"? 为什么具有天然的视觉可理解性? 这是因为它是直接模拟现实情景的,所以大家才能一看就懂。而直接模拟现实情景,把现实情景还原出来,其本质就是符合视觉观察到的事实和逻辑。所以我们说,符合视觉观察到的事实和逻辑,是模拟的身势语"一看就能明白"的内在原因,也是它始终遵守的规则。

绝大部分的手语表达虽然不是"一看就能明白"的,但同样也必须"符合视觉观察到的事实和逻辑"这一原则。和身势语相比,手语的形象性很多时候是内隐的。手语把身势语的动作约定成为手语词,手语词又组成了手语的语句,因此身势语的形象性就被隐含在手语词和词的组合之中了。但不管如何,手语形象性的本质就是手语的表达必须符合我们看到的实际情况和常识,符合视觉观察到的事实和逻辑。手语表达如果违反了视觉观察到的事实和逻辑,就会在视觉上变得不可理解,就丢失了手语的形象性。

因此,手语的形象性不但是指手语具有模拟的身势语"一看就能明白"的天然的视觉可理解性,更是指手语的表达必须符合视觉观察到的事实和逻辑。只有这样的手语,才是充满了形象性的。

(二)模拟的身势语在手语中的直接运用

1. 身势语的表达是手语中最生动形象、最容易看懂的部分

在人们的口语交流中,身势语虽然也时刻起着重要的作用,但在口语内部基本是没有身势语的。没学过汉语的人,尽管能察言观色,凭语境和身势语进行一些猜测,但肯定是听不懂汉语的。与此相比,作为视觉语言的手语就完全不同。模拟的身势语作为手语重要的组成部分,仍然大量地保留在手语中。这使得手语具有一个完全不同于口语的特点:有相当一部分的手语表达,可以通过形象直观地表达意义,直观地被理解,没学过手语的人也看得懂。这是手语形象性最明显的体现。

身势语的表达是手语中最生动形象、最容易看懂的部分。这些身势语

无法出现在手语词典中,但在手语的实际运用中,却起着非常重要的作用。在手语的表达中,模拟的身势语永远是聋人最喜欢运用的形式。比如汉语"微风吹来,水面泛起点点波痕,小船儿轻轻飘荡在水中"这个语句,"手语先打微风的动作,再打水慢慢流动,最后模仿船在水里轻轻飘荡的样子。前后共三个节奏舒缓的动作,就可以将意思表达得很清楚。"①这样的手语为什么很容易懂?就因为这几个动作是直接模拟现实情景的,是简化了的模拟的身势语。如果这个句子用手语词典中的手语词汇去打,不但很多意义找不到相应的手语词汇,打出来也不会这样生动形象,明白易懂。

再比如"用一手手腕弯曲形成山状"代表山,"另一手四指弯曲点在手腕最高处,表示很多的猴子。"②这个手语,只要明确了凸起的手腕代表山,再模仿一个猴子的动作,那么用另一只手的几个或一个手指飞快地在弯曲突起的手腕上点很多处,来表示猴子漫山遍野,就很容易看懂。因为用弯曲凸起手腕的动作姿势模拟"山",用多次指点表示"多",就是身势语的表达方式。在手语中,"山"和"多"都有约定的词汇,但如果用这些手语词汇来表达这个意思,远远不如身势语的表达生动形象、明白易懂。张会文等注意到了这个特点,所以把这种手语称为"聋式手语词语"。再比如,他们提出的"身体词语":"上"——身体后倾,眼睛向上看,"累""喘气"——张开嘴做气喘吁吁的样子,这些"身体词语"其实就是身势语,每个人都能看懂。

2. 在手语中,身势语可以直接表示意义

(1)指出某个对象。指点,就是最基本的身势语。手语中"用手直接指出某个对象"被归纳为手语"指示式"的构词方式。③ 指点看似动作简单,但用途非常广,表示的意义也非常明确。在手语对话中,用指点表示人、事物、方位、部位以及动作、行为等,每个人都看得懂。

(2)模拟动作和状态。比如"吃饭、戴帽、穿衣、睡觉"等手语词,就是对生活中真实动作的模拟。这些词的意义非常明确,大家肯定都看得懂。

"骑自行车"(两手握拳在胸前交替转动),"走路"(伸出拇指和食指在胸前交替往前表示脚步),"咬"(用拇指和食指、中指模拟嘴咬的动作)

---

① 张宁生、任海滨:《手语翻译概论》(第二版),郑州大学出版社,2015,第147页。
② 张会文、吕会华、吴玲:《聋人大学生汉语课程的开发》,华夏出版社,2009,第40页。
③ 张宁生、任海滨:《手语翻译概论》(第二版),郑州大学出版社,2015,第175页。

等,手语只是把模拟的身势语进行了简化,把全身或某一部位的动作转移到手上,也是容易看懂的。

"风吹在脸上很冷"(用一个手掌对着自己扇动,表示风吹着自己,再做一个冷得发抖的状态和表情);"雨把自己淋湿了"(双手五指微曲指尖朝下,在自己头上快速向下动几下,再摸摸自己的头发、肩部的衣服做出难受的表情);"大象用鼻子卷树"(把食指伸在自己鼻前,再用这个食指卷住另一个食指);"倒酒、喝酒"(用手模拟酒壶和酒杯,做倒酒、喝酒的动作)等。这些动作也很形象,不懂手语的人也可以猜个大概,或者稍加解释就可以明白,并且也容易记住。

(3)模拟过程和状态。手语描述"一个人走过去,打开柜子门,拉开里面的抽屉,拿出一个东西⋯⋯"这个经过,只要模仿做出这些动作经过就可以了。拿出的这个东西是什么,是钱包,还是一个圆圆的盒子? 手语可以用模拟打开钱包或打开圆圆的盒子的不同动作来表示。打开后有什么气味? 就用鼻子闻一闻并作出相应的表情来表示。那个人怎样走过去,怎样打开抽屉,打开抽屉先翻一翻找一找,拿起东西看一看等这些状态,都可以绘声绘色地用动作、姿势和表情来进行描述,而且每个人都能看懂。

用手语讲述"小猫钓鱼"的故事,描述大阅兵的情形等,主要使用的就是模拟的身势语。这些身势语描述的情节、状态非常生动形象,是很容易看懂的。

(4)表示空间状态和关系。手语要表示三个圆,可以用手比出一个圆,然后往旁边移动两次,这就可以表示有着三个圆。如果想进一步描述这三个圆的位置和大小,手语也很容易按实际比出三个圆的大小和位置。如果是三个圆形物体由大到小依次重叠,手语也很容易描述(先比出一个圆,再往上一点比出小一点的圆,再往上是更小的一个圆)。前述的用身体后倾,眼睛向上看来表示"上",也是用身势语表示出了一定的空间位置。再比如,表达者只要改变身体的站位,就可以表示两个人是边走边谈,还是面对面交谈。一个简单的动作就能把两人之间相互的空间关系表达得清清楚楚。这样的身势语表达比汉语的描述更具有形象性,不懂手语的人也完全可以看懂。

(5)表示情绪、愿望等心理状态。手语表示否定的词汇,比如"不",一手直立,掌心向外,左右摆动几下①这个动作就是身势语,每个人都懂。其他如"不是",一手食指、中指相叠,指尖朝上,左右晃动两下②;"不同",双手伸食指,指尖朝前,先互碰一下,再分别向两侧移动③等则是约定的手语词汇,就不容易看懂。但手语在实际运用中表示否定时,"主要有摇头,扭头,皱眉,身体后倾,耸肩,摊开双手等,有时单独使用,有时与手势结合。"④这说明,手语表达情绪、愿望等心理状态时,很多时候是使用每个人都懂的身势语来表达的。

手语中运用身势语表达心理状态的地方比比皆是,比如:表达微笑、大笑、偷笑、傻笑、嘲笑;表达愤怒、惊讶、不满、不屑、讨厌;表达犹豫、思考、怎么办;等等,都可以使用身势语来表达。和用手语词汇来表达相比较,用身势语表达最大的特点就是生动形象,人人都看得懂。

(三)身势语是手语构词的重要基础

身势语不但在手语表达中起着非常重要的作用,在手语词汇的创造中也起着重要的作用。手语是以身势语为基础来约定手语词的,很多手语词汇就是符号化的身势语。

1.手语词汇是对身势语的动作、姿势和表情进行符号化的结果

身势语对扫地的表达,是对真实动作、姿势和表情的模拟。比如俯下身子用一个手掌模仿扫帚做出扫地的动作,或者用两只手一上一下握拳模仿拿着扫帚扫地的动作。这样的动作姿势,每个人一看就能明白,每个人也都会用。手语对身势语的扫地动作进行了符号化,把这个动作的关键部分约定为手语词汇。手语的"扫地"是一个手掌平伸掌心向上代表地面,另一个手掌五指并拢向下代表扫帚来模拟扫地。这样本来大家一看就明白的身势语,就变成了不容易看懂的手语词汇。要掌握这个手语,就需要通过学习。

---

① 中国聋人协会,国家手语和盲人研究中心、中国残疾人联合组:《国家通用手语辞典》,华夏出版社,2019,第85页。

② 中国聋人协会,国家手语和盲人研究中心、中国残疾人联合组:《国家通用手语辞典》,华夏出版社,2019,第88页。

③ 中国聋人协会,国家手语和盲人研究中心、中国残疾人联合组:《国家通用手语辞典》,华夏出版社,2019,第89页。

④ 杨军辉、吴安安:《中国手语入门》,郑州大学出版社,2014,第68页。

比如身势语表达"看"的意思,只要对着某一物体做出看的姿势和表情并保持一段时间即可,而手语则要加上两个手指在眼前表示发出的目光并往看的对象移动;"寻找",身势语只要做出低头用目光在地上寻找的动作和表情,而手语则是两个手指从眼前发出代表目光并转动几圈;"西瓜",用身势语来表达,就是双手五指张开,一个手掌相对模拟一个球状,然后另一个手掌模拟刀把这个球状切开,再用两个或一个手掌模拟切好的西瓜牙拿到嘴上去啃。手语则选取了身势语最后一个动作固定给了西瓜,这个动作就被约定成为手语的一个词汇。这样的转化在手语中比比皆是,手语就这样把身势语的动作约定为了语言符号。

身势语的动作、姿势,经过符号化变成手语词汇以后,和真实动作的联系有所减弱,就不容易一看就懂了。但就是这一步,模拟的身势语,通过大家的约定就变成了手语。用一个固定的语音给某一个事物命名,就成了语言的词汇。同理,用一个专门的动作给某一个事物命名,这就是手语的词汇。手语把动作符号化的好处,就是对现象进行了抽象,归纳成一定的符号来运用,让手势动作具有了语言的特性。这样,交流的时候不但简洁和方便了,而且能够表达的内容增多了。比如"我们去看电影""我来看看你",这些"看"的意思就不是身势语用目光盯在那里做出看的样子能表达的;"寻找"也不再单单是在地上找细小的东西,而可以表示到处去寻找小狗小猫,寻找口袋里的东西了,甚至可以用到"我们苦苦寻求真理"的句子中去了。我们可以看到,把身势语的动作约定成为手语符号,是身势语发展成为手语的一个重要标志。

需要注意的是,我们在用汉语对手语符号进行记录或描述时,主要只记录了动作和姿势,省略了对相应表情的描述。比如,"看"的手语词汇,只是约定了两个手指在眼前表示发出的目光并往前移动的动作,省略了身势语中"看"的表情。所以,我们在使用手语进行交流时,特别需要注意结合语境运用好相应的表情,否则就不能很好地表情达意。

2. 手语把身势语的动作转化为词汇的主要方式

(1)对身势语的动作进行简化。手语和身势语一样,对物体(名词)的表示,往往使用这个物体的动作来表示。比如手语"西瓜"就用啃西瓜的动作来表示。不同的是,身势语表示西瓜,是用许多动作的连续过程来表示的,而手语词汇"西瓜"只选取了其中最重要的动作。身势语的动作往往是全身许多部位共同完成的,比如骑自行车,就要手脚并用做出骑车的样子。走楼梯,踢球等,也需要全身都动起来,做出走楼梯、踢球的样子。手语把这些全身动作都简化为手的动作:"骑自行车"就是"用两手握拳代替脚交替在胸前转动";"走楼梯"就是"左手横伸出四指表示楼梯,右手食指和中指表示两腿交替走动的样子";"踢球"就是"一手拇指和食指做出一个圆表示球,另一手伸出食指和拇指表示脚,然后做出踢球的动作"。这些手语词汇都对身势语的动作进行了简化。

再比如"明天",身势语的表达就是"睡"(闭上眼睛,头微偏,一个手掌或两个手掌合起来放在一侧面部),加上"一"的动作,很容易看懂。但是手语的"明天"把"睡"的身势语简化成了"头微偏和手指在头部",手语的"明天"就成了"头微偏,一手食指抵着太阳穴然后向外移动"。因为"睡"的动作被简化了,这个手语就需要学习才能理解了。

我们可以清晰地看出,上述这些手语动作仍然是模拟真实动作的身势语。只不过手语是把整体的、局部的身势语动作转移到手的动作上来,并对身势语的动作进行了简化。

(2)对姿势动作的特征进行强调。前面所说的"看"和"寻找",手语用两个手指从眼前指向前方(发出目光)来表示对"看"这个动作的强调。这种强调,使动作变成词汇,可以离开实际情景来运用,也使所表达的意义更明确清晰。在身势语的表达中,"看"是需要情景配合的,也就是说需要有看的对象,表达者需要看着某一物体才可以表达看的意思,但手语的"看"就可以单独作为词汇来使用。在身势语中,"说话"是用不停地动嘴模仿说话来表示的,但手语就用了"两个食指相对在嘴前交替往外滚动"的动作来强调话语从嘴里出来;身势语表达"笑",就是模仿笑的动作和表情,但手语就用"一手的拇指和食指放在嘴角两边",用强调咧开嘴角来表示"笑";身势语表达"哭",可以模仿哭的样子和表情,还可以用一只胳膊(袖子)去擦眼睛,用两个手背揉擦眼睛等,但手语"伸出一手食指和中指弯曲对着脸,在眼下部反复往下划几下",用强调眼泪不断流出来表示"哭";身势语表达"累",就是做出疲惫松垮的样子,瘫坐、捶手臂等样子,手语则用"一手握拳捶捶另一只手臂",用强调手臂的酸痛来表示"累"。

(3)借用身势语动作表示相关的意义。"中国"这个词,手语用模拟中国民族服饰的衣襟形状,右手食指自咽喉部顺肩胸部划自右腰的动作来表示。在真实的身势语中,这个动作就是表示衣服的样式。但手语借用这个身势语来表示中国,这个动作的意义就发生了转化,被赋予了新的意义。再比如"绍兴"这个词,手语用一手做酒杯状一手做酒壶状倒酒的动作来表示,这也是对身势语动作的借用。"女"这个词,手语用摸一下自己的耳垂这个动作来表示。在真实的身势语中,摸一下自己的耳垂最大的可能就是表示耳环,手语就借用这个动作来表示女性。再比如"五指撮合,指尖朝下",然后朝自己的衣袋一放这个身势语,每个人都能看懂这是把东西放进自己的口袋。手语"学习"借用了这个动作,用"一手五指撮合,朝额前按动两下"来表示把知识放进头脑。可以看出,这些被借用的身势语动作,意义都发生了转化。但我们只要明白身势语和手语两者之间的关系,也就容易理解这些手语的意义。还有,手语中非常普遍的"动宾一体"现象,比如用打电话的动作来表示电话,用敲键盘的动作表示电脑,也可以看作是一种借用。

(4)把身势语的动作组合为新的词汇。手语中还有大量综合式的手语词,这些手语词内部都有一些身势语。这些手语词经过了组合,其中虽然有身势语,但没有学过手语的人就不容易看懂。比如手语词"写字"是身势语,大家一看就能懂。但是手语词"写作",虽然仍然有"写"这个动作,但后面加上了"作",就需要通过学习才能理解。再比如手语词"丰收",前面是"丰"的动作,是仿字,后面的"收(收获)"就是一个身势语。这类综合式的手语词非常多,显示出身势语在手语构词中的重要作用。

需要强调的是,以上所说的"简化、强调、借用、组合"等方式只是对身势语和手语词之间关系的讨论。身势语动作的组合,主要就对应着一般所说的"结合式手语词汇"[①]或"综合式的构词方式"。[②] 其他"简化、强调、借用"等身势语转化为手语词汇的方式,可能也具有手语构词的意义,但这里只是讨论身势语在手语中所起的重要作用,并不涉及手语构词方式的讨论。

(5)其他手语词汇和身势语。大家都知道,手语中还有许多表音、仿字构成的词汇。比如"虽然""华侨"(表音),"工业""人品"(仿字),这些词汇借用汉语字词的音、形来表示意义,是身势语所没有的表达方式。这类词汇和身势语基本没有关系,因此也不具备身势语直接表意的功能。交流的双方必须凭借自己的汉语能力,才能准确地理解和运用这些手语词汇。

手语表音的构词方式为"聋人手语的制定开辟了广阔的前景,语言中凡

---

① 傅逸亭、梅次开:《聋人手语概论》,学林出版社,1986,第42页。

② 张宁生、任海滨:《手语翻译概论》(第二版),郑州大学出版社,2015,第175页。

是无形可像、无事可指、无意可会的词汇,可以用表音的方法创编出新的手势动作来。"①由此我们也可以看出,在手语中,身势语直接表意的功能虽然重要,但表音、仿字以及综合构词等方式可以扩展手语的表达范围,提高手语的表达能力(尤其是对抽象意义的表达),同样是手语不可或缺的重要组成部分。

(四)身势语对手语语序的影响

1. 身势语形象的表达是手语句子的重要特征

示例语段:"开始/风/小/刮大/很/衣服/少/加穿……,然后/太阳/出来了/很热/讨厌/脱衣服/跳/游泳……"②聋人用这样的手语就能把"开始风很小,后来越刮越大。我衣服穿得很少,只好去加穿衣服。后来太阳出来了,天很热,我感到很不舒服,就脱了衣服,跳进水里去游泳"这些意思表达得清清楚楚。

我们如果按照汉语的标准去看这样的手语,就会觉得手语"颠三倒四""缺少成分""随意性很大"。但事实上,手语只有这样表达,才是可以直接从视觉上表达意义的、清晰可懂的手语。

在这一段手语表达中,因为使用了大量的身势语,手语表达的形象性就得到了充分的体现。风小和风大,就是舞动张开的手掌来表示风,用舞动的力度来表示风的大小,用先小后大来表示风越刮越大。穿衣服、脱衣服就用穿、脱衣服的动作来表示。冷就用发抖的动作和难受的表情来表示。热就用擦汗的动作和难受的表情来表示。跳进河里游泳也是用跳和游泳的动作来表示。这些动作、姿势和表情按照事情发展的顺序组合起来,再现了真实的情景,表示的意思当然就清晰易懂。

在这段手语表达中,我们还可以发现,汉语中那些需要用词汇来表示的语法意义,比如"越来越""就""了"的意义,已经随着场景和过程体现出来了。"感到""很不舒服"等这些表示心理状态的意义,也已经随着语境用姿势和表情表达出来了。所以,这些词汇看起来好像被"省略"了,但其实这些意义已经被形象地表达出来了,并没有省略。此外,我们还可以发现,身势

---

① 张宁生、任海滨:《手语翻译概论》(第二版),郑州大学出版社,2015,第 174 页。

② 龚群虎:《手语问题讲话》,见沈玉林、吴安安、褚朝禹:《双语教育的理论与实践》,华夏出版社,2005,第 51 页。

语的运用常常模糊了手语词和句的区分,很多时候,一个手语词汇的力度变化加上表情的变化,就表达了汉语需要一个长长的句子才能表达的意思。比如这个例子中"开始风很小,后来越刮越大"的意义,手语只需要一个"风"的动作,加上动作力度的变化和表情的变化就可以准确地表达。

所以我们说,手语的形象性主要是由于身势语的运用才得以体现的。运用好身势语,就能按照视觉观察的事实和逻辑还原情景,就能充分地体现出手语的形象性。这是手语句子的重要特征。

2. 视觉观察的事实和逻辑决定了手语的语序

我国学者对中国手语独有的语法规则已经有了许多深刻的认识和研究。比如:"手语独有的语法规则是手语的精髓,它保证了手语简洁明快,主次分明的个性。"[①]手语"先打出表示事物名称的词,再打出表示相应的动作的词。这是因为聋人打手势时的顺序,是遵循事件在视觉的时空发展过程来陈述的,视觉必须在看到表述的主体和客体后,才能看出主体要对客体干什么。"[②]这说明手语词汇在组合成一个语句的时候,同样存在着视觉可理解性的要求,需要遵循视觉观察的事实和逻辑。显然,一个个约定的手语词汇在组合起来的时候,是看不到那种一看就能懂的身势语的。但是,手语词汇在组合的时候,仍然需要符合身势语"遵循视觉观察的事实和逻辑"这一特点。下面我们以"不要摘花"这个汉语句子为例,看看动画和手语是怎样在视觉上按照观察的事实和逻辑来还原情景的。

动画展现"不要摘花"这个意义,最少需要三个画面:

(1)一朵花。(观众欣赏花)

(2)花旁边出现一只手摘花。(观众看到有人要摘花)

(3)在手上面出现一个大红叉。(观众觉得:对,不要摘花)

上述三个画面出现的顺序符合我们常识和视觉感知的逻辑,大家一看就能明白。但这个顺序可以倒过来吗? 我们试着看一下:

(1)大红叉。(观众会奇怪:平白无故一个大红叉,为什么?)

(2)大红叉下出现一只手做摘的动作;(观众会更奇怪:这只手在干什么? 和大红叉是什么关系?)

---

① 张宁生:《手语翻译概论》(第一版),郑州大学出版社,2009,第80页。

② 张宁生:《手语翻译概论》(第一版),郑州大学出版社,2009,第92页。

（3）最后出现一朵花。（观众才会觉得：哦，原来是"不要摘花"。）

面对这样的动画，观众心里会是什么感受？事实很清楚，这样的动画展示的视觉形象肯定是混乱的。

动画或图示也是视觉语言，它们展示视觉形象同样必须按照视觉观察到的事实和逻辑。所以动画要表示"不要摘花"的意思，只能先出现"花"，再出现"摘"，最后出现"叉"。因为只有这个顺序才符合我们视觉观察到的事实和逻辑，才会简洁清晰，明白易懂。

手语展现视觉形象的顺序和动画的顺序是完全一致的，汉语"不要摘花"，手语表达的顺序就是"花/摘/不要"。这并不是手语学习了动画的表现方式，而是因为它们都是视觉语言，都必须符合视觉观察的事实和逻辑。

手语如果按照汉语的顺序，先打出"不要"，"不要"什么呢？意思就不明确。只有出现了"摘"这个动作，我们才知道"不要"的意思是"不要摘"。但做出"摘"这个动作时，如果没有花，我们看到的视觉形象"摘"就是一个奇怪的动作。视觉观察到的事实和逻辑告诉我们，必须先有"花"，"摘"这个动作才有意义，要是没有"花"，"摘"这个动作就是不可理解的。也就是说，在视觉看到的场景中，"花"必须先于"摘"出现，我们看了才觉得符合事实和逻辑，才能够被理解。同样，有了"摘"这个动作，再说"不要"也才合理，意思才明确。所以，手语"花/摘/不要"这样的表达顺序才是正确的。这个顺序是不能被颠倒的，如果颠倒了，就不符合实际情况，就不能真实地再现情景，就不符合视觉观察到的事实和逻辑。如果我们不顾这些，一定要按照汉语的语序打手语，那才是把手语给颠倒了。

同理："这本书不要扔"手语就应该是"书/扔/不"。因为先有书才能扔，有了扔这个动作，才可以说要或者不要。有了东西才买，所以"买西瓜"手语就是"西瓜/买"。先吃饭才能说吃完了，所以"他吃完了饭"，手语的表达是"他/吃饭/完了"。

再比如汉语"红色的汽车"，手语表达就是"汽车/红"。我们看到一辆红汽车，虽然汽车和红色同时映入眼帘，但我们在画一辆红色汽车时，不可能先涂红色，再画汽车。我们通过视觉语言来表达"红色的汽车"，仍然遵循着"先有汽车，才可以有颜色"这个视觉观察到的事实和逻辑。同理，先有苹果才谈得上大小，所以"大苹果"手语表达就是"苹果/大"。先有公园才可以描绘公园的美丽，所以"美丽的公园"手语表达就是"公园/美丽"。

通过这些例子我们可以看到，手语词在组成句子时，还是需要符合身势语"一看就能明白"的特点,遵循着从视觉上真实地再现情景的要求。只有这样,手语的表达才最清晰最容易理解,因此,我们才说视觉观察的事实和逻辑决定了手语的语序。手语必须按照视觉观察到的事实和逻辑来安排语序,这是手语形象性的要求,也是手语语法遵循的内在规律。

为什么汉语这样排列就能听懂呢?简单地说这是因为约定的结果。我们的汉语已经约定了"不要摘花"的意义是对应"一朵花,一只手伸过来要摘,然后出现了一个大红叉"这个情景的,所以我们学会了汉语就能听懂。聋人也能学会汉语,他们要学习的也就是这个约定。学会了这个约定,他们就会知道,手语的"花/摘/不要",汉语应该是"不要摘花"。

我们可以按照汉语的语序来约定手语的语序吗?答案其实我们在上面已经说了,手语是独立的视觉语言,是直接凭着视觉来感知和理解的。如果手语表达不符合视觉观察到的事实和逻辑,失去了视觉上的可理解性,也就失去了形象性。这样的手语就不容易理解,甚至会造成理解错误。手语词汇的组合只有遵循视觉可理解性的要求,符合视觉看到的实际情况,真实地再现情景,比如"花/摘/不要","汽车/红",才是最合理最有效的。

手语的这一表达特点曾经被归结为"动词后置""肯定否定后置""主题词在先""容易理解的在先"甚至是"颠倒"等。笔者认为,如果我们从身势语天然的视觉可理解性(一看就能懂)的特点出发去考察,就会发现这些特点都是因为手语表达需要遵循视觉观察的事实和逻辑、遵循视觉可理解性的要求所致。所以,我们从这一角度入手,可能会有助于我们进一步理解手语的语序规则,帮助我们更好地把握手语的形象性原则。

3. 身势语"一看就能明白"的特点决定了手语的特殊表现方法

我们从汉语的角度去看手语,手语还具有很多特殊的表现方法。这些特殊表现方法都是由身势语"一看就能明白"的特点决定的。

(1)手语动词的方向性。手语动词的方向性被归纳为手语的"一致动词",[1]主要是指一个带有方向的动词可以直接表示语句中施事和受事的关系。

我们使用汉语表达时,仅仅说一个"打",每个人都会产生"谁打谁"的疑

---

① 中国聋人协会,国家手语和盲人研究中心、中国残疾人联合组:《国家通用手语辞典》,华夏出版社,2019,第1141页。

问。但在手语表达中,如果这个动作在两个人之间带有方向性,一个打的动作就能清楚地表示施事(谁打人)受事(谁被打)的关系,清楚地表示是谁打谁。这个"方向"就是简洁明了"一看就能懂"的身势语,所表示的意义每个人都看得懂。手语中这类表达方式比比皆是,"看"的动作方向不同,就可以表示"我看你""你看我"或"我看他"。"告诉"的动作方向不同,就可以表示"我告诉你",还是"我告诉他"。每个人只要明白手语"看""告诉"的意思,"谁看谁""谁告诉谁"就很清楚,因为这个由身势语表达的意思谁都能看懂。

在这些例子中,没学过手语的人只要明白手语动作表示的意义,动作方向表示的意义就是明白无误的身势语,既不需要约定,也不需要学习,每个人都看得懂。

(2)手语的"同时性"。"手语可以通过双手同时表示两个语法成分。"①这就是说,手语可以同时表示两件事。语言学认为有声语言是线性的,因为口腔不能同时发出两个声音,所以语音是一个一个像一条线一样组合起来的。比如汉语"我一边看书一边吸烟",线性的口语只好用"一边……一边"这个关系连词一前一后来表达同时进行的两个行为。但手语可以通过身势语还原真实的情景,做出两个同时进行的行为,把这个意义表达得清清楚楚。再比如汉语"我给小明和小红各十元钱"也是这样,手语只要两个手往两边分别同时给出钱就行了。汉语表达这样的意思,需要用到各种不同的语法成分。比如第一个例子就需要用到关联词语"一边……一边",第二个例子就要用到指示代词"各"。但是,在手语中,"一边……一边""各"这些意义通过身势语自然而然就显示出来了,每个人都能看懂。

(3)手语中的"重复"和"非手控"。"手语中的'非手控'是指具有语法意义的表情和姿势,即手势之外的身体语言,包括面部表情(眼睛、眉毛、面部肌肉、口动)以及头、躯干的姿势和运动②"。非手控特征也可以表示程度、强调、疑问(询问)、情感等意义。显然,这里所说的面部表情和头、躯干的姿势和运动等非手控特征,就是身势语。这些身势语在聋人的手语表达中,是

① 中国聋人协会,国家手语和盲人研究中心、中国残疾人联合组:《国家通用手语辞典》,华夏出版社,2019,第1156页。

② 中国聋人协会,国家手语和盲人研究中心、中国残疾人联合组:《国家通用手语辞典》,华夏出版社,2019,第1156页。

随着手语意义的表达自然而然地呈现的。只要我们真正进入了手语表达的状态，真正要依靠手语来表达意义，这些"非手控"的表情和姿势自然地就会呈现出来。

比如手语表示微风、大风和暴风，小雨、中雨和暴雨，手语用动作的力度、幅度以及多次重复来表示的同时，一定会呈现出相应的姿势和表情。表示某个部位出血了，出了一点血，出了不少血，出了很多血，手语在用动作的幅度、力度和重复次数来表示时，也一定会有相应的姿势和表情。

再比如"我飞快地蹬着自行车，我使劲地蹬着自行车，我悠闲地蹬着自行车，我慢慢地蹬着自行车"等，我们只要明白"蹬着自行车"这个动作的意思，其余"飞快地、使劲地、悠闲地、慢慢地"等意思，手语都可以通过动作的速度、力度、幅度和相应的姿势、表情生动形象地表达出来，而且每个人都能看懂。

不仅如此，汉语虚词的语法意义，手语大多也可以用身势语表达出来。比如结构助词"的"，在手语对话中，询问者指着某个东西，用询问的表情就可以表示"这是谁的？"回答者拍拍自己的胸脯或指指自己就可以表示"这是我的。"手语用"我"来表示"我的"，非常清晰简洁，<u>丝毫不会引起误解</u>。如果一定要在手语"我"后面加一个"的"，不但在视觉形象上毫无意义，而且可能引起交谈者的不解。

与结构助词"的"的意义包含在语境和表情中一样，许多虚词的意义，也都是以手语对话中的身势语，即语境中的动作、姿势和表情来表示的。比如关联词语"因为—所以"的意义，一个孩子在受到责备的时候，如果他是有原因的，就会理直气壮地说出自己的理由，这通常就包含着"因为—所以"的意义。比如 B 同学把 A 同学的书撕坏了，A 同学打了 B 同学。教师用手语责问 A 同学为什么打 B 同学，A 同学只需要指着书做出撕书的动作并指着 B 同学，加上相应的表情就可以表达出"因为—所以"的意义。如果还有其他的原因，比如 B 不但撕了 A 的书，而且还不承认。A 同学只要在撕书的动作之后，继续指着 B 同学打出"撒谎"的手语，并配以愤愤的表情，就表达出了"不但—而且"的意义。A 同学的这些表达中，关联词语"因为—所以""不但—而且"的意义就蕴含在语境和身势语之中，每个人都看得懂。

（4）手语"动宾一体"或"名动同形"。手语的"动宾一体"、[1]"名动同形"[2]，是指手语用"使用一个物体的动作或物体自身的动作来表示该物体"。在手语交流的语境中，这种动宾一体的表达并不会引起误解。

手语的"动宾一体"或"名动同形"现象，实际上只是用动作来表示相关的物体，用动词来表示相关的名词，而不是使用物体来表示动作，使用名词来表示动词。因此这种"一体"或"同形"并不是双向的。

虽然事物具有一望而知的外观，但一般并不容易模拟。相反，模拟动作则很容易，所以身势语或手语都用模拟使用该物体的动作来表示这个物体，比如"球"与"踢球"，"电话"与"打电话"。单独比出一个球形，球形的物体有很多，所以加上踢这个动作，形象立即就清晰了，这个圆形无疑就是一个可以踢的球。电话的外形各有不同，而一个打电话的动作，就把电话的本质特征模拟出来了。即使像手语的"床"，单单一个静态的手形就具有很好的形象性，但没学过手语的人，还是难以直接从这个手形就想到真正的床。如果我们在这个手形之后加上一个睡觉的动作，那没学过手语的人一般也都会猜到这个手语是"床"。这说明，模拟动作、姿势和表情的身势语才具有视觉可理解性，才具有更好的形象性，这就是手语"动宾一体"或"名动同形"的原因。

（5）手语"类标记"和"类标记结构"。"类标记"手形指手语中可代表某一类（或某几类）事物的手形[3]。"类标记结构"，其实就是手形和身势语的组合。

用手形和身势语的组合来表示意义，和身势语在手语中的直接运用几乎相同。因为只要明白手形的意义，这些手语组合的意义就非常容易理解。这是因为，除了手形需要解释之外，其余动作仍然是我们可以看懂的简化了的身势语。

比如，我们只要明白类标记"桥"和"人"的意义，两个手形之间的关系，比如"人从桥上通过"，"人从桥下钻过"，"人两手攀着桥边沿挂在桥

---

① 张宁生、任海滨：《手语翻译概论》（第二版），郑州大学出版社，2015，第179页。

② 中国聋人协会、国家手语和盲人研究中心、中国残疾人联合组：《国家通用手语辞典》，华夏出版社，2019，第1153页。

③ 中国聋人协会、国家手语和盲人研究中心、中国残疾人联合组：《国家通用手语辞典》，华夏出版社，2019，第1144页。

上"，"人从桥上跳下来"等就都是由简化了的身势语来表达的，大家都很容易看懂。

再比如，我们用一个手形放在上方表示飞机，再用另一只手的食指从下面向着飞机不停地戳去，就可以表示地面的炮火在对着飞机射击。接下来，我们再把另一只手放到飞机下面，用食指做出一个向下的动作，然后把手反转过来，手掌向上在下面做出五指撮拢再突然一起张开的动作，就可以表示飞机丢下了炸弹、炸弹在爆炸。对不懂手语的人，我们只要告诉他们这个手形表示飞机，他们就能够理解这些手语。笔者曾经请不懂手语的小学生不给任何提示看这段手语，很多孩子甚至可以根据后面身势语的表达猜出上面的手形表示的是飞机。

（6）手语的角色转换。"角色转换在手语中是重要的空间语法特征，是利用空间位置变化、眼神变化或肩膀转移等表现出来的。"聋人运用手语讲述时，常常在一定的情境中用改变站位来表示两个对话的人，或者用身体转向左侧或右侧来代表不同的人。在讲述手语故事《龟兔赛跑》时，运用这个方法就"不需要反复用'兔子对乌龟说'或者'乌龟对兔子说'提示"了。[①] 改变站位或身位来表示另一个人，人人都看得明白。这种方式其实就是身势语的运用。

在手语的这些特殊表现方式中，我们处处都可以看到身势语所起的重要作用。可以看出，手语这些特殊的表现方式，其实也都是由视觉观察到的事实和逻辑以及身势语"一看就能明白"的特点决定的。

（五）结论：模拟的身势语是手语形象性的根本原因

（1）手语是模拟的身势语和约定的身势语组合起来的一套视觉表意系统。在这套系统中，模拟的身势语遵循着视觉观察的事实和逻辑，具有天然的视觉可理解性，是手语形象性最关键的因素。模拟的身势语不但可以在手语中直接运用，直接表达意义，而且在手语的构词、手语独有的语序、手语的特殊表现方式等一系列独特的现象中也起着关键的作用。约定的手语符号在构词和进行组合的时候，尽管不像模拟的身势语那样"一看就能明白"，但同样需要遵循视觉观察到的事实和逻辑，遵循身势语天然的视觉可

---

① 杨军辉、吴安安：《中国手语入门》，郑州大学出版社，2014，第67页。

141

理解性的要求。如果违反了视觉观察的事实和逻辑，手语的表达就会失去视觉可理解性，传达的视觉形象在事实和逻辑上就是错误的，单纯通过视觉感知就会难以理解或产生误解。所以我们说，符合视觉观察到的事实和逻辑，符合身势语天然的视觉可理解性始终是手语表达的本质要求。只有符合这个要求的手语表达，才是正确和有效的，在视觉上才是可以被理解的。正因为如此，我们才说模拟的身势语是手语表达中最为关键的因素，是手语形象性的根本原因。

（2）明确模拟的身势语在手语中的作用，明确手语遵循着视觉观察到的事实和逻辑，能使我们更深刻地认识手语形象性的特点，更坚定遵循手语自身规律运用手语的信心。手语中具有天然视觉可理解性的身势语，是聋童交流和学习汉语的天然工具。手语中约定的手语符号和特殊的表达方式，具有比身势语更强的表达能力，使师生、生生之间可以进行更广泛和有效的交流。这种有效的交流和身势语的交流一样，也是聋童汉语发展的重要基础。在聋校中，我们完全应该通过这种有效的手语交流来帮助聋童学习和发展汉语能力。

（3）明确模拟的身势语在手语中的作用，将使我们在手语学习和手语运用时大胆地运用模拟的身势语。这将有利于我们更好地掌握手语表达的规律，也将帮助我们更好地学习和运用手语。明确模拟的身势语在手语中的作用，还有助于我们打破对手语认识的一个局限：我们常常以为手语应该规范，而规范手语就是依照汉语的语序、依照手语词典来打手语。很多人还会觉得聋人手语中那些模拟的身势语的表达方式是土手势，既不规范也不雅观，应该加以避免。如果这样来看待和运用手语，教师就只能成为一个按照汉语顺序把手语词堆砌起来的"手语词堆砌者"，就不可能获得生动形象的手语表达能力。我们必须打破这个认识局限，努力运用好模拟的身势语，使自己的手语表达符合视觉观察的事实和逻辑，从而生动形象、清晰易懂地表情达意。

二、手势汉语是口语交流的辅助手段

（一）手语的两个重要功能

语言是交际的工具也是思维的工具，手语当然也是。这里我们不讨论

手语的思维功能,我们只是就交际工具这个角度来看手语。我们认为,手语在交际上或者说表达上具有两个重要的功能:

1. 手语把汉语的意义表达出来

本章前面所有的讨论都是围绕手语的这一功能展开的。手语作为一种独立的语言,当然具有直接表达意义也就是直接进行交际的功能。同一个意义,比如"不要摘花"这个意义,我们可以用汉语来表达,那就是"不要摘花"。我们也可以用手语来表达,那就是三个动作:"花/摘/不要"。广大聋人就使用这样的手语进行着交流,这就是手语最重要的功能。这时候我们如果考察手语和汉语的关系,那就是手语可以把汉语的意义表达出来,或者是汉语可以把手语的意义表达出来。这是两种独立的语言之间的互相翻译。

2. 手语把汉语的形式(语句)表达出来

手语按照汉语的顺序,一个动作对应一个词甚至一个字地把汉语的语句完整地表达出来,这就是我们通常说的文法手语、规约手语或者教学手语。因为这样的手语实际上表达的是汉语,所以龚群虎把手语的这种表达形式称为"汉语的动态手势—视觉符号化形式——手势汉语"。[①]

这样使用手语时,手语事实上承担着表示汉语形式(语句)的功能,而意义的交流则是由汉语完成的。所以,手势汉语"其形为手语,其神为汉语,是汉语的手势表达",(龚群虎:同上)是一种"动态的汉语"。从这个意义上说,手势汉语其实不是手语,而是汉语的又一种表达形式。这样,汉语就有了三种表达形式:口语,书面语,手势汉语。

我们在这里仍然把手势汉语表达汉语语句的功能归结为手语的一个重要功能,是因为手势汉语虽然在实质上是汉语,但是在每个词的形式上的确是"手语",不但使用的是手势动作,而且使用的词和手语也是共用的。因此,用"手语"(手势汉语)把汉语的形式表示出来,也可以看作是手语的一个独特的功能。

使用手势汉语把汉语的形式表达出来的人,主要是聋校的教师或者是学习手语的听人。有文化的聋人、聋童在和教师等听人交流时,也会使用手

---

① 龚群虎:《聋教育中手语和汉语问题的汉语学分析》,《中国特殊教育》,2009 年第 3 期,第 66 页。

势汉语。在聋校,教师上课的时候要说话,一般都会习惯性地一边说话一边打手语,所以他们打出来的手语就和说话的顺序一模一样。龚群虎曾把手势汉语的特点总结为"语序对应,节律趋同,口型相伴,表情中性、字形优先、虚词省略。"①有的时候,有些教师说话也会出现倒装句,这是受了手语的影响,按照手语的顺序来说话了。这种情况教师会被批评为口语不规范,也就是说,手势汉语的"语序对应"是要求手语对应汉语的语序,按照汉语的语序来打手语。

卡罗尔在《语言心理学》中讨论美国手势语的习得时,注意到"各种形式的手势英语用符号形式表达英语语法,它不像 ASL(美国手语 笔者注)是和英语有别的一种语言。"②这说明和中国一样,美国也存在着美国手语(ASL)和手势英语的情况。ASL(美国手语)较为形象,是一种和英语有别的手势语言。而手势英语则可以依照英语的语法,完整地把英语语句表示出来,这和手势汉语依照汉语的语法打出手语是一样的。稍有不同的是,因为英语是拼音文字,所有的单词都是由 26 个字母组成的,所以手势英语和英语书面语一样,可以把英语从形式上完整地表示出来。相比之下,汉语使用象形文字,很多汉语词语并没有相应的手语,手势汉语也就无法把汉语语句完整无缺地表示出来。虽然我们也想尽力用手势汉语表达完整的汉语,但这种表达在现实中并不完美,手势汉语还需要加上书空、指语等形式,才可以费力地把汉语形式完整地表示出来。

中国手语除了和有声语言一样能独立地表达意义以外,还具有另一个功能,那就是可以把汉语的语句表达出来。虽然到目前为止,《国家通用手语词典》只列有 8214 个手语词汇,但事实上,用这些手语词再加上指语、书空等,我们的确可以逐字逐句地把汉语的每一个词句都表示出来。不过我们一定要记住,手语这样表达出来的只是汉语的外在形式,不懂汉语的聋人是看不懂这样的"手语"的。"聋人自然沟通使用的语言是手语,不是这种手势汉语,我们不能抬高手势汉语的地位,更不能荒谬地把它当作中国手语标

---

① 龚群虎:《聋教育中手语和汉语问题的汉语学分析》,《中国特殊教育》,2009 年第 3 期,第 66 页。

② [美]D. W. 卡罗尔:《语言心理学》,华东师范大学出版社,2007,第 273 页。

准或规范进行推广。"①

3.手势汉语是教师和学生使用口语时的辅助手段

虽然手势汉语不是规范手语,它仅仅表达了汉语的形式,但手势汉语仍然是聋校重要的教学手段和交流工具。手势汉语在聋童的汉语理解、表达和学习训练中都有着重要的作用。这个作用归结成一句话,就是"手势汉语是教师和学生使用口语时的辅助手段"。手势汉语可以在师生使用汉语时起到辅助作用,帮助他们看到口语和使用口语进行表达。

手势汉语在教学中的具体作用主要有如下几项:

(1)在学生看话时教师用手势汉语提示,帮助学生听(看)懂教师的口语。如果不使用手势汉语辅助,很多学生无法看话,教师就无法使用口语。

(2)学生说话时自己用手势汉语提示,帮助教师听(看)懂学生的口语。学生的口语不清晰,不使用手势汉语,教师就无法知道学生在说什么。有了手势汉语的辅助,教师和学生就可以慢慢进行口语交流。

(3)学生口语朗读、背诵时用手势汉语辅助,帮助自己朗读、背诵汉语。

由此我们可以看出,手势汉语在口语教学中的作用就是"提示汉语",也就是我们前面所说的"表示汉语的形式(语句)"。教师和学生一边说话一边通过手势汉语提示对方想起对应的汉语,让对方明白自己说的是什么话。

手势汉语的使用使聋童的口语运用成为一件可以操作的事情,这是手势汉语最重要的作用,也是我们使用手势汉语的最终目的。语言通过运用才能习得。手势汉语的运用让学生可以使用口语,可以进行口语对话,可以在不断的汉语交流中逐渐习得汉语,这是充满形象性又具有独特语法的手语无法做到的。

(二)手势汉语的视觉形象性

总体来讲,手势汉语按照汉语的语序来打出手语词,就丢弃了手语中身势语的表达方式,也无法遵循手语独特的语法,无法运用手语特殊的表现方式。和手语生动形象的视觉形象截然不同,手势汉语既不具有身势语天然的视觉可理解性,也破坏了手语遵循视觉观察的事实和逻辑、通过语序和特殊方式表达出来的视觉可理解性,所以,手势汉语所展示的视觉形象必然是

---

① 龚群虎:《聋教育中手语和汉语问题的语言学分析》,《中国特殊教育》,2009 年第 3 期,第 66 页。

混乱的。不过,实际情况我们还是需要具体分析。

1. 以词(独词句)为单位进行交流时,手语和手势汉语基本没有区别

手势汉语把汉语的形式(语句)表达出来,在运用单个词语表达和整句话表达的时候,效果是不一样的。

在交往中,词语是可以单独运用的。开始学习汉语时,教师也总是使用词语和学生进行交流。比如我们对学生说"来",一边说话一边打手语,学生是不会误解的,哪怕他不懂得汉语"来"的意义,也完全能够直接理解这个手语的意义,走到教师的跟前来。再比如,学生虽然还没有学过"宿舍"这个汉语词,但完全可能在高年级的同学那里已经学到了"宿舍"这个手语。这种情况下,教师一边说"宿舍"一边打手语,学生虽然不知道汉语"宿舍",却可以直观地理解这个手语的意义,完成交流。如果学生学会了汉语词"宿舍",学生看到"宿舍"的手语,也很容易想起相应的汉语。

因为学生开始学习汉语就是从日常的生活交往开始的,学生的汉语运用也是从独词句开始的,所以很多词语,比如"教室、办公室、食堂、操场"等场所,"跑步、做操、排队、起立、坐下"等动作,教师在使用词语时一边打手语一边说话,如果学生还没有学会相应的汉语,也不会出现什么问题。这时候教师的手语展示的视觉形象要么具有天然的视觉可理解性,比如"来""吃饭",要么具有清晰的约定的视觉可理解性,比如"教室""办公室""排队""坐下"等,学生都是可以理解的。

手语独特的语序,特殊的表现方式以及身势语的运用,都是在手语用词语组合(句子)表达汉语句意时才出现的。所以,只使用单个词语或独词句进行交流时,教师一边说话一边对应着打出手语词,和单独使用手语在视觉形象上是没有区别的。同时,如果学生学会了相应的汉语词,教师一边说汉语词一边打出手语词,学生很容易就知道教师说的是哪个汉语词。

2. 用词组或句子进行表达时,手势汉语展示的视觉形象是混乱的

在我们用手势汉语表达汉语词组或句子时,情况就完全不一样了。这时,因为手语词按照汉语的语序来进行组合,手语中模拟的身势语,独特的语序,特殊的表现方式就都被丢掉了。我们前面已经讨论过,手语中模拟的身势语,独特的语序,特殊的表现方式都是手语遵循视觉观察到的事实和逻辑的结果,是手语形象性的根本原因。如果丢弃了这些特点和方式,那就失去了手语的形象性。所以,手势汉语看起来是手语,但它呈现的视觉形象,并不遵守视觉观察到的事实和逻辑。手势汉语呈现的视觉形象,从整个语句来看,几乎都是混乱的。

比如"鸟儿从树上飞走了"这个汉语句子,手语的语序是"树/鸟/飞"(飞的动作带有方向性,从树这里离开),展示的视觉形象是"一棵大树上有一只小鸟飞走了",非常符合视觉观察到的事实和逻辑。而手势汉语"/鸟/儿/从/树/上/飞/走/了"八个手语动作展示的是什么视觉形象呢?如果学生不懂得这个汉语语句,除了单个的手语词"树""鸟"和"飞"(这时的"飞"没有方向性)可以理解之外,"儿"这个指语并不能表示视觉意义,"从"这个仿字的手语词,只会给学生一个无法理解的视觉形象。"飞"之后"走"的动作,给了学生一个"又飞又走"的视觉形象,却无法展示"鸟离开树"这个视觉形象。"树"之后的"上"所指的方位到底是"树上",还是"树的上空",也并不明确。这样展示的视觉形象,是不是既不符合视觉观察的事实,更不符合逻辑?

依照汉语的语序来组合手语,即使仅仅是两个词的组合,手势汉语展示的视觉形象也可能是混乱的,也可能会有逻辑错误。比如"一寸长"这个汉语短语,手语展示的视觉形象就是"用食指和拇指相距一寸,比出一寸的距离",这完全符合视觉观察到的事实。而手势汉语"一/寸/长"三个动作,前两个还可以理解,后面的"长",展示的视觉形象就有半米左右长了。汉语"打电话",手语展示的视觉形象就是"打电话的动作",而我们的确可以看到在手势汉语的表达中"打/电话"的"打"就是一个挥拳的动作。如果教师的课堂教学总是提供这样的视觉形象,对于还不懂得汉语意义的聋童来说,会使他们无所适从。他们面对这样的"手语"(手势汉语)既无法从汉语中获得意义,也无法从手语中获得意义,就会始终处于懵懵懂懂的状态。

3.手语和手势汉语的主要区别

从以上分析我们可以得出以下的结论:

(1)手语和手势汉语的区别主要体现在词组和句子的运用中。在单独使用手语词进行日常交往时,手语和手势汉语基本没有区别。如果学生已经掌握了相应的手语词,我们也可以用手语词来解释汉语词的意义。

(2)在手语词组和句子的运用中,虽然同样都是用手比画出来的动作,甚至是同样的词语,手势汉语句子展示的视觉形象与简洁明快、生动形象的手语是完全不同的。手势汉语完全丢弃了手语中可以独立运用的、最具形象性的身势语,完全丢弃了手语独特的语序和特殊的表现方式,就无法提供可以理解的视觉形象,无法起到直接表达意义的作用。因此,手势汉语仅仅提供了汉语的形式,要理解手势汉语表达的意义,必须依靠使用者相应的汉语能力。

(三)在教学中使用手势汉语应注意的问题

1.手势汉语无法解释汉语语句的意义

手势汉语按照汉语的顺序,一个动作对应一个词甚至一个字地把汉语的语句完整地表达出来,如果我们既懂得汉语又懂得这些手语词汇的人,看到这些按照汉语顺序打出的手语词汇,就能够想起相应的汉语,从而理解这些汉语。

但是,如果对着不具备汉语能力的人打出手势汉语,他们就无法想起相应的汉语,更无法理解意义。我们来看下面的例子:

《国家手语通用词典》第一册第15页刊有国歌歌词的"手语"打法,是用手势汉语逐字(词)把汉语的语句打出来的。我们用国歌歌词的第一句来比较一下手势汉语和手语的不同作用:

手势汉语"起来/不愿/做/奴隶的/人们"只能表达出汉语的语句,意义的理解需要依靠学生对汉语的理解。有经验的教师都知道,对于还在学习汉语的聋童,我们这样用手势汉语把国歌歌词打一遍,学生并不会理解歌词的意义。我们需要通过图片、视频等各种直观的方法、提供各种资料来帮助学生理解歌词的意义。

而手语"奴隶/不要//我们/反抗"就可以对这句汉语进行翻译,表达出汉语"起来,不愿做奴隶的人们"的意义。如果学生已经懂得这几个手语词,他们就可以从这样的手语表达中直接获得意义,并且通过手语理解汉语。

更重要的是,手语还可以解释汉语的意义。

手语解释这个句子,可以通过描述"起来"的过程,先让学生理解这里的"起来"是什么意思。手语可以模拟一个人带头招呼大家都往前冲的样子,模拟大家手挽手的样子(号召大家一起团结起来),模拟站在街头发传单,招呼更多的人(号召更多的人、所有的人)。手语这样提供的形象,就能让学生形象地理解"起来"首先具有的呼喊、号召的意义。对"不愿做奴隶的人们"这个语句,手语可以模拟奴隶劳累、痛苦的样子,模拟监工挥舞皮鞭凶恶的样子来表示奴隶受压迫,然后手语可以模拟奴隶从悲伤到愤怒的表情以及他们表示反抗的动作、姿势和表情来表示他们不愿当奴隶。最后,我们再用手语简要地重复"起来往前冲"的描述,就对"起来,不愿做奴隶的人们"这句汉语进行了具体形象(具有天然的视觉可理解性)的解释,使学生理解这句话的意义。

从以上比较中我们可以看出:

(1)手势汉语只能把汉语的形式表达出来,意义的理解则需要依靠学生的汉语能力。如果学生不具备理解这个汉语语句的能力,就无法理解这些手势汉语的意义。所以,教师切忌用手势汉语来代替手语对汉语语句的解释,千万不要以为自己按照说话的顺序打出手势汉语学生就应该理解了。

(2)手语表达汉语的意义,就是用手语翻译汉语的意义。四个手语词分成两个短语"奴隶/不要"和"我们/反抗",就可以清晰地表达"起来,不愿做奴隶的人们"的意义。如果学生不理解这个汉语语句,他们就可以通过手语的翻译来理解。当然,运用手语翻译汉语的意义,学生必须已经理解了这些手语词的意义,具有相应的手语能力。

(3)在教学中更重要的是,手语还可以解释汉语的意义。手语解释汉语的意义时,和手语翻译汉语使用的方法是不一样的。手语解释汉语意义的时候,主要运用的是模拟的身势语,使用的是人人"一看就能明白"的动作、姿势和表情。这个方法比用手语仅仅打出手语句子"奴隶/不要/我们/反抗"更有利于初学汉语的聋童准确地理解汉语的意义,也更有利于学生理解和掌握手语的意义。

所以,在聋童还没有获得良好的汉语能力时,采用手语解释汉语的方法应该是我们的首选。即使在口语教学效果非常好的学校,他们严格强调低段少用或不用手语,但"对于直接指点面前事物的手势和重现学生生活实践中见过、接触过的事物真实形象的手势,能确切表达词义,帮助学生学词,教学中不应限制。"[1]这里所说的"重现学生生活实践中见过、接触过的事物真实形象的手势",其实就是模拟的身势语。可见,运用手语中模拟的身势语来解释汉语是帮助学生理解汉语时非常重要的方式。

---

① 季佩玉:《耳聋童的各种汉语形式及在教学中的运用》,北京国际特殊教育会议学术交流论文,1988。

2.使用手势汉语时学生应具备相应的汉语能力

我们看到手势汉语进行理解的过程,其实是一个在头脑中把手语词转码为汉语词的过程。我们需要把看到的手势汉语词句在头脑中转换为相应的汉语词句,再凭借自己的汉语能力理解这些汉语语句。

如果学生已经学会了汉语"鸟儿从树上飞走了"这句话,会读、会写又理解了意义,又学会了每个词的手语,这时学生看到教师打出的"鸟/儿/从/树/上/飞/走/了"这个手势汉语,就可能成功地转码成汉语"鸟儿从树上飞走了"。检验学生是否成功地进行了转码,首先就是看学生在看了手势汉语以后,是否能把这句话写出来。如果学生能正确地进行转码,他首先就应该能把这句话正确地写出来。

在完成第一步以后,我们还需要让学生解释一下这个汉语语句的意义(或者根据句意做出正确的行为反应,或者用手语、图示等方式解释句意),以此来判断他们是否理解这个汉语语句的意义。只有他们正确地理解了汉语的意义,教师使用口语和手势汉语进行交流才是有效的、成功的。

如果学生无法根据教师的手势汉语写出相应的汉语,或者写出以后并不懂得意义,他们能做的就是模仿教师的手语动作,却不知道自己在做什么。这就像我们听不懂英语的人听到英语时的情况,只能模仿别人发出声音甚至按照听到的字母写出单词,却根本不知道自己在说什么。这种情况下,教师使用的手势汉语就是完全失败的。

所以,教师使用口语和手势汉语讲课,学生必须能通过手势汉语的辅助进行看话看懂教师的口语,否则教师的讲课就可能是低效甚至无效的。学生要通过手势汉语的辅助看懂教师的口语,就必须在看话的过程中随时能把手语词转码为汉语词,还必须理解这些汉语的意思。每一个教师都应该理解,对汉语能力还处在发展初期又只能凭眼睛看的学生来讲,这是一个很高的要求,没有长期的、严格的训练是无法做到的。

事实上,除了一些新教师,每位教师一定都了解自己所教学生的汉语能力。所以,教师在使用口语和手势汉语讲课时,一定要以学生的汉语能力和看话能力为基础,要始终关注学生的转码和理解,保证自己使用的口语和手势汉语是有效的。

3.使用手势汉语时还应注意汉语的差别和学生汉语能力的差别

注意汉语的差别,是指注意区别课堂学习的汉语和课堂交流的汉语。

课堂学习的汉语就是教材中的汉语。对这些汉语,教师都会准备好图片、板书等,学生也有课本,因此相对来说,即使是一篇长长的课文,学生也相对容易看出教师的手势汉语说的是课文中的哪个句子。课堂交流的汉语包括课堂用语以及教师解释课文的汉语。这些交流的汉语教师一般不会出示书面语,常常就使用口语加上手势汉语来表达。就是在教师使用这些汉语解释课文中的汉语时,最容易产生手势汉语脱离学生汉语能力的情况。所以,对学生不理解的汉语,教师一般不应该用口语加上手势汉语来解释,应该尽量使用书面语和模拟的身势语、手语、图示等直接展示形象意义的方式来解释。

注意学生汉语能力的差别,是指同一个班级中,学生的汉语能力是有差距的,很多时候差距还会非常大。对教师同一句手势汉语,可能有些同学能看懂,有些同学会有困难。所以教师要照顾到那些汉语能力比较差的同学,尽量使用他们能理解的方式,首先让他们看懂自己要表达的意思。

4. 脱离学生汉语能力使用手势汉语会造成严重的沟通障碍

教师脱离学生汉语能力使用手势汉语,这种情况在聋童的课堂教学中是很容易见到的。这是因为教师习惯于按照自己说话的顺序来打手语,可是对从零开始学习汉语的聋童来讲,要使用汉语进行交流却非常困难。他们仅仅在课堂上学习汉语,汉语能力的发展肯定比较缓慢。同一个意义,语句稍有变换,学生就可能不懂。甚至到了中高年级,也会有学生还不懂三四岁的孩子都已经能懂会讲的日常语句。如果教师不能从学生的汉语能力出发去使用手势汉语,不知道自己讲的这些话即使写给学生,学生也看不懂,只是按照自己讲课的内容准备好手语,按照自己要说的汉语来打出手语,这样的课堂交流效果当然可想而知。这种情况如果屡屡发生,就会形成恶性循环。

一项调查表明“将近70%的学生表示看教师的手语有困难”。这项调查选择的被试教师是口型、手语比较好的教师,学生是汉语能力较强的学生,调查结果显示教师的教学语言有效率“最高约为55.2%,最低约为25.2%,平均大约只有39.87%”。[①] 这说明问题是非常严重的。这项调查在分析教师教学手语有效率低的原因时,总结了两点,一是手势不到位,不清

---

① 何文明:《聋校教学语言效率研究》,《中国特殊教育》2003年第1期,第37—39页。

晰,二是手语不规范。这两个原因都没有涉及教师使用的是手势汉语还是真正的手语,没有涉及教师的手语是否遵从了手语表达的自身规律以及教师手语表达的视觉可理解性,也没有涉及学生汉语能力和看话能力的具体分析。所以,这项调查发现的问题是真实的、准确的,但原因的分析是值得商榷的。笔者认为,沟通低效的原因主要有两点:一是我们遵循的规范有问题:教师把手势汉语当成规范手语,使得手语的表达失去了视觉可理解性。二是教师使用手势汉语时脱离了学生的汉语能力。根据长期教学实践的经验看,教师不顾学生的汉语能力,只跟着自己的口语使用手势汉语,不会或不愿意使用可以独立表达意义、在视觉形象上清晰易懂的手语,是造成聋校教学语言效率低下最主要的原因。

(四)把手势汉语当作规范手语的原因

1. 手势汉语在实践中常常被默认为是规范手语

1991年,民政部、原国家教育委员会、国家语言文字工作委员会、中国残疾人联合会《关于在全国推广应用〈中国手语〉的通知》中明确要求聋校教职工在教育教学过程中使用手语时应使用《中国手语》,在国家层面提出了规范手语的要求。在聋教育教学实践中,学校和教师也有统一和规范手语的现实需求。在教育教学、教师培训以及各项教学竞赛、评比等活动中,绝大部分学校均以《中国手语》作为衡量手语是否规范的标准。

但问题是,语言的规范除了词汇规范还应该有语法规范。《中国手语》只是一部手语词典,拿《中国手语》作为规范手语,还缺乏语法的标准。手语词汇怎样组合才是规范手语? 在这个问题上,《中国手语》没有提供任何规范。2019年,中国聋人协会、国家手语和盲文研究中心全面修订《中国手语》后编制的《国家通用手语词典》在附录中编有"手语语法特点例举",明确指出了手语是一种独立的语言,列举了"手语动词的特点"等七大类手语的主要语法特点。但是,这些特点的归纳和手语语法明确清晰的规范还是有着相当的距离,在教学实践中的运用更是有待于广大聋教育工作者的努力。

2. 汉语思维的惯性

听人从小建立的汉语思维,使他们的手语按汉语的语序来表达是十分自然的。长期以来,规约手语、教学手语、文法手语等概念,都有意无意地把手势汉语看作是规范的手语。一般的手语培训,也基本是听人培训听人。

多年以来,一些书籍、杂志刊登的手语学习园地等手语学习的教材,手语词汇的排列也完全按照汉语的语序。我国大部分电视节目的手语翻译,使用的也基本是手势汉语。新教师学习手语,主要依照《中国手语》学习手语词汇,或者从学生那里学一些手语词汇,然后把学到的手语词汇按照汉语语序组合起来。

3. 实践中的客观原因

在教学实践中,确实也存在着一些复杂的情况,使得手语和手势汉语易于混淆。①手语和手势汉语的外在形式都是手的动作,都是通过视觉来感知的。②手语和手势汉语绝大部分词汇是共用的,并不需要进行区分。在使用词语或独词句进行交往的时候,手语词和汉语词是一一对应的,这也容易造成师生在手语句子运用时沿用这一方式。③照着手语词典学习手语,也是一个重要的原因。在手语词典中,手语词和汉语词就是一一对应的。④在上课的时候,面对着课文要学习的书面语,教师和学生也都会觉得要给每一个词语打一个手语,这也造成了应该照着书面语打出手语的感觉。⑤教学实践中,大部分交往是综合式的,并不单纯使用一种方式,手语和手势汉语常常是混杂着使用的。⑥手势汉语的确可以用于交流。有文化的聋人(包括在校生),在面对听人教师时也会主动适应,使用手势汉语来进行交流。

4. 错误地理解口语教学的要求

口语教学提出的以口语为主导的要求,被错误地理解为教师任何时候都必须使用口语,手语只能作为辅助,因此手语跟着口语一起表达成为一种常态。这使得按汉语语序打手语有了更充分的理由,造成相当多的教师的课堂教学手语不顾学生的汉语能力,坚持以口语和手势汉语为主。

以上这些情况,都是在实践中让许多听人教师难以区分手语和手势汉语,把手语看作"不规范的手势",把自己使用的手势汉语当作规范手语的重要原因。正因为以上种种因素的存在,所以尽管我国特教理论界早已经达成共识,认为手语是一种独立的语言,但在教学实践中还是比较普遍地存在着把手势汉语当作规范手语,忽视手语自身表达规律的现象。

三、手语运用和双语教学

（一）如何看待手语在教学中的运用

1. 手语是聋校环境中的客观现实

人只要聚集,互相交流就是一种必然。学生们来到聋校,他们之间就一定会进行交流。像听力良好的人使用口语是一种自然和合理的选择一样,聋童使用手语交流同样是一种自然和合理的选择。即使在实行口语教学非常严格和有效的聋校中,手语也是学生之间进行交流的必然选择。在一所口语教学成效显著的聋校,教师并不为学生起手语名字,但一项对这所学校 21 名新入学的寄宿学生如何获得手语名字的调查显示:"调查对象自9 月 10 日以后,即他们报到后的一个星期,都获得了各自的手名。"调查发现,"这些手名是室长们(中高年级的聋童)为了一天三次召集的需要而制定的(早起洗漱,中午午休,晚上点名)。"①这项调查说明,聋童只要聚集在一起,就会因为实际的需要而采用手语进行交流。新入学的同学没有手语名字,他们就会根据某些理由创造出相应的手语动作,为他们起一个手语名字。寄宿在学校的聋童,他们大部分的时间,都和同学生活在一起。他们之间的交流,从日常学习、生活到游戏娱乐、结交朋友等,都需要使用手语来完成,这应该是每一位教师都了解的事实。即使在聋童熟练掌握汉语之后,手语同样比口语和书面语更适合他们之间的日常交流,我们必须充分地认识和重视这一点。

2. 手语是聋校中聋童学习汉语的基础和重要的教学语言

虽然有许多事实证明,在合适的汉语环境中,聋童也可以在身势语的基础上学习和掌握汉语,不一定需要手语的参与,但是,这绝不是说,在聋校的语言环境中,手语这种重要的交流工具可以被忽视。手语是聋童、聋人之间进行交流的必然选择,是一种不能否认的客观存在。在聋校的语言环境中,聋童的汉语学习无论采用哪一种教学方法,手语都是无法避免的一种交流方式。我们不能再带着所谓"干扰"的眼光去看待手语,也不能把手语的

---

① 游顺钊:《视觉语言学论集》,语文出版社,1994,第 140 页。

运用仅仅看作是辅助或合理利用的问题。手语中包含着大量的模拟的身势语，使我们可以通过形象直观地进行有效的交流，学生们已经掌握的手语也使得师生、生生之间可以进行有效的交流。我们完全应该通过这种有效的手语交流来引导和帮助聋童来学习汉语，使他们的手语交流促进他们的汉语发展。所以，学生已有的手语能力是聋校中学生学习汉语的基础，是一种重要的教学语言而不仅仅是辅助的交流工具。

3. 干扰不是造成学生汉语错误的根本原因

我们可以直观地感觉到聋童写出的语句中有很多手语的痕迹。在对聋童的书面语做出"不成句"或"颠三倒四"的批评时，心中就会埋怨手语，把这些问题归于手语的干扰。对于手语的干扰作用，我们首先要明确：干扰作用仅仅只是干扰作用，并没有那么可怕。

我们在学习外语时，母语也会产生干扰作用。教师在外语教学的课堂上，只会在学生使用外语进行表达的环节，要求学生必须使用外语，不允许使用母语。在这个环节中教师不允许使用母语，并不表示学生在学习外语时可以不使用母语。外语学习中，教师需要使用学生的母语来解释外语，学生也不可能忘掉母语去学习外语。教师对学生外语表达中受母语影响产生的错误，当然可以分析为是受到母语的干扰，但教师并不会因此得出结论，说要排除这种干扰，就必须忘掉母语，因为这是不可能的。教师唯一能采用的方法就是要求学生多使用外语进行交流、多阅读外语读物，熟练地掌握外语。也就是说，母语的干扰只是没有学好外语的一种现象，并不是学不好外语的原因。我们只要学好了外语，母语的干扰就会越来越少直至消失，这是我们都明白的道理。

同理，手语对聋童汉语学习的干扰，也不是他们汉语学习困难的根本原因。他们写的书面语语句颠倒，有的错误和手语语序一致，这的确是学生依据手语表达造成的，但造成这些错误的根本原因，同样是因为他们没有学好汉语。聋童学习汉语，至少要比我们学习英语更困难，所以，在他们没有学好汉语之前，干扰的现象是一定会出现的，这种干扰的现象靠不允许使用手语是无法消除的。和我们学习外语一样，聋童只能靠多使用汉语进行交流、多进行汉语阅读才能学好汉语。我们只能通过加强汉语的学习来排除干扰，完全没有必要怪罪手语甚至禁止使用手语。只要聋童熟练地掌握了汉语，手语的干扰自然就会逐渐消失。

在聋校的手语环境中,学生一定会习得手语。他们已经具有的手语能力可以帮助他们理解汉语,当然也就会对汉语学习产生一些干扰。如果限制手语的使用,不但无法消除干扰,反而限制了手语有利于学生学习汉语的长处,这显然是得不偿失的做法。

4. 双语的共同运用才是合理的选择

学不好一门语言,根本原因就是缺少语言环境,就是用得少。所以,消除手语对汉语学习负面影响唯一的方法,不是少用手语,而是多使用汉语。

语言是用会的。按照语言习得的原理,我们坚持让聋童在生活中使用汉语,他就能学会汉语。为了多用口语、书面语而限制手语的使用,在逻辑上也有道理,事实上也确实有成功的,所以,在一些人看来,选择使用手语或者口语,就成了针锋相对的矛盾。但其实,手语和口语、书面语是可以一起使用的,它们之间并不是二选一的关系。并不是用了手语,就不能用口语、书面语,也不是用了口语、书面语,就不能用手语。同一个意义,我们用两种语言分别进行表达,比如先用手语,再用汉语,或者先用汉语,再用手语,就可以保证手语的使用既有利于汉语的理解,又不会减少汉语的使用。笔者认为,双语教学的基本理念就是从这一点出发的,这是非常值得提倡的。而且,手语的运用、双语教学的实施,不能仅依赖聋人教师,只有广大听人教师有能力做好双语的共同运用,才能使双语教学真正落到实处。

5. 坚持汉语交流,学生就会喜欢学习汉语

"一旦手势语能够满足聋儿的交往需要,他们学习语言的积极性就不会高。"[①]这种现象的确容易发生,但我们不能认为手语的使用必然会影响聋童汉语学习的积极性。

因为手语能满足交往的需要,所以聋童就喜欢用。这说明,语言对我们的交往有用我们就会喜欢用。只要我们努力在生活中多和聋童使用汉语,让汉语能够满足聋童的交往需要,聋童就会被汉语所吸引。海伦·凯勒、周婷婷就是因为语言"有用"而被深深吸引,对语言的学习产生了巨大的兴趣。

学习语言其实是快乐的。如果孩子能够懂得语言表达的意义,懂得了语言原来是有用的,懂得了原来每个东西、每个动作都有名字,他就会对语

---

① 银春铭:《听力残疾儿童的语言教学》,上海教育出版社,1995,第 108 页。

言产生极大的兴趣。能够学会使用语言进行交往,逐渐地改变依赖身势语的状态,会给孩子带来多大的乐趣。对孩子来说,能够用语言完成交流,他就能获得成功的喜悦和自我肯定,就会被语言学习所吸引。

所以,关键的问题是,我们如何努力带领聋童在学习和生活中使用汉语进行交往。只要汉语对聋童有用,就一定能吸引他们使用汉语。这样,我们就不必害怕手语的影响,更不必禁止使用手语。

(二)家长如何看待和学习手语

1. 手语比有声语言容易学

语言学的研究表明,"儿童的手势语习得,如果和口语习得有什么区别的话,那就是手势语习得比较快。"[①]这里的"儿童"指的是听力正常的儿童,对聋童来说,手语当然就更加容易学。手语和和身势语是同一种表达方式,当然会比学汉语容易。身势语再加上一些手语,您和孩子的交流当然会更好。

不过,手语并不能代替身势语的作用。手语是语言,和汉语一样,也要在身势语的基础上才能学会。也就是说,学习手语,也是靠先运用身势语来理解的。因此,如果没条件学习手语也不要紧,努力把身势语运用好,孩子就会非常棒。

2. 该不该学手语

如果家长愿意并且有条件让孩子学习和使用手语,那当然很好。先学会手语,使用手语进行交流,和使用身势语一样,并不会妨碍孩子学习汉语。使用一些手语不但有益于孩子的交流,也有益于他们以后学习汉语。现在使用手语同时也掌握着良好汉语能力的聋人越来越多,就说明手语并不会妨碍汉语的学习。假如孩子难以使用口语进行交流,那更需要及早开始学习手语。因为手语是孩子学习、工作和社会交往最重要的工具。

也有的家长不希望孩子学手语,觉得孩子学了手语就会一辈子使用手语,这样的想法也应该得到理解。事实上,不使用手语,孩子确实也可以习得汉语。如果家长能够注重学习,有坚定的信念和毅力,付出更多的时间和精力,那么孩子不使用手语,也一定能很好地掌握书面语和一些口语。所

---

① [美]D. W. 卡罗尔:《语言心理学》,华东师范大学出版社,2007,第376页。

以,决定孩子要不要学手语,还是要从家长和孩子的实际出发,考虑孩子的听力和家庭的各种因素。

但是,以目前的科技发展水平和大多数家庭的情况来说,手语更容易被重度、极重度聋的孩子所接受,这是一个不争的事实。作为家长,即使孩子可以完全不使用手语,听听周婷婷的观点,对您也会很有帮助。周婷婷有非常好的口语和看话能力,但后来她在生活中也感受到学习手语的重要。她说:"聋人在回归主流社会的同时,也不要脱离自己的家园——聋人世界。这样,才能更好地适应当今的主流社会,成为社会的一分子。打个比喻,主流社会像是陆地,聋人社会像是湖泊。聋人要么是水里的鱼,要么是脱离水的鱼,都不如做一个两栖动物来得自在。"①孩子从小就需要同伴,长大了更需要朋友,需要参与社会生活,掌握手语是孩子获得同伴、朋友一个非常重要的途径。周婷婷的感悟告诉我们:聋人要活得自由自在,多姿多彩,最好的状态就是成为一个双语者。您的孩子如果又会手语又能很好地使用汉语,肯定会更好地成长。

3. 家长如何学手语

很多家长想学手语,这是非常好的想法。手语无论学了多少,哪怕只学了一点点,对您和孩子的沟通也会有帮助,也会有利于孩子学习和掌握汉语。

要学习手语,最好是有熟悉的经常在一起的聋人朋友,这样就可以通过手语交流学习手语,这是学习手语最好的方式。可是,一般家长都没有这样的条件,那么该如何学习手语呢?

(1)家长要理解和重视身势语的重要作用,大胆地使用模拟的身势语和孩子进行交流。模拟的身势语人人都会,只要有意在生活中使用,就已经在使用"手语"了。学手语是为了交流,如果能用模拟的身势语和孩子进行很好的交流,能帮助孩子很好地理解汉语,就说明你"手语"能力已经很不错了。

(2)在使用模拟的身势语交流的基础上,针对自己和孩子交流的需要创造一些土手势也是很好的事情,比如给一些物体取一个手语的名称来进行交流。您完全不必担心,这并不会影响孩子以后学习通用手语。

---

① 张宁生:《聋人文化概论》,郑州大学出版社,2018,第95页。

（3）购买一套《国家通用手语词典》，学习里面最常用的生活用语。要注意的是，要在和孩子有交往需要时才去学，不要死记硬背。学是为了用，有用才去学，随时用随时学，这样面对厚厚的手语词典就不会有压力。

（4）家长在使用模拟的身势语、土手势、手语和孩子进行交流的时候，要注意及时地使用口语和书面语。让孩子在交流中不断使用汉语，他就能不知不觉地学会很多汉语。

（三）值得讨论的一些问题

1.手语是不是聋人的第一语言

第一语言也就是母语，指的是个体出生后首先在语言环境中获得的那一种语言。一个孩子的母语是哪种语言，要看这个孩子出生以后生活在哪一种语言环境中才能确定。汉族人之中有聋人，汉族聋人的第一语言就有可能不是汉语。汉族婴儿中还会有被收养的，比如为美国养父母所收养，那这个汉族婴儿的第一语言就可能是英语。我们不能说汉族聋人不是汉族人，我们也不能说被其他民族收养的汉族孩子不是汉族人，但他们的母语的确可能不是汉语。

如果"汉族人的母语是汉语"这一结论应用到具体的个人时要经过具体分析，那么"聋人的母语是手语"也要经过具体的分析。

首先，有的聋人的母语的确是手语。如果这位聋童的父母都是聋人，他从小就和父母生活在一起，那么他肯定会习得手语，我们就可以确认手语是他的母语。

但是，还有一些聋人的母语可以确定并不是手语。比如一些知名的聋人戴目、宋鹏程、梅芙生、邱丽君、谭京生、杨军辉、周婷婷、唐英、杨洋、郑璇、陈少毅等，而且他们都取得了比较突出的成就。这其中许多人是语后聋，但也有一些是语前聋，比如周婷婷、郑璇等。这些语前聋人，由于家庭良好的汉语环境使他们非常好地习得了汉语。所以，语前聋的聋童，他们的母语也不一定是手语。

除了上述的情况以外，大部分出生在听人家庭的聋童，他们并没有家庭手语环境，在家里并没有习得手语，当然大部分也没有习得汉语。如果他们进入了听力语言康复中心，通过学习和训练，有一些重度聋的孩子也可以看话并使用口语交流，那么他们的母语就应该是汉语。

出生在听人家庭的聋童,如果没有接受康复训练,或者康复训练的效果不好,他们进了聋校以后在学校里开始学习汉语,并且在聋校的手语环境中开始习得手语,那么他们的汉语和手语可以说是同步发展的。虽然手语和汉语的发展,都需要以身势语为基础,但手语和身势语的关系更加紧密,聋校又有手语交流的环境,聋童当然更容易接受手语。所以说这些聋童的手语习得早于汉语习得,他们的母语是手语,的确也有道理。但事实上,情况并不如此简单。如果口语教学做得好,这些孩子的手语和汉语完全可以相互依存、共同发展。不但他们的手语学习可以促进汉语的学习,汉语的学习也完全可以促进手语的学习。

　　如果在聋校中提前单独设置手语课,让聋童比较系统地学习手语,的确可以首先形成聋童比较好的手语能力。但事实上,如果学校提前开设手语课,也应该同时进行相应的汉语学习,只不过手语课以学习手语为主,兼学汉语。所以在聋校中,手语和汉语的学习是一种相互依存、共同发展的状态。

　　因此,具体对某一个孩子来说,手语是不是他的母语,需要根据他所处的语言环境和语言发展情况进行具体的分析。同时,在一个聋童被发现听力问题以后,是否需要让手语成为他的母语,也需要根据听力损失和教育条件等实际情况来确定。这样说,并不是对手语的否定,而是基于事实和教育的需要,是对聋童情况多样性和教育个性化的尊重。一些已经获得良好汉语能力的聋人,因为社会环境和身份认同的需要希望学习手语,只能说明手语的确承载着聋人之间交流和社会认同等重要功能,并不能说明他如果把手语作为母语,从小先学习手语的话,汉语能力就会发展得更好。

　　其实,手语是不是聋人的第一语言,归根到底涉及我们对手语概念的理解。如果我们把聋童模拟的身势语都看作是手语的话,那么即使聋童没有使用手语的环境,说手语是每一个聋童的母语,就是顺理成章符合逻辑的。因为聋童模拟的身势语的的确确是他们在学习有声语言和手语之前使用的交流工具。

　　每个孩子的语言学习都是从身势语的运用起步的,也就是说一个孩子只要有视觉的话,都需要通过视觉来学习语言。因此,聋童在现实中可能没有手语环境,可能还没有学习手语中那部分约定的词和特殊的表达方式,但他们一定会先于有声语言和手语使用模拟的身势语。即使是不需要学习手语(听力状况比较好)、无法学习手语(没有手语学习的条件)或不希望学习手语(家长不希望)的聋童,他们也需要在生活交往和语言学习的时候使用模拟的身势语。我们把这种很容易发展成为手语的前语言——模拟的身势语看作是手语(事实上模拟的身势语就是手语重要的组成部分)的确也是有道理的。从这个意义上,我们说手语是每一个聋童的母语,就应该是成立的。

我们非常认同双语教学关于手语的作用以及聋人身份认同的理念,认为尽早让聋童把手语作为一种独立的语言来学习,对他们来说更容易也更有利。在聋校中,良好的手语交流有利于学生的汉语学习和身心的健康发展。在康复中心通过听力语言训练学习汉语的聋童,家长和教师积极使用身势语包括模拟的身势语,既可以帮助孩子学习汉语,也可以为孩子在有需要、有条件的时候学习手语做好准备。总之,每一位家长和教师,不要把模拟的身势语和手语看作是一种无奈的选择,看作是一种必须设法避免的东西。只要您能接受孩子,就要以开放的心态接受孩子的耳聋,接受孩子模拟的身势语和手语。

手语是聋人最重要的语言,是绝大多数聋人须臾不能离开的语言。手语在聋童的汉语习得和身心发展中起着非常重要的作用。我们在教学中应该努力发挥好模拟的身势语和手语的作用,这才是最重要的。

2. 手语能力和汉语能力互相促进共同发展

从词汇来源的角度去看手语,我们可以发现手语的词汇有两个来源。手语词汇的两个来源可以印证,聋人的手语能力其实是和汉语能力共同发展的。

(1)手语词汇直接从生活中来。手语词汇的第一个来源,就是生活中事物的形象和身势语。这部分因交往需要而产生的手语词汇,很多就是直接对事物形象进行的模拟,就是身势语的直接运用,当然也包括对身势语进行简化、强调、借用和组合所形成的一些词汇。游顺钊在《视觉语言学论集》中简要介绍了他的两项离群聋人手语词汇的调查结果。对加拿大魁北克省印第安聋人比蒂贵(1924—1980)的调查显示,"她有子女五人,全家只有她是聋的。在她所在的村落里,约有20余人基本上懂得她所创造的1067个词"。对广州郝氏姊弟(聋人,分别生于1914年和1917年)以及他们母亲(聋人)

的调查"共收集到他们三人所创造的 1161 个词。"①这两个重要的调查告诉我们,没有上过学、终生不识字不懂得通用手语的成年聋人,只要保持一定范围和频率的社会交往,就可以创造出相当数量的手语词汇。

游顺钊还有一些调查显示,聋人中"单身的,无论是男是女,总是较差的,"其词汇的总量往往徘徊在 250 个之间。这说明即使是社会交往比较少的离群聋人,也还是能够创造出一定数量的手语词汇。

这些事实说明,依据事物形象用身势语对事物本身进行模拟创造的词语,就是手语的基本词,而生活中的交流需要就是手语词最根本、最重要的源头。

(2)手语词汇从主流语言中来。游顺钊的调查同时也说明,如果没有主流语言的参与,手语单独发展创造的词汇还是有限的。所以,我们说手语词汇的第二个来源,就是社会主流语言。事实上,手语是随着聋教育的发展、聋人社团的形成而充分发展起来的,我国聋教育和汉语对于汉语手语的发展有着重要的影响。大量的手语词是在聋人学习和使用汉语的过程中被创造,并且逐渐在交流中传播,经过不断筛选才约定下来的。随着聋人文化水平和汉语能力的不断提高,手语的词汇还将进一步丰富和发展,这也是没有疑义的。

聋人以及聋人群体都生活在社会中,他们是整个社会的一部分,他们的一切都毫无例外地受到社会的影响。汉语手语引进(借用)了大量的汉语词汇(语素),通过象形、会意、表音、仿字以及综合的方式构成了大量的词汇,我们可以在《国家手语通用词典》中发现大量这样的词汇。这些手语词汇都是汉族聋人在学习和使用汉语的过程中依据汉语来约定的。从这一角度来说,把中国广大汉族聋人使用的手语,把《国家通用手语辞典》中的手语叫作"汉语手语",②无疑是非常有道理的。

区分手语词汇的两个来源,应该是手语研究的一项重要内容。在这里笔者只是想强调,手语的确是一门独立的语言,但显然也是一门特殊的语言。手语除了具有视觉语言这个显著的特点以外,它和所有的有声语言相比,还具有一个非常重要的特点,即有相当大一部分词汇是从主流语言来的。聋人群体的汉语水平和文化水平越高,手语就越发展,从主流语言来的

---

① 游顺钊:《视觉语言学论集》,语文出版社,1994,第2-3页。

② 吴铃:《汉语手语语法研究》,《中国特殊教育》2005 年第 8 期,第 15 页。

词汇也就越多。而聋人如果不学习汉语，手语能力就会受到很大的制约。一个聋人生活在聋人群体之中，他可以通过习得掌握手语，但如果他不学习汉语，和具有汉语能力的聋人相比，他的手语能力也是相当有限的。手语的这一特点告诉我们，在使用手语的时候，我们一定要及时让聋童学习和使用汉语。只有这样，才能使聋童的手语能力促进汉语能力的发展，同时也使他们的汉语能力促进手语能力的发展。

📖 知识链接 5-1

● 手语的时序

在句法方面，这次调查证实了那些还未受"污染"的自然手语里存在一个共同的成分排列时序。在一个由三个成分（施事、受事和动作性联系词）构成的陈述性手势串里，施事和受事在时序上必须先出现于动作性联系词。比方"一只猫逮住一只老鼠"。在这手势串里"猫"和"老鼠"（二者出现次序可互调）必须先于动作性联系词"逮住"。这样"猫"和"老鼠"的逻辑语法功能才能由动作"逮住"的走向指定：两只手分别比画出"猫"和"老鼠"，而做猫手势的手变成"猫"，向做"老鼠"手势的手抓去，那猫就是"施事"。要是把方向倒过来，那就变成"老鼠逮住猫了"。如果先比画"逮住"再比画"猫"和"老鼠"，那就不成话了。又如果先比画"猫"，接着是"逮住"，然后再比画"老鼠"，这串手势便断成两截，而所表达的意思也变成了"有一只猫做了一个扑空的动作后老鼠才出现"。在带有方位词的手势串亦如是。例如"有一个人坐在椅子上"。"椅子"要不是比"坐"先比画出来，起码也得和"坐"同时出现。假如把这两个手势的时序倒过来，它的意思就变成了"有一个人作一个坐下来的姿势，然后一张椅子推到他的臀部下面去"。这手势串在句法上是可以成立的，但显然不是正常语言环境里所要表达的意思。

（游顺钊:《视觉语言学论集》，语文出版社，1994，第 2-3 页。）

📖 知识链接 5-2

英语手语码（用手势表达的英语）和 ASL（美国手语）

聋人对 ASL 的骄傲在 1969 年开始浮现，而手语结构的研究才刚开始。对不熟悉 ASL 的听常教师而言，ASL 看起来像是一种没有组织过的手势动作的大杂烩。他们驳斥 ASL,视之为"外来"语言,不应该在教室中拥有一席之地。然而,他们仍然无法拒绝手语在沟通方面的效果。在看到聋人社会及见识到他们无法理解的语言后,沟通工程师转向了英语手语码。毕竟它的打法,在人们看来很像英语。的确,它是英语,一种在手上的英语。

教师进一步发现英语手语码比 ASL 好学多了,或者,至少这是他们所想的。要学 ASL 的话,必须花费很多时间和精力,因为 ASL 的生字和文法都得学习,而在表面上看来,似乎英语手语码只要求将口语的字词用相等的手势打出来就可以了,也不用再学另一套语言的文法。而事实上,要将英语以英语手语码尽量打出口头英语所欲表达的东西时,需要更多的手语技巧;相反地,如果你能将 ASL 打得很流畅,你愈能打出英语手语码来。然而,这个事实并没有震慑启聪教育界匆促支持英语手语码的决定。最终的原因,是行政人员面对家长质疑的时候,可以回答他们的聋小孩将会接受英语的教导,虽然英语将被手势码取代而非口语码,此法将有利于降低家长对课程的抗拒。英语手语码有个一直是支持者所无法宣示的一点就是,此法的使用在科学上无法显示它对聋生的益处,优于 ASL 的使用。

([美]Jerome D. Schein 等:《动作中的语言——探究手语的本质》,心理出版社,2005,第 139–140 页。)

知识链接5-3

手语中从具体概念派生而来的抽象词语

离群的聋人,经常遇到表达非具体概念的难题。虽然没法提出具体的证据,我们仍然可以相信他们能借助于习用的模仿、联想、推广等手段去应付。例如比蒂贵、郝伯姐弟等人,利用人们测验物体质量的动作、创造了"轻""重""硬"等手势;借助于联想,从"捕兔套子"获取"兔子"手势,从"煎堆"获取"年";通过推广原来指自己父母的手势,获取"母亲"和"父亲"两个词。

还有依靠形态变化而获得的一些巧妙的手势:例如从"敬礼"获得"政府",从"煎堆"获得"农历新年",从"日子(很多天)"获得"很久",从"五"获得"很多",等等。不过自发手语中抽象词语的比例是很低的。

此外,在他们的词汇里,表示欣赏或评价的词语大都阙如。他们依靠的是"好""不好、坏"。这两个"万能"手势,(有时也用脸部表情来表达)。还要指出的是，一些抽象概念之所以没有表达的手势，也许是因为它所反映的事物或现象的性质、特点不易掌握(例如"颜色""梦""比较标志"等)，或者是由于它所包含的同样重要的内容太多而无法一一罗列，例如类别词"家庭""水果""家具""颜色""交通(工具)"等。

还应指出的是，健听的儿女对聋母亲创造手语的协助，甚至可能比聋儿女的协助更大。另一方面，小时候有童年亲友做伴，对聋人早期手语的发展也起着很大的激励作用，促使他们创造手势以便跟亲友交流。跟身边人关系的密切度也很重要。例如聋童李京，虽然是个独生子，但他常常跟邻居的小孩一起玩，再加上他父母愿意接受他的土手语，所以他在 7 岁时就创造了近 300 个手势(实数为 296)。这就是说，他在不到七年的时间里创造的手势，比一些聋人一生所创造的还要多。

(摘自游顺钊:《手势创造与语言起源——离群聋人自创手语调查研究》，语文出版社，2013，第 164-190 页。)

第六章
语言习得，聋校语言教学的核心问题

无论采用什么教学法，语言学习都必须遵循语言习得的规律。教师应该从"怎样教学生学语言"转向思考"怎样带学生用语言"。教师坚持带领学生使用汉语进行交往，聋童才有可能获得良好的汉语能力。

手语和口语对聋童习得汉语都具有重要的意义，我们应该汲取手语法和口语法各自的优点来帮助学生运用和习得汉语。

一、语言习得在聋校语言教学中的运用

(一)用语言习得的规律审视和研究教学方法

在世界聋教育的历史上，一直存在着手语法和口语法的争论，即所谓的"手口之争"。我国也同样如此，直到现在这种争论还没有完全结束。"手口之争"的核心，就是怎样的教学方法才更有利于聋童掌握语言。笔者认为，对掌握一门语言来说，方法虽然重要，但仍然是"末"，如何遵循语言习得的规律，让学生通过语言的运用习得语言才是"本"。我们都知道，要学习任何一门语言，都离不开对这门语言的运用，都只能在这门语言的运用过程中逐渐学会它。无论是采用手语法还是口语法，或者是综合法、双语法，如果教师不能遵循语言习得的规律，不能带领学生坚持运用所学习的语言，就不可能

取得良好的效果。反过来,不管采用什么教学方法,只要教师遵循了语言习得的规律,能够帮助学生在理解语言的基础上,坚持学习使用语言进行交往,就可以获得良好的效果。这就是在聋教育的实践中,各种方法都有成功例子以及一些家长教自己的孩子能够教得特别好的原因。

最新的语文《课程标准》明确地提出:"语文课程是实践性课程,应着重培养聋生的语文实践能力,而培养这种能力的主要途径也应是理解、运用语言文字的语文实践。应该让聋生多读多写,日积月累,在语文实践中学习语文。"同时《课程标准》在课程目标与内容上,还相应增设了语言交际的板块。课程标准提出的这一理念和要求,标志着我国聋教育界对于语言习得的规律有了更清晰的认识和明确的要求。

"听力障碍学生的思维以动作和形象思维为主,从思维的角度来说,确实处在较低的发展水平,但它又是习得语言最重要的基础。从智力和语言习得能力的角度看,听力障碍学生并没有缺陷,他们缺失的,仅仅是语言环境——即使用语言进行交往的过程。因此,教育者从如何习得语言的角度来思考和改进'教一句学一句'的方法与过程,用特殊的手段形成听力障碍学生使用语言进行交往的环境,让他们的语文学习以运用语言进行交往为中心,让他们通过与教师、家长进行语言交际的互动实践来发展语言,来进行语文学习和语言学习,是我们听力障碍学生语文学习应该研究和突破的方向。"①我们的语文教学和研究只有遵循语言习得的规律,坚信"语言是用会的,不是教会的",才能更好地理解聋童通过课堂学习语言的特殊困难,才能使自己从"怎样教学生学语言"转向思考"怎样带学生用语言"。如果我们用这个标准来分析手语法和口语法各自的优点,就可能放弃"手口之争",转而讨论如何汲取手语法和口语法各自的优点来帮助学生运用和习得语言。

(二)成功范例的意义

口语教学和手语教学都有成功的范例。"一些著名的口语学校,如美国的圣路易斯和圣约瑟夫的聋童学校,都用口语法培养出了很好的毕业生"。② 我国的口语教学也不仅仅培养了一些口语有交流价值的毕业生。许

---

① 张宁生、李玉影:《听力障碍儿童心理与教育》,郑州大学出版社,2018,第173页。
② 张宁生、李玉影:《听力残疾儿童心理与教育》,辽宁师范大学出版社,2002,第315页。

多正确实施口语教学的学校和教师,都大幅度提高了重度、极重度聋童的书面语能力,这是口语教学最主要的成绩。不仅如此,我们还应该注意到,一些没有口语教学的专业技能,也不会使用手语的家长,他们也可以在生活中对自己的孩子进行口语教学,非常好地完成口语教学的任务。他们尽力陪伴着孩子,在身势语交流的基础上不断和孩子使用口语和书面语,使孩子掌握了口语和书面语,甚至培养了孩子很好的看话能力。这些都说明聋童虽然听不到,但确实可以通过视觉、触觉、言语动觉等多种方式运用口语并形成内部语言,形成良好的书面语能力和一定的口语、看话能力。

同时,"一些研究反复证实,生来就用手势语交流的聋人的学业成绩(包括阅读理解能力)是出众的。"①笔者认为,在教学实践中,学生非常欢迎手语能力好的教师,是"手语有利于聋童汉语学习"更为有力的事实根据。事实证明,教师的手语能力好,学生在汉语能力和各方面的发展也明显比较好。在一些有聋人教师的学校中,聋人教师对学生的沟通和教育,更是非常有利于学生各方面的发展。聋人教师"他们更能体验聋童的心理,有着视觉学习经验,能够以聋童的认知方式进行教育教学。"②聋人教师还能为聋童提供成功的榜样,对聋童更有影响力和说服力。这说明手语不仅仅是有利于沟通,还体现着凝聚力和向心力,这些都是教育极其重要的因素。

手语法或口语法都有很多成功的范例,完全可以说明手语和口语的运用都是有利于聋童的汉语学习的。但是,我们既不能由口语教学成功的范例得出"凡是口语教学的学生就一定是成功的"这样的结论,也不能因为一些研究反复证实"生来就用手势语交流的聋人的学业成绩出众",就得出"凡是生来就用手势语交流的聋人就一定学业出众"这样的结论。这两个结论在逻辑上都是不成立的,事实也并非如此。语言学习的过程涉及非常多的外部因素和内部因素,我们需要对这些因素做具体的分析,不能简单地把成功的原因归结为是使用口语或手语进行教学。所以,这些成功的范例并不说明只要用了手语或口语就可以解决所有的问题,也不能说明手语法一定优于口语法或口语法一定优于手语法。正如笔者在本章开头提出的那样,无论是使用手语法还是口语法,教师只有遵循语言习得的规律,坚持带

---

① 贺荟中:《聋生与听力正常学生语篇理解过程的认知比较》,复旦大学出版社,2004,第 58 页。

② 张宁生:《聋人文化概论》,郑州大学出版社,2018,第 106 页。

领学生使用语言进行交往,聋童才能真正获得良好的语言能力。我们需要结束"手口之争",从语言习得的视角来分析和研究手语、口语各自的作用和可能产生的问题,使手口双方的优势结合起来,从而取得更多的成功。

(三)怎样认识综合法

虽然聋教界一直存在着"手口之争",但我们可以肯定的一点是,"现在最受欢迎的是综合沟通法"。[①] 这说明我国特教界形成了一个基本的共识:"综合采用各种沟通方法,符合个别化的特殊教育原则……应尊重聋生的个体差异,引导和鼓励聋生选择适合自己的学习方式。"(《课程标准》2016)但是,在教学实践中还比较普遍地存在着"什么都拿来用就是综合法"的认识和做法。这种所谓的综合法,在认识上是模糊不清的,在实践上是弊大于利的,其实是一种"随意法"。我们应该认识到,综合法不是大杂烩、随意法,不能认为把所有的方法都包括进去就是综合法。更为重要的是,我们不能把"教师照着自己的口语打手势汉语,不会打手语词时就用指语替代"当作综合法。

关于综合法,在理论上我们已经有着明确清晰的认识:"综合沟通法并不是独立于口语法或手语法之外的第三种'自成一家'的方法体系,而是基于各种教学法的优点,把它们全部的优点加以结构化、组织化、系统化,再斟酌每一个听障儿童的障碍程度与需要加以有机地配合应用。"[②]笔者从长期的教学实践中深切地体会到这段话的正确与重要。综合法绝不仅仅是一种理念、一个原则,而应该是把手语法和口语法各自的优点加以结构化、组织化、系统化的一种教学方法。

由此我们可以得出以下结论:

(1)综合法要吸取口语法和手语法的优点。

(2)综合法要将这些优点加以结构化、组织化和系统化,即形成系统的方法。

(3)要基于每个学生的基础和需要来运用这些方法。也就是说,综合法在结构化、组织化和系统化以后,仍然要根据实际来灵活应用。

笔者认为,语言习得的规律是我们讨论综合法时应该遵循的基本原则。

---

① 张宁生、李玉影:《听力障碍儿童心理与教育》,郑州大学出版社,2018,第141页。
② 张宁生、李玉影:《听力障碍儿童心理与教育》,郑州大学出版社,2018,第162页。

综合法如何使手语法和口语法的优点组织化、结构化、系统化,需要专家和广大教师不断深入的理论和实践研究。笔者认为可以确定的是:综合法首先应该是发挥口语法和手语法各自的优势,使这两种方法有机结合,各司其职、各尽其能,从而使重度、极重度聋童更好地习得汉语的一种教学方法。聋童应该通过综合法的实施,获得更多有效的汉语输入,通过手语、口语、书面语的运用更好地理解和内化汉语,最终形成良好的汉语能力和手语能力。

二、手语在聋童汉语学习中的作用

手语是视觉语言,和身势语、图示、动画等直观展示事物形象的方法一样,手语可以直接通过视觉形象来进行交流。正因为如此,手语既是聋童生活中交流的工具,又是聋校中聋童汉语学习的重要工具。具体来说,手语在聋童汉语学习中的作用主要体现在以下两个方面:

(一)翻译或解释汉语

手语可以翻译或解释汉语的意义,帮助学生准确理解汉语的意义,我们在第五章中已经进行了较为详细的讨论。这里再结合教学实例具体说明手语在学生汉语理解中的重要作用。

在教学中良好的手语交流常常可以帮助学生走出似懂非懂的状态,准确地理解汉语的意义。教师用手语翻译和解释课文的汉语,学生的理解会更容易、更准确。语言心理学认为,"对词的理解就是在一定的上下文中对该词的某个意思做出恰如其分的选择,是指对某一具体涵义的高度严格的选择性。这种选择性实质上是一种过滤性筛选,它保证对词有确定而不含糊的理解。"[①]在教学中,要让学生对词的意思做出"恰如其分"的选择,手语可以发挥非常重要的作用。比如在教学"奋不顾身"这一词语时,许多手段都可以讲解词义,比如用汉语"奋勇直前,不顾生命"来解释"奋不顾身"。这样的解释,在我们看来很清楚明白,但对汉语能力不够好的学生来说,还是要用"勇敢/往前冲//死/不怕"这样的手语进行翻译才更好些。而且这样用手语翻译"奋不顾身",难以让学生从自身的角度真切地体会那种不顾一切的情绪状态。即使观看影片,学生也只能看到某个人"奋不顾身"的过程和

---

① 常宝儒:《汉语语言心理学》,知识出版社,1995,第 74 页。

结果,需要自己从整个过程中去体会和概括"奋不顾身"的意义。如果教师用一个学生已经理解、会使用的手语(双手五指张开微微弯曲,在脑门前做用力把头打破挖开状,配以相应的表情,表示"豁出去"的意思)与"奋不顾身"一词相对应,就能使学生真切地体会到这样的情绪状态,比较准确地理解"奋不顾身"的意义。

美国语言心理学家克拉克认为,理解句意应"将所感知的一个个语言单位构造成'意思'的整体。"[①]这就告诉我们,我们在听到或看到一句话的时候,光是理解句子中每一个词的意义还不够,还需要在心里有一个"构造意义的过程",即完整准确地理解句意。在中高段的教学中,许多汉语语句已经不能直接用形象、动作演示和图示等方法揭示意义,用汉语来解释汉语,因为受到学生汉语水平的限制,有时反而更加复杂。这时候用手语翻译和解释汉语的句意,有时候看起来好像不很准确,但却容易使学生明白意思,起到帮助他们完整准确理解句意的作用。

比如学习《统筹方法》这篇课文时,课文的第一句"统筹方法,是一种安排工作进程的数学方法",这是一个总起句,学生需要通过课文中统筹方法的具体运用才能准确地理解这个句意。手语词典中并没有"统筹"这个词语,即使有,教师打出这个手语词,学生也不会懂得"统筹"的意义。这时,如果教师用手语表达"要做的事很多,把这些要做的事一件一件地看一看、想一想、计算一下做一件事需要多少时间,再计划一下哪个先做、哪个后做、哪几个可以一起做"这些意思,还是很容易的。这样的手语表达每个教师都会,学生也很容易看懂。这其实已经解释了"统筹方法"的意义,能帮助学生把整个句子中各个词语的意思组合起来,构造成了一个完整的意思。这时候再请学生朗读这个句子,用手语打出"统一/计划/计算",帮助学生理解"统筹"的意思,就能够帮助学生比较完整准确地理解句意。

(二)手语可以完成交流并为学生运用汉语创造条件

认为手语完成交流对汉语学习是一种妨碍,这种认识是片面的。所有孩子的语言都是在身势语交流的基础上发展起来的,所以学生同样可以在手语交流的基础上发展汉语能力。

---

① 常宝儒:《汉语语言心理学》,知识出版社,1995,第90页。

1. 手语既能展示形象又能进行交流互动

用手语完成交流,首先使我们的教学得以进行。有的教师认为,手语可以帮助学生理解汉语,但我们采用实物、图示、动画等直接展示形象的方法来帮助学生理解汉语更方便。这话看起来很有道理,但实际上我们无论采用什么方法进行教学,都需要使用手语或汉语和学生进行互动交流。如果教师单独使用实物、图示、动画,让学生看一看,然后就说完成了教学,这是不行的。我们组织和实施教学需要使用语言,各种教学方法的运用也都需要同时使用语言进行交流。在课堂上学生初学汉语时,因为时间的限制,全部用汉语进行交流会有困难,所以在教学中我们就离不开手语的交流。这就是手语在学生汉语理解中独特的作用。用一个例子来说明这个问题:

我们看到"三个 5 相加"这个语句,就会从大脑中浮现出"5+5+5"这个式子,知道这三个 5 之间是相加的关系。如果需要的话,我们的大脑中还能浮现"三堆苹果,每堆 5 个"或者"三群小鸡,每群 5 只"这样的形象。"三个 5 相加"就是表示这些形象和关系的,所以要帮助学生理解这个汉语语句,我们就会想到用实物、图示或动画来展示这些形象和关系。

采用实物等直接展示形象的方法看起来很好,事实上这些方法都仅仅是单向展示了事物的形象和关系。教师在使用这些方法的过程中,肯定需要引导学生看实物、看图、看动画,需要使用手语或汉语表达"一共有几堆苹果""一堆有几个苹果""三堆苹果有多少个"等问题来引导学生思考。教师一定会运用手语或汉语来要求学生摆一摆实物、画一画或指一指图示等,问一问学生思考的结果,通过这些交流来引导学生完成理解的过程。所以,如果没有手语或汉语的参与,看图、看实物等教学方法其实是无法实施的。

而用手语展示这些形象和关系时,教师是可以一边展示形象一边和学生进行互动交流的。教师可以打出苹果的手语,然后一手做出拿着苹果的样子,一个一个向旁边移动四次,表示有五个苹果。同时教师另一只手跟着数数,数完后做出把这些苹果放到一起的动作,然后用手语问大家这一堆是多少个。在得到正确的回应以后,教师可以对着刚才的那些苹果用手语表示"全部拿走放在一边"。接着教师再重复一遍刚才的过程,表示又有一堆这样的苹果。在学生表示理解以后,教师就可以用手语做出"一堆 5 个"的动作,然后做着同样的动作向旁边移动两次,表示三堆,最后用手语做出"三堆苹果"的样子问"一共有多少个?"在这个过程中,教师的手语不但很好地展示了"三个 5 相加"的形象和关系,还同时与学生进行了交流。教师可以运用手语反复地逐个询问和引导学生,逐步落实每个学生对汉语"三个 5 相加"的理解。

我们可以看到,在实物、图示、动画或手语展示形象的这些方法中,只有手语才可以既展示形象,又和学生进行互动交流,引导和帮助学生理解汉语,独立地完成整个教学过程(当然手语和其他的方法一起使用效果会更好)。

和使用汉语进行交流相比,手语可以直接展示形象,边解释边和学生互动,使学生通过形象逐步理解汉语。和其他展示形象的方法比,手语是实物、图示、动画等方法展示形象时不可缺少的交流工具。手语可以替代汉语进行实际交流,通过师生互动逐渐帮助学生正确理解形象的意义和汉语的意义。

在聋校的教学环境中,我们只能采用课堂教学学习汉语的方式,很多时候又无法对学生用汉语来解释汉语,所以,运用手语对汉语进行解释,运用手语和学生展开交流来帮助学生理解汉语,是一种重要的教学方式。

2. 手语交流为学生运用汉语创造条件

师生用手语完成交流,还可以为学生创造"先理解意义再学习语言"的条件。学生在实际交流中领会了教师手语表达的意义以后,如果教师及时把相应的汉语提供给学生,就不用再费力地解释汉语的意义。这样学习汉语的过程非常符合语言习得的原理,可以避免教师陷入"依据语言来解释意义"的困境。所以,我们使用手语完成了交流,学生已经理解了这些意义,教师一定要及时为他们提供汉语。

在学生使用手语表达时,教师也可以根据学生的手语表达来为学生提供汉语。比如学生用手语表达了"铅笔/没有"这个手语,教师就可以根据学生表达的意义,给学生提供"我没有铅笔"这个汉语语句。这样的情况下,因为学生的心里已经有了这个意义,教师就只需要让学生照着教师提供的汉语说(读、写)一遍,不再需要费力地去解释汉语的意义。教师还可以要求学生在下次出现同样的情况时,要先试着用汉语表达。

上述过程说明,使用手语交流并不一定会妨碍学生使用汉语。用手语交流时,只要教师及时提供汉语,反而会有助于学生理解汉语,有助于学生在实际交往过程中使用汉语。只要教师运用得当,手语的交流可以使学生的汉语学习更符合语言习得的规律。所以,我们需要牢记,使用手语进行交流的时候,正是学生学习汉语的最好时机。手语完成交流以后,教师及时提供相应的汉语,让学生理解和运用,这是帮助聋童学习汉语的好方法,比通过课文学习汉语要容易得多。

(三)结论:手语的作用主要是帮助学生理解汉语

通过以上分析,我们可以看出手语在学生汉语学习中的作用,主要集中在学生对汉语的理解上。在学习课本中的汉语时,手语既可以翻译汉语的意义,又可以进行形象的解释,帮助学生理解所学的汉语。在课堂教学和课外交流中,师生用手语完成交流,是实施教学和各种活动必不可少的沟通工具。手语完成交流,可以为学生创造"先有意义再学习语言"的条件,帮助学生在实际交往中理解和使用汉语,使学生的汉语学习更符合语言习得的规律。

对于以通过课堂学习汉语为主的聋童来说,正确理解汉语的意义,是至关重要的。理解是表达的前提,理解汉语是获得汉语能力的第一步。不理解汉语的意义,再多的书写、朗读和背诵,都无法产生应有的作用,也根本无法学会用汉语表达。我们应该积极地采用手语这种简洁明快、生动形象的视觉语言来帮助学生理解汉语。

在学生汉语学习的过程中,手语还可以作为非常有效的训练形式加以运用,比如请学生用手语讲一讲课文中汉语的意思,用手语讲一讲自己写的汉语的意思,用手语和汉语进行互译训练等。实际上,这都是依据汉语做出正确的行动反应,也就是用手语帮助学生理解汉语意义这一功能的具体应用。

三、口语在聋童汉语学习中的作用

听力损失不很严重或者通过助听器、电子耳蜗等改善了听力的聋童应该学习口语,这很容易理解。口语教学"已经使一部分聋童基本上能与健康人进行口语交往",①对这些聋童进行口语教学,大家都没有异议。对这些孩子来说,口语教学的目的,就是形成可以交往的口语能力。可是,聋校中大

---

① 季佩玉、简栋梁、程益基:《聋教育教师培训教材》,中国盲文出版社,2000,第141页。

部分孩子的听力损失都很严重,听力补偿效果也不好,这些聋童虽然可以通过特殊的方法来学习发音和口语,但这样的学习的确非常困难。尽管师生耗费了很多时间和精力,他们口语的发音仍然不清晰,根本无法用来交流。相比而言,我们会觉得他们认识文字、学习书面语就容易多了。从表面上看,这些聋童的汉语能力,主要就体现在书面语的能力上。所以,这些聋童学习口语到底有什么意义? 我们是不是可以舍弃费力不讨好的口语教学,着力来培养他们的书面语能力?

这些问题不但一般人难以回答,不少聋校教师心中可能也会有一些疑惑。可是《课程标准》和教材都明确地安排聋童的汉语学习从语音学习开始,为什么聋童要学习发音和口语? 作为一位聋校教师,如果不解决这些疑问,不能正确地理解口语教学的原理,就无法掌握实施口语教学的正确方法,难以取得理想的口语教学效果。

(一)语言和语言习得的有关概念

1. 口语和书面语

口语和书面语的意义很容易理解。我们需要牢记的是,书面语不是一种独立的语言,它是记录口语的,是口语的另一种表达形式。"文字和语言不同,语言是第一性的,文字是第二性的。文字是在语言的基础上产生的,是标记语言这一符号系统的符号系统。"①说书面语是第二性的,意思是说,没有口语就没有书面语,所有的文字都是用来记录口语的,和口语有着斩不断的关系。因为书面语可以通过视觉来感知,所以我们会觉得书面语更适合聋童学习,但"口语是第一性的,书面语是第二性的"这一原理告诉我们,要学习书面语,其实是离不开口语的。

仅仅从视觉的角度看,书面语和口语的关系也是斩不断的。不管是拼音文字还是汉字,看起来都是视觉的"图像",但拼音文字直接就是表音的,和口语紧紧地联系在一起。中国的汉字虽然没有演变为纯表音的文字,但形声字很快在后来的汉字中占了绝对的优势。"从现状的实际来看,汉字的字符既有意符(形旁,笔者注,下同),又有音符(声旁),所以应是

---

① 岑运强:《语言学概论》(第四版),中国人民大学出版社,2015,第 171 页。

意音文字。"①而且现今使用的汉字中形声字占 80% 以上(《现代汉语词典》p1289),这在很大程度上加强了汉字的表音功能。所以,汉字从字形上看,也和语音有着紧密的关系。语音的学习将大大降低汉字的视觉识记难度。

"单独的字符还不等于文字,例如,单独一个汉字或单独一个英文字母还不成为其文字。文字是一个由一套字符、一套字符组合规则、一套字符书写规则有机组合的书写语言的符号系统。"②这就是说,我们单独看一个字符时,可能可以把它当作"图像"来认识和记忆,但在阅读书面语时,却并不是一个个单个文字的识别,更不是图像的识别,而是对文字符号系统和语言符号系统的阅读。人们早已经发现,书面语的阅读过程在大脑中是一个极其复杂的过程,"阅读的学习过程就是在视觉区与语言区间建立有效连接的过程。"③这就说明书面语的学习和口语、语音的关系是非常紧密的。

2. 外部语言和内部语言

外部语言就是指我们说的口语和写的书面语,而内部语言则是在我们的脑子里扎下了根的语言。

外部语言很好理解,而内部语言我们也很容易体会到它的存在。我们说语言是思维的工具,这里的语言其实指的就是内部语言。我们在思考问题的时候,心里会默默地说话,有时候还会自言自语,这是因为人在运用内部语言思考问题时,言语运动器官仍在活动,有时候就情不自禁地说出声了。我们在看书的时候,心里也会默默地读着。这些都说明,内部语言是存在的。

而且,一个人只有建立了内部语言,才能够很好地使用外部语言。我们需要根据自己的内部语言来理解听到或看到的外部语言,我们也需要根据自己的内部语言来说出和写出外部语言。"语义记忆是我们使用语言所必需的记忆,它是一部心理词典,是一个人所具有的关于字词和其他语言符号,它们的意义和所指,关于它们之间的关系以及操作这些符号、概念和关系的法则、准则和规则的有组织的知识。"④内部语言就是这样的语言记

① 岑运强:《语言学概论》(第四版),中国人民大学出版社,2015,第 176 页。
② 岑运强:《语言学概论》(第四版),中国人民大学出版社,2015,第 173 页。
③ [法]斯坦尼斯拉斯·迪昂:《脑与阅读》,浙江教育出版社,2018,第 74 页。
④ [美]D. W. 卡罗尔:《语言心理学》,华东师范大学出版社,2007,第 43 页。

忆,就是一部个人内心的"心理词典"。每个掌握语言的人内心都有一本这样的心理词典。我们要听懂或读懂一句话,说出或写出一句话,都需要去检索自己的"心理词典",都需要找出心理词典中储存的相对应的意义和法则。一个人如果没有建立汉语的内部语言,他就无法听懂或读懂汉语,更无法说出或写出正确的汉语。

3. 内部语言和言语器官的运动

我们说话时,需要使用口腔、舌头、声带、唇齿、鼻腔等言语器官才能发出语音。言语器官发出各种不同的语音,就有不同的运动和状态。1952 年,美国语言学家、神经语言学的开创者雅柯布逊(Jakobson,Roman),在撰写《言语分析初阶》一书时曾做过一次实验。他将电极装在被测试者的下唇或舌尖上,指令被测试者数数或算简单的算术题,或者诵读一首诗。第一次测试"出声地"进行,第二次"默默地"进行,实验发现所得到的动作电流节律基本相同,这说明人在默默思考时也有言语器官的运动,且性质相同。这个实验证明人在运用内部语言时虽然不发出声音,但言语运动器官实际上仍在活动,仍然向大脑发送着动觉刺激,执行着和出声说话时相同的信号功能。这说明内部语言的活动和言语器官的运动是联结在一起的,我们在运用内部语言进行思考,进行阅读时,尽管可以不出声甚至闭紧嘴,但言语器官仍然在进行着默默的"说话"运动。

我们可以用自己学习英语做例子来体会言语器官运动的作用。我们虽然有听觉,但因为我们的言语器官已经习惯了汉语的发音,开始学习英语就不容易发出正确的英语语音。教师会让我们通过听觉模仿发音,还可能运用各种方法帮助我们形成正确的言语器官发音动作,发出正确的英语语音。如果某一次你的发音比较正确,教师就会说:"对,你就这样反复多读、多说几遍,让自己记住。"我们靠什么记住发音的动作? 其实就是靠反复的言语器官运动形成的肌肉记忆和神经反射。所以,掌握一个英语的发音需要反复练习,要掌握熟练的英语口语能力就要经常进行英语会话。每个人的语言发音能力是一种技能,它的获得主要来自不断的练习,来自熟能生巧,而不是靠学习发音知识。因为言语器官的反复运动能形成精细肌肉记忆和固定的神经反射,所以我们在说话或阅读的时候,不需要重复刚开始学习发音时的过程,也不需要思考第一个音怎么发,第二个音怎么发,张嘴就可以说(读)出来。

4.语言的内化

语言的"内化",就是语言在心里扎下了根,就是我们记住了语言,也就是我们形成了内部语言。

"儿童语言学习的一般程式,是指在一定的语言学习环境之中,由语言输入、内化、语言输出、反馈四环节构成的连锁过程。"在这四个环节中,"内化是儿童通过语言输入的加工处理而获得语言能力的语言心理机制。"①这说明语言的"内化"是一个不可见的、发生在头脑中的过程。而"内化能力即学习者的语言学习能力"。② 语言的内化就是儿童在交际中一点点地发展语言能力的过程,是将外部语言不断地内化,转化为内部语言,建立自己"心理词典"的过程。

听力正常的儿童能够自然习得语言,语言的内化自然不存在问题。他们的口语随着意义的理解和表达(包括言语运动器官的运动)不断内化,就自然而然地形成了内部语言。形成了内部语言以后,大脑中相应的脑区就和口语形成的肌肉记忆(言语动觉)建立了神经联系。所以,口语的运用更像是一种条件反射,当我们听到"抬起胳膊"的指令,并不需要思考"这是什么意思,我该怎么做?"我们的大脑就能自动快速地找出心理词典中的相应意义,通过快速的神经反射操控自己的胳膊。当我们心中产生疑惑的时候,我们的心理词典中也会自然地跳出"为什么"这个词,我们就会脱口而出"为什么?"这说明语言内化以后,内部语言就和思维合成一体,我们就可以怎么想就能怎么说。有了内部语言,我们听到一句话,就不需要记住词语的排列顺序。要说一句话,我们也不需要思考哪个词先说哪个词后说。这都是语言内化以后的神奇效果:语言在我们的头脑中扎下了根,成为我们这个人的一部分。反过来,如果儿童在语言学习过程中,外部语言没有内化为内部语言,没有形成自己的心理词典,通俗地说就是没有记住汉语,那么他就不可能说(写)出正确的汉语来。

最后,需要特别强调的是:要记住汉语,要使汉语内化,离不开使用汉语进行交往的环境,离不开对汉语的正确理解。因此,我们不能机械地认为"听"和"读"就是语言输入,"说"和"写"就是语言输出。离开了语言的运

① 李宇明:《儿童语言的发展》,华中师范大学出版社,2004,第292-296页。
② 李宇明:《语言学习异同论》,《世界汉语教学》1993年第1期,第5页。

用,离开了对语言的正确理解,"听、说、读、写"就成为"死"的语言,这样的语言学习就是一种"机械的学习"。学习者只有在实际运用中不断"激活"语言,在语言的运用中进行"听、说、读、写",语言的内化才能真正完成。所以,对聋童的朗读、背诵、抄写等训练,一定要在他们理解汉语意义、能够实际运用汉语进行交往的基础上进行。

(二)大脑如何处理阅读信息

现代脑成像技术让我们可以直接"解读脑",证明大脑处理阅读信息是一系列错综复杂的运作。书面语虽然依靠视觉来感知,但大脑处理这些视觉信息时仍然需要和语言区协作,阅读的学习过程就是在视觉区与语言区间建立有效连接的过程。

1. 阅读神经模型是交错式的,多区域的

现代脑成像技术证明"经典的阅读神经模型现在已经被一种并行加工的'交错式'模型所取代。左半球枕-颞区'文字盒子区'对字符串的视觉形态进行辨别,然后将这种具有恒常性的视觉信息传递给分布于左半球各处很多区域,它们分别对单词的意义、语音模式和发音进行编码。所有浅灰色的区域都不是阅读所专用的,他们主要用于口语的加工。因此,阅读的学习过程就是在视觉区与语言区间建立有效连接的过程。""在阅读之中,视觉分析只是第一步。在之后,我们还需要集合很多种不同的思维表征:词根、词义、发音模式及运用发音图式等。通常这些运作过程需要数个不同的皮质区域同时参与,而它们之间的联结也不是线性链。所有这些脑区都同时协力运作,而它们发出的信息也经常彼此交结。此外,所有的连接都是双向的,如果区域 A 连接到区域 B,那么反过来从 B 到 A 的连接也一定存在。"①

2. 大脑用不同的脑区处理文字信息和图像信息

研究人员利用脑成像技术测量了志愿者观察单词和面孔时脑中的磁场活动。"他们的研究揭示了脑皮质中视觉加工的两个不同阶段。第一个阶段出现于图像呈现在视网膜后约 100 毫秒,此时两种图像之间没有区别:单词和面孔所激活的是脑后枕极处的相似区域。这些区域进行了初级加工,很可能是从输入的图像中提取了一些基本的线条、曲线和表面等。在这

---

① [法]斯坦尼斯拉斯·迪昂:《脑与阅读》,浙江教育出版社,2018,第74—76页。

一阶段,脑没有识别出它所面对的刺激是什么类别的。然而,区区 50 毫秒以后,对这些输入图像的分类就开始了。此时单词引发了一个非常偏向于左半球的显著反应。而呈现面孔时,结果正好相反,磁势明显在大脑的右侧更强。"①这个研究证实,文字信息和图像信息一开始被大脑共同作为视觉信息来处理,但随后文字信息和图像信息就被区分开来。文字信息被传输到了大脑左半球处理文字的脑区,而图像的信息则激活了大脑右半球对称的区域。

3. 中文也和拼音文字一样,使用相同的脑区

"长期以来,研究者一直怀疑,与字母的解码过程相比,中文字符的识别是一个更加全脑化的过程。我们以为中文阅读者主要依靠右半球的视觉系统进行识别,因为它更具有'整体性'。然而现代脑成像技术已经否定了这个假说。对中文阅读者的脑进行扫描时,扫描实时结果显示依然是左半球的枕-颞区激活。"②这个研究结果说明,中文虽然看起来是方块字,有很多形旁,更具有"整体性",但通过视觉输入大脑以后,大脑还是把中文的方块字确认为文字信息,而不是图像信息。

大脑如何处理阅读信息的研究证实了口语是第一性的,我们的阅读离不开内部语言和心理词典。

现代脑成像技术证明阅读神经模型是交错式的,多区域的,大脑处理阅读信息是由视觉区和语言区共同完成的,这和我们关于"内部语言"和"心理词典"的认识是相互印证的。我们的视觉看到书面语,把视觉信息传输到大脑进行视觉分析只是阅读的第一步。在这之后,大脑需要集合多种不同的思维表征:词根、词义、发音模式及运用发音图式等来完成阅读过程。脑科学用大脑活动的证据说明了我们的阅读离不开"内部语言"和"心理词典",也和我们的言语动觉(言语器官的肌肉记忆、神经反射)是紧密联系的。

现代脑成像技术证明文字虽然是通过视觉感知的视觉信息,但大脑具有识别文字信息和图像信息的能力。大脑用不同的脑区来处理文字信息和图像信息这一点告诉我们:文字输入大脑时虽然是"图像"信息,但文字的图像信息中包含着语音和语义的信息。这也和我们"口语是第一性的,书面语

---

① [法]斯坦尼斯拉斯·迪昂:《脑与阅读》,浙江教育出版社,2018,第 90 页。
② [法]斯坦尼斯拉斯·迪昂:《脑与阅读》,浙江教育出版社,2018,第 111 页。

是第二性的"这一认识相吻合,证实了字形离不开语音和语义,文字信息表示的是口语的信息。这说明我们的大脑在进行阅读时,书面语和口语是紧密地联系在一起的。

现代脑成像技术证明中文阅读和拼音文字阅读运用同样的脑区,这说明中文并不特殊。中文的阅读也不是靠图像信息就能进行的,同样需要我们运用"内部语言"和"心理词典"以及相应的言语动觉等才能进行。

(三)聋童学习口语的目的和意义

1.重度、极重度聋童的口语能力辨析

我们在讨论重度、极重度聋童的口语学习时,需要对他们的口语能力做一个辨析,有一个清晰的认识:

第一,他们的口语绝大部分都听不清,一般没有交往价值。

第二,他们自己知道自己在说什么。他们自己知道自己在说什么,就是他们知道自己说的话中每个字词的音、形、义和语句的意义,形成了正确的内部语言。

他们记住了汉字的拼音并按照拼音进行发音,虽然发音不准确、不清楚但形成了固定的发音记忆。他们的发音具有一定的稳定性,对同一个字母或音节不会时而这样发音,时而又那样发音。

他们说出的语句是正确的、连贯的,自己懂得语句的意义,能正确地断句。如果有需要,他们马上可以把自己的口语写出来,或者用指语、手势汉语表达出来。

这就是说,他们的口语除了听不清楚,基本不能用来交往以外,其余的要求都是正常的。

第三,他们的口语通过一些辅助可以用来进行交往。因为听不清楚,所以他们在进行口语表达时,需要有辅助的手段,以便使他们的口语能够起到交流的作用(使教师知道他们在说什么)。这些辅助的手段就是拼音、指语、书面语和手势汉语。教师在检验他们的口语是否正确时,使用的也是这些辅助手段,即要求他们能写出拼音或打出指语,写出书面语句或打出手势汉语。

综合以上三点,我们可以认为:重度、极重度聋童的口语能力应该是"虽无法听清楚但却已经形成了内部语言的口语能力"。如果一个重度、极重度

聋童的口语能达到这样的要求,我们就可以说他的口语能力非常好。而口语教学的最终目的,就是要使聋童获得这样的口语能力。

2. 聋人语音编码的有关研究

作为"手口之争"的延续,20世纪80年代以来,研究者们开始采用实验的方法研究"聋人是否存在语音编码""语音编码在聋人的阅读中起何作用""语音编码缺陷确实是造成聋人阅读困难的因素吗"这些问题。有很多研究结果有力地证明了聋人的语音编码与阅读具有密切关系,如"美国手势语熟练的聋人读者在阅读中主要依赖语音编码这一事实的发现,对语音编码与阅读的密切关系给予了强有力的证据。"(paul,1996)也有一些研究表明,聋人可以使用多种编码方式阅读。"一些研究反复证实,生来就用手势语交流的聋人的学业成绩(包括阅读理解能力)是出众的。"(Weisel,1984)因此,这些研究并没有结束"手口之争","语音编码与聋人阅读关系的问题,同样没有达成共识。"贺荟中认为,"造成聋人是否存在语音编码研究结论不一的主要原因在于,研究者在进行研究中所采用的实验任务差异较大,而且在研究中没有对被试本身的特点(年龄、阅读水平、手势语使用和熟练状况、教育安置等)做严格控制"。①

2004年,贺荟中"采用启动技术(一种心理语言学的实验方法,本书作者注),比较语言发展前全聋童和低于其3个年级的听力正常学生在句子表征(表征,是信息在头脑中的呈现方式。本书作者注)水平上是否存在差异。"这项研究得出的结论是"语言发展前全聋童与低于其3个年级听力正常学生具有相同的句子表征加工模式,但加工效果与低于其3个年级的听力正常学生有差距。"②"这项研究证实了当前聋人阅读的主流观点,即聋个体与听力正常个体阅读过程的加工方式相同,但发展滞后。"③本书作者认为,这一关于聋童阅读过程加工方式的研究结论,至少间接地证明了聋童阅读过程中存在着语音编码的观点。

---

① 贺荟中:《聋生与听力正常学生语篇理解过程的认知比较》,复旦大学出版社,2004,第38-40页。

② 贺荟中:《聋生与听力正常学生语篇理解过程的认知比较》,2004,第58页。

③ 贺荟中:《聋生与听力正常学生语篇理解过程的认知比较》,复旦大学出版社,2004,序言。

3. 聋童口语学习的目的和意义

综合语言和语言习得的基本原理以及大脑对阅读信息处理的有关研究,我们可以得出如下的结论:"外部言语的作用是指向于同别人交际,内部言语的作用是指向自己,即不出声地自言自语或思考问题。健全人掌握口语既是为了指向别人,也是为了指向自己。聋哑儿童掌握口语则主要是为了指向自己,即通过口语的长期训练,使外部口头言语逐渐转化为内部言语,然后,在内部言语中进行思维。"①因此,重度、极重度聋童口语学习的目的就应该是:通过培养他们的口语能力来达到汉语的内化,从而形成他们良好的抽象思维能力和书面语能力。

从以上的分析可以看出,聋童写出颠倒的汉语语句,并不是因为用了手语,而是因为没有形成汉语的内部语言。所以,口语学习是让外部语言在聋童的心里扎下根、让聋童形成内部语言的关键。口语和手语一样,对聋童的汉语习得同样有着重要的意义。

(1)有利于聋童识记书面语。所有的书面语都是记录口语的,都有表音的成分。汉字有80%都是形声字,如果放弃语音的学习,至少会使聋童认识和记住书面语失去了一个重要的通道。大脑用不同的脑区处理文字信息和图像信息的事实证明,文字信息并不是图像信息,大脑并不是单单依靠处理视觉信息来识记文字信息的。大脑识记文字信息需要多区域的配合,包括处理语音信息的区域。因此,熟练的口语能力有利于聋童识记书面语。

同时,口语的学习使聋童的汉语学习更好地遵循了学习对象——语言文字本身的规律。文字和口语紧密结合,书面语的学习不脱离口语,音、形、义三者紧密结合,更有利于聋童的汉语学习。

(2)建立言语器官精细肌肉记忆以及神经反射联系。言语动觉是"发音时对自己言语器官的运动和言语器官各部分所处的位置状态的感觉。言语动觉对听力残疾儿童学习口语具有十分重要的作用。聋人和盲聋人学习发音、说话时,不能依靠听觉反馈来进行调节,主要依靠言语器官的运动感觉来调节自己的发音和说话。此种能力经过培养可以获得。"②如果不学习口

---

① 张宁生:《对聋哑儿童进行口语训练的心理学意义》,《辽宁师范学院学报》1983年第4期。

② 朴永馨:《特殊教育辞典》(第三版),华夏出版社,2014,第230页。

语,就不会有言语器官的运动,也就不会产生言语动觉。聋童虽然失去了听力,但他们可以依靠视觉、触觉以及自己的言语动觉等途径,借助书面语、指语、手势汉语等方式来学习发音和说话。他们可以在理解的基础上依靠反复的发音和说话,来形成言语器官的精细肌肉记忆,形成正确的神经反射联系。广大教师的教学实践也证实了这一点。比如一开始学习一个词,教师需要用拼音来帮助学生发音,让学生模仿口型,运用视觉、触觉等各种方法帮助学生学习发音。在发音相对正确以后,学生经过反复的练习,就可能记住这个词的发音,看到这个词就能这样来发音。形成了言语器官的精细肌肉记忆,形成了正确的神经反射联系,聋童建立内部语言的过程至少就更加接近大脑一般的阅读过程。

(3)使语言内化多一个最有效的渠道。尽管我们目前无法确认口语学习是使聋童汉语内化的唯一途径,但聋童的口语学习可以使他们的汉语内化多一个最有效的、可操控和可感受的渠道,这应该是可以确认的。在理解意义的基础上进行说话、朗读、默读、背诵等都是聋童模仿正确汉语运用的重要方式,是形成他们内部语言有效的、可操控和可感受的渠道。放弃这些实实在在可操控的、可感受的语言内化渠道,仅仅依靠视觉"看"而不是调动言语器官和相应脑区来"读"书面语,至少使学生失去了言语器官的肌肉记忆和传递给大脑的神经反射,失去了大脑语言区域多种思维表征的相互配合。因此,通过口语的学习来帮助学生内化语言,肯定比单单依靠视觉通道来内化语言更有效。放弃口语的学习,放弃语音的识记和口语形成的肌肉记忆(言语动觉)以及和大脑建立的神经联系,对聋童的语言内化肯定是不利的。这个推论应该是符合逻辑的。

人们从长期的教学实践中也深刻地体会到,聋童的口语能力和书面语能力是呈正相关的。聋童正确的口语学习只会促进他们的书面语学习,不会倒过来妨碍书面语的学习。所以,聋童口语学习的效果最终只能体现在书面语上,并不表示他们可以放弃口语的学习。口语能力(依照我们前面对口语能力的定义)好的学生容易记住书面语,看话能力也强。朗读能力强的聋童背诵、默写的成绩就好,语感也更好。口语能力强的学生请他读一遍自己写的语句,他们比较容易发现自己的问题,因为他们的内部语言是正确的,所以他们读过以后就能做出正确的判断和修改。而口语不好(不是指发音不好,而是指没有形成内部语言)的学生,他们的书面语表达不但错误较多,而且很难发现和纠正自己的错误。这些事实也支持上述的结论,证明聋童的口语学习是有利于提高他们书面语能力的。

（4）使语言学习更好地遵循语言习得的规律。在学校里，聋童的口语加上看话、手势汉语、指语等的辅助，就能和教师进行一定的口语交流。他们还能够结合自己的口语能力更好地运用书面语进行阅读、写作和笔谈等。这都将使聋童极大地增加汉语学习和运用的机会，使他们的汉语学习更好地遵循语言习得的规律。

四、口语教学的实施

（一）正确认识口语教学

1.用口语来记住书面语

口语教学是聋校语文教学讨论最多的话题。但究竟什么是口语教学，实践中有许多不同的理解和争论。笔者认为，只有明确了学生口语学习的目的和意义，我们才能准确地理解和把握口语教学，才能有针对性地解决口语教学实施中的问题。

口语教学是为学生学习口语而形成的教学方法或教学体系。只要学生需要学习口语，如何认识和实施口语教学就是一个不可回避的问题。笔者认为，我们要从重度、极重度聋童沟通手段和沟通能力的实际出发，依照他们学习口语的目的和他们口语能力的实际来理解和实施口语教学。所以，对口语教学的理解至少应包含以下内容：

（1）口语教学的实质，就是聋童学口语，就是通过口语的学习使聋童的口语内化为思维能力和内部语言。简言之，就是让学生用口语来记住书面语，崦不是必须用口语来进行交流。因此，只要我们做到学生书面语的学习不脱离口语的学习，帮助学生逐步形成用口语识记书面语的习惯和能力，我们就达到了以口语主导书面语学习的要求，正确地实施了口语教学。这是检验学生的口语学习和我们口语教学成效的唯一标准。

（2）我们不能把口语教学仅仅理解为语言沟通形式的运用，更不能理解为只是教师讲课时的语言运用，简单地用"以口语为主，手语、书面语等形式为辅"来理解和实施口语教学。口语教学能否正确实施，不能只看教师是否使用口语进行教学。

（3）各种语言沟通手段都是培养聋童口语、书面语能力的重要工具，都能够在学生的汉语理解和运用中发挥各自的作用。我们应该运用好书面语、口语、手语、身势语、手势汉语、看话、指语等各种沟通手段来帮助学生运用和习得汉语。

2."以口语为主导"和"以口语为主"

"以口语为主导","以口语为主",这两个短语的意义就是完全不同的。

"以口语为主导"是一个原则,意思是"要用口语主导书面语的学习"。"以口语为主导"就是"书面语的学习不应该脱离口语的学习,要通过口语的学习来学习书面语,用口语来识记书面语"的意思。这句话在任何时候都是对的,是有语言学、心理学和脑科学依据的,是我们需要遵循的语言学习的原则。即使确实有聋人可以不通过口语学习掌握良好的书面语能力,也不能说明这句话是错的。因为"以口语为主导"来学习书面语,语言内化的效率会更高,这一点前文已经做了具体的阐述。

"以口语为主导"简明扼要地表达了聋童口语学习的目的和本质要求:通过培养他们的口语能力来达到语言的内化,帮助他们形成良好的抽象思维能力和书面语能力。所以,"以口语为主导"应该是我们实施口语教学的一个根本原则。如果没有做到"以口语为主导",口语教学就无意义,就不需要实施口语教学。

需要特别注意的是,"以口语为主导"是指以口语主导书面语的学习。"主导"的作用只发生在口语和书面语之间,我们听人的书面语学习也同样如此。这是我们要搞清楚的一个重要关系。手语和汉语是两种不同的语言,不存在谁主导谁的问题。因此,我们使用手语时就不需要也不应该"以口语为主导"。

和"以口语为主导"相比,"以口语为主"可以理解为一个具体操作的要求,字面意思往往被理解为"教师和学生的教学语言要以口语为主"。这句话完整的表述是"聋校的教学语言要以口语为主,凭借课文,使用手指语、手势语、板书等多种语言形式,使学生在学习知识发展能力的同时,发展语言能力。"[1]我们如果完整准确地理解这一要求,就可以看出"以口语为主"是希望以口语运用为主来培养学生的语言能力,其实质思想和"以口语为主导"是一致的。所以,笔者认为把"以口语为主"这一要求准确地理解为"以口语

---

[1] 原国家教委于 1993 年颁布的《全日制聋校课程计划(试行)》。

为主来发展学生的语言能力"才是正确的。如果仅仅把"以口语为主"理解为教师和学生上课的语言要"以口语为主",就完全不是一回事了。聋校语言运用的情况很复杂,上课的语言"以口语为主"看似要求更具体了,但口语到底怎样运用才是"为主",其实并不清楚。因为如果教师的口语对学生不起作用,那"以口语为主"从何谈起?单从形式上看,"以口语为主"很容易做到,教师不管怎样开口讲就是了,不讲就不是"为主"。"凭借课文,使用手指语、手势语、板书等多种语言形式"也很容易做到。但如果仅仅这样理解和实施口语教学,就失去了"以口语为主导(书面语的学习不要脱离口语)"这一原则的指引。因此,"以口语为主"这样的表述虽然具体,但显然不如"以口语为主导"更简明扼要,一语中的。

根据聋童的语言实际,绝大部分学生是很难做到任何时候都使用口语来看话和说话的。教师在任何时候都可以说口语,可教师的口语却不能保证任何时候对学生都是有效的。所以不区分具体情况教师任何时候都"以口语为主"来讲课,即使配上手势汉语,很多时候很多学生的汉语输入就可能是无效的。这样就既没有"以口语为主",更没有"以口语为主导"了。

总的来说,这两句话都应该理解为"我们要让学生学口语,要用口语来主导学生的书面语学习"。至于用什么样的语言来上课,我们应该依照最新的《课程标准》(2016)指出的"根据聋生语言形成的特点,合理运用不同的语言沟通手段和教学方式"这个要求,根据学生的语言能力来使用各种语言沟通手段。教师如果要使用口语讲课,就应该根据学生的汉语能力(包括语言理解能力、口语和看话能力)来使用口语。学生还不具备相应的汉语能力,教师和学生就应该在书面语、手语等的基础上使用口语。其实无论是《聋哑学校语文教学大纲》(1884)还是《全日制聋校课程计划》(1993)都明确地写着"凭借课文,使用手指语、手势语、板书等多种语言形式",这就是强调口语的使用离不开多种语言沟通手段的运用,更离不开书面语。《课程标准》(2016)指出"加强对聋生手语与书面语表达方式的分析和转换能力的指导"这一要求告诉我们,手语是独立的语言,在使用手语帮助学生理解书面语的意义时,手语和书面语之间主要是表达方式的不同,需要进行表达方式的转换。这时候教师的手语表达就应该遵循手语自己的规律,教师就不用说话也不能说话。因此,我们一定要"依据聋生语言习得的特点进行教学"(《课程标准》2016),教学中不同的语言沟通手段,一定要根据学生的语言实际来运用。

口语是教师最擅长、最习惯的表达方式,教师容易把口语教学理解为"以口语为主,手语、书面语等形式为辅",所以教师用口语加上手势汉语来讲课是一种比较普遍的现象。尤其是在中高年级,这样的口语运用很容易脱离学生的汉语能力,造成严重的沟通障碍。这是我们最需要注意的问题。

3. 教师用口语讲课和学生看话

看话能力和口语能力紧密相关,所以看话是学生口语学习的重要内容。培养学生的看话能力需要一个辅助的手段,这个辅助手段就是手势汉语。手势汉语和说话的顺序一样,把说话的每一个字词都打出来,就是为了帮助学生看话。

如果教师讲话时,学生在看话,能通过手势汉语的辅助看懂话,那才符合"以口语为主,以手语(其实是手势汉语)为辅"的要求。所以,"以口语为主,以手语(手势汉语)为辅",指的是教师使用手势汉语时,要以教师的口语和学生的看话为主,也就是"让学生运用口语为主"。这样才体现了"以口语为主,手语(手势汉语)为辅"的要求。

如果在学生根本没有看话,或者不能看话的情况下,教师一边说话,一边打着手势汉语,那其实是"口语为零,手势汉语为主",这是和口语教学完全背道而驰的做法。手势汉语不能展示正确的形象意义,使用手势汉语,如果学生不具有相应的汉语能力,师生沟通的效果会很差,就远远比不上直接使用能正确展示形象意义的手语来讲课。

可是,教师说话时使用手势汉语辅助,学生能同时一边看话一边看手势动作吗? 和面部的表情以及口部动作相比,手势动作的幅度大,主要范围也集中在胸前,所以如果学生视点关注的是教师的口形,那就可以既看口形,又同时看到手势动作;而如果学生视点关注的是教师的手势动作,那教师的口形就会被完全忽视。所以学生是否有看话的习惯,是关系到教师口语是否有效的关键问题。教师一定要重视这一问题,及早培养学生看话的意识和习惯。

教师讲课的口语语速要适中,口形要适当夸张,语言要简洁,句式要相对固定等,这些都是老生常谈,但这样做的目的就是为了让学生看话。如果学生不看话,这些要求就无意义,学生关注的视点就会落在手势汉语的动作上,教师的口语也就失去了意义。

4. 聋童学口语并没有想象的那样难

强调聋童口语学习的困难,但我们同时也要明确,聋童的口语学习只要不是为了用来交往,而是为了形成内部语言,难度就会降低很多。教师完全可以利用聋童的视觉、触觉、言语动觉等渠道,用可以看到的形象(书面语、指语、手势汉语和口形、发音舌位图等)作为他们运用口语的依托,通过持之以恒的口语运用和朗读背诵等训练来形成他们的口语能力。

每个人都有说话的天性,聋童也一样。尤其是从小开始学说话的聋童,他们并不讨厌说话。即使是稍大后形成了不说话习惯的聋童,他们的内心也仍然希望自己和大家一样,所以他们仍然可以在教师的引导下开始学习发音和说话。他们讨厌说话的情绪是由机械地学习发音,反复无意义地朗读、背诵,还有鹦鹉学舌地学说话造成的。失败的经验和别人的批评、指责甚至嘲笑更会强化这些情绪。

更重要的是,如果父母和教师对聋童学说话没有信心,不及时引导和帮助他们学习说话,那么他们即使有比较好的残余听力,到了一定的年龄就会逐渐形成非常害怕说话的习惯。早年,笔者曾经在宿舍内发现一位刚从外校转入的八年级学生独自在唱歌。见到自己唱歌被教师发现,这位学生的脸红到了脖子,再也不肯继续开口。后来,在教师的引导和鼓励下,这位学生看到同学们都能大声朗读,他终于也慢慢习惯了在大家面前开口。他的听力损失在80db左右,发音的清晰度比较好,如果从小就形成开口交流的习惯,他的口语肯定能够进行一定的日常交流。听力还好的孩子都会这样,对听力不好的孩子来说,他们的潜能就更容易被埋没。

相信很多教师都有体会,只要聋童学会了某一个词句,可以用来进行交流,他们就会喜欢使用这个词句。如果教师愿意告诉他们,他们就会缠着教师问各种东西、各种动作的名称。在这样的状态下学习发音和口语,他们是不会有排斥情绪的。所以从聋童学习发音开始,我们就应该遵循语言习得的规律,让聋童们在汉语的运用中学习发音和口语。

教师要善于发现学生的点滴进步,对学生发音和口语的缺点,永远保持耐心和鼓励的态度。对孩子,尤其是聋童,教师的肯定是非常重要的。聋童在几乎没有听力的情况下学习口语,如果他们没有感受到教师的满怀期待,得不到教师的鼓励和耐心帮助,就很容易失去学习发音和口语的动力。

对重度、极重度聋童口语的发音质量,教师要有明确的认识。学口语的目的就是为了让学生的语言内化,学生只要能够记住每个字的拼音,有基本稳定的发音,形成说和读的习惯,就已经达到了目的。对发音的清晰度,教师做到坚持不断地鼓励和尝试,力争达到最好的效果就行。

5.口语教学实施中的问题

口语学习有利于聋童的书面语学习,但是,不正确的口语学习却会影响他们的书面语学习。我们很容易想象聋童口语学习的困难,他们听不到也看不懂汉语,一下子很难从口语获得有效的汉语输入。如果没有有效的汉语输入,汉语的内化从何谈起? 正是在汉语输入这个环节上,口语教学的实施常常会出现严重的问题。

首先,学生没有得到有效的汉语输入。因为聋童听不到,所以我们常常会看到教师和学生交流时一边说话一边打出手势汉语。这样使用手势汉语时,教师预期的结果是希望学生能知道教师在说什么,可是如果教师的口语脱离了学生的汉语能力,学生看着教师的口形和这些手势汉语,无法想起相应的书面语,或者知道是哪些词句但不懂得意义,无法知道教师所讲的内容。这样的结果,就是学生根本没有得到汉语的输入。教师说课文中的语句时,有板书有课本,学生能看到书面语,相对容易知道教师所讲内容。但教师在讲解课文时,因为只有口语和手势汉语,就很容易出现学生根本没有得到汉语输入的情况。

无效的汉语输入,根本就无法达到汉语内化的目的。造成这一现象的原因不能归结为教师的手语不规范,而是教师说的口语脱离了学生的汉语能力,这是造成口语教学实施中效率低下的真正原因。

其次,不理解汉语的意义而进行大量的读、说、背、抄写、默写等训练,严重影响学生汉语学习的积极性和效果。教师确实需要长期坚持运用读、说、背、抄写、默写等训练形式来帮助学生内化汉语,但如果聋童还不理解汉语的意义就进行大量的这类操练,就会严重影响学生汉语学习的积极性和效果。

学生的学习时间是有限的,他们本来起步就比较晚,课堂汉语学习的时间又很少,所以,没有较好地解决学生汉语理解的问题,想依靠大量的朗读、背诵等"口语学习"来掌握汉语,只会造成学生大量的无效劳动。我们对此要有清醒的认识。

和手语运用中的问题一样,"口语输入无效"以及"机械地朗读背诵"两个问题也不是实施口语教学必然会产生的问题,而是教师没有在学生理解汉语的基础上使用口语造成的。虽然这样的情况无法完全避免,我们在开始教学时肯定需要先朗读,我们也可以在预习时要求学生先熟读或背诵,但这样做只是教学的准备,教师一定要尽快帮助学生准确地理解所学的汉语,获得有效的汉语输入。只有在理解的基础上进行朗读、背诵等各种训练,才是有效的汉语输入,才真正有利于学生汉语的内化。

(二)实施口语学习的一些建议

1. 降低发音学习的难度

降低学生发音学习的难度,主要是降低发音学习的枯燥性。教师只有教学生运用汉语,才可以让发音教学变得有意义。语言习得过程中孩子不会回避发音,除了他们有听觉、爱模仿的天性以外,发音有意义是至关重要的。如果发音无意义,即使孩子有听力、爱模仿也会厌烦的。自然习得汉语的孩子不是先学拼音再学发音的,他们在生活中习得的语音都是有意义的。他们上学的时候已经会说话了,每学一个拼音马上就可以和他们的口语相结合,成为他们口语的一部分。所以,教师要理解聋童在听不到的情况下学习无意义的发音,不但困难而且是非常枯燥无味的。帮助聋童学拼音,教师一定要想尽办法使发音有意义。

比如,学拼音可以编顺口溜,把常用词编进去,结合图片或手语(身势语)赋予拼音更多的意义。念"a-a-a-"时可以分别加上"大嘴巴、大喇叭、大红花、大西瓜"等图和词(在黑板上写出,学生不用写只跟着读),使"a-a-a-"变得有意义。然后说"a-a-a-大嘴巴"时用手指指嘴巴,说"a-a-a-大喇叭"时,做个吹喇叭的动作,说"a-a-a-大红花"时对着图指指红花,说"a-a-a-大西瓜"时做抱西瓜、啃西瓜的动作。不仅如此,在生活中看到实物看到图片就可以让孩子说"花""嘴巴""喇叭""大西瓜"。我们不能认为才学"a",其他拼音"h""u"等还没教,就不能说"花"。因为在汉语习得过程中孩子学说话,都是直接模仿整个音节发音的,聋童也完全可以这样模仿。同时,在学生入学时教师就可以开始教学生说日常用语。因为通过说话来学习发音,更符合语言习得的规律,也更能引起学生的兴趣。学习发音本来就是为了动口说,只有动口说才有利于聋童学习发音。所以学发音和学说话相结合,发音教学才不枯燥。只要教师不强求发音的准确度,这样做既不会增加难度,也不会多费时间,反而有助于学生的记忆,有助于激发他们学习拼音和说话的兴趣。

2. 提高学生发音的稳定性

对聋童来说,提高发音的稳定性,比提高发音的清晰度更重要。因为没有发音的稳定性,发音器官就没有形成稳定的肌肉记忆和神经联系,也就无法建立起准确的内部语言。

(1)掌握熟练的拼音和指语,养成写和读不分离的习惯。发音的稳定性和发音的熟练程度有关,所以,采用合适的方法加强发音练习很重要。

除了发音和说话(意义)要结合在一起,发音和拼音、指语更不能分离。在学习汉字时,教师要强调声旁和同音字来帮助学生识记音节,还要适时对同音字进行归类,帮助学生识记。在学生书写汉字的时候要保证他们都能写出拼音或打出指语,使得语音和字形紧密结合。比如学生抄写生字的时候,要坚持写上拼音。写生字不要用中字本(只有田字格),要用写字本(田字格上面有四线格),或者在使用中字本时仍要求学生注上拼音(一行汉字注一个拼音)。在抄写生字和拼音时,教师可以要求学生写每一个生字都要默读一次,写拼音时也要读一次。在学生书写句子时,要求学生一边写一边默念,让学生养成写和读不分离的习惯。

在教师运用书面语时,有时候板书上文字比较多,教师让学生看着口形跟着自己发音,学生虽然跟着动口,却有可能不知道自己在说哪些书面语。有时候学生忘掉了其中一些汉字的拼音,就可能跟着含糊地发一个音来应付。所以,无论在哪一个年级,教师一定要坚持关注学生的发音。在板书时,对学生可能不知道拼音的文字,教师要及时抽查及时注上拼音。对学生的书面语、口语回答,教师也要养成抽查学生拼音的习惯,督促学生牢牢记住每个汉字的读音。学生自己阅读时,教师也要让学生养成习惯,对不知道读音的汉字,要及时问同学,及时查课本或字典注上拼音。

指语是帮助学生发音的重要工具。学习发音时打出指语,是帮助学生正确发音并稳定发音的重要方法。在低年级的朗读或背诵中,学生应该同时打出指语,逐渐过渡到不打指语。到了中高年级,教师也应该要求学生在每篇课文的第一次朗读时,能全部打出指语。这样有助于学生保持识记拼音的习惯,保持发音的稳定性。所以教师一定要注意,任何时候,学生的口语不能离开书面语,书面语也不能离开口语,不能离开拼音和指语。

(2)及时让学生得到反馈。提高发音的稳定性,除了多练习,就是多检查。因为学生的发音和口语无法得到自己听力的反馈,而教师的检查可以让学生得到反馈,知道自己的发音和口语是否正确,所以教师一定要当好学生的“反馈”。教师应该每天在课堂上抽一定的时间,对学生进行朗读、默读和背诵的训练。这样,学生在朗读、默读、背诵的时候,教师才能随时关注,随时做出反馈。教师对每个学生指语的熟练程度、发音的稳定性都做到心中有数,才能及时发现学生拼音和指语的错误,发现学生含糊发音"有口无心"的问题。

因为聋童字音和字形的结合容易被忽视,所以,朗读、背诵、默写等训练首先要在课内进行,等学生养成良好的习惯才逐渐从课内为主转到以课外为主。对课外的朗读、背诵、默写作业,教师也要重点关注字音和字形的结合,也就是关注学生是否都记住了每个字的拼音。

3. 养成动口的习惯

我们最主要的口语运用就是说话,就是使用汉语进行交往。重度、极重度聋童的口语交流很困难,离开教师和家长他们很难用口语交流,也不会自动形成动口的习惯,所以,教师要有具体明确的要求和切实可行的方法来培养聋童动口的习惯。除了在课内外积极带领学生使用口语交流,教师要用具体的操作要求和持之以恒的训练,来帮助学生逐步养成动口的习惯。

(1)在理解的基础上说。说是口语教学最重要的内容,是使他们的口语和书面语紧密结合,逐步达到汉语内化的关键。只有理解的汉语才是有效的汉语输入,才可能被内化,因此,学生动口一定要在理解的基础上进行。

(2)在看话时跟着说。看话时要求学生跟着动口,是为了帮助学生利用发音的肌肉记忆和神经联系来想起相应的书面语。教师要明确要求和督促学生在看话的时候跟着动口,逐步养成习惯。学生跟着动口时,教师要关注学生拼音、指语掌握的情况,保证学生在掌握拼音、指语的情况下动口。

(3)提前学会默读。《课程标准》对默读的要求,是在第二学段的阅读要求中提出的。笔者认为"初步学习默读课文",是针对课文阅读的要求,而学习默读字、词、句从一年级就可以开始了。在学会字词的发音、达到"基本掌握拼读方法,口形基本正确"的要求以后,教师就可以要求学生尝试默读。教师应该帮助学生学会从大声朗读到轻声朗读再到默读,使他们逐步学会默读字、词、句,逐步形成看到书面语就进行默读的习惯。

(4)边写边默读。从一年级的课堂作业开始,教师就可以要求学生边写边读。写一个拼音读一次,写一个字读一次,读的时候可以从出声到不出声。这可以使学生的读和写的联系更加紧密,逐步培养他们形成"逢写必读"的习惯。边写边默读可以极大地增加学生动口的机会,培养他们口语运用的习惯。

（5）写完以后读一遍。学生上来板书时，教师同样应该要求学生边写边读，同时在写完以后再读一遍。写完以后读一遍同时也是自查的方法，也应该养成习惯。学生在做作业时，他们是否边写边读、写完以后是否读一遍进行自查，应该是教师巡视课堂作业情况时的重要内容。在面批课后作业时，教师对学生错误的作业也应该先请他自己读一遍。

（6）保护学生动口的积极性。竞赛是孩子喜欢、教师擅长的方式。针对各种具体的口语学习要求，教师都可以在一定的阶段采用竞赛的形式来鼓励学生。比如拼音识记、指语运用、默读习惯等都可以作为竞赛的内容。使用竞赛和表扬的方式，教师要注意不应该用口语清晰度作为竞赛的内容，这对其他口语不清晰的孩子是不公平的竞争。教师当然需要鼓励那些口语清晰度好的学生，但更重要的是，教师应肯定每一位学生的口语学习都在不断进步。教师应该看到每位学生学口语的每一点进步，真心地感到满意。

4.培养学生的看话能力

看话能力是一个很"强悍"的能力。如果一个聋人有很好的看话能力，大家都会感到惊奇和佩服。显然，这种看话能力是通过长期说话和看话逐渐培养起来的，要达到这样的程度是很难的。聋童的口语能力和看话能力看起来是两种能力，但实际上联系非常紧密。看话能力是依赖于口语能力的，如果没有口语能力，就不会有看话能力。

"据有些看话能力很强的聋人介绍说，他们在看对方说话时首先注意抓住情景，通过看懂对方讲话中的一些关键词句先把握准他讲的主题。一经捕捉到对方讲话的情景，自己的思维则豁然开朗，往往就能一气呵成理解了对方讲的话。"①这个事实告诉我们，交谈总是发生在一定的情景中的，情景能为聋人的看话提供基础。情景包括交谈的场合、对象以及事件等一系列信息，但最主要的是对方的身势语传达的信息。抓住情景来判断对方的说的是什么主题，这是完全可能的。比如在分发物品的场合，对方指着另一个人说"不要给他"，这个情景中就包含着分发物品、有哪些人等信息，而对方的身势语则传达了"否定的表情和所指的对象"这些信息。这些信息足以使看话者把握住"不要给他"的主题。所以，情景和身势语提供的信息能对聋人看话起到关键的作用。说话本身传达的信息只占一小部分，大部分的信

---

① 叶立言:《聋校语言教学》,光明日报出版社,1990,第129页。

息都是由身势语传达的,说的就是这个道理。

当然有了这些信息要完成看话还是远远不够的,看话还需要看话者的口语能力。情景传达的这些信息汉语该怎么说,看话者应该知道。也就是说,他应该会说"不要给他"这个句子,也懂得句子的意思。也就是说,看话者必须具有我们说的内部语言,还有言语动觉的肌肉记忆等。对方说话的口形能够和自己对主题的把握相吻合,又能够和自己说这个语句的发音动作相吻合,看话者才可能知道对方说的是什么语句。所以聋人看话时,要调动自己的内部语言来抓住对方的关键词句,还要跟着对方的口形动嘴,模仿对方的发音动作,帮助自己想起对方说的话语。

从这一分析可以看出,看话能力和口语能力联系非常紧密。看话训练最重要的作用就是促进聋童口语能力的发展,更好地促进他们内部语言的形成。所以,聋童的看话能力虽然从零起步,也很难达到进行交流的理想程度,但我们仍然要认真做好口语训练和看话训练,逐步培养他们的看话能力。

培养学生的看话能力和习惯,注意以下几个要点:

(1)在日常交流和课堂交流中随时进行,形成习惯。看话不是课后作业,应该随着教学和交往进行。教师不能看到课后有看话的作业,才让学生看话。尤其是教学用语,因为天天用,比如"上课、坐好、举手、做作业"等,学生就一定能看懂。在教学中学到的词语,学生学习发音的同时,就要学习看话。这一环节只要教师有意引导,养成了习惯,就不会增加教学时间,学生自然而然就会进行。

(2)从词语的运用开始。学生刚进校,我们马上就可以开始使用书面语词语进行交往。比如,在黑板上写好"起立""坐下",教学生跟着说过以后,教师就可以用口语说,要求学生看话。学生只要能依据教师的口形正确指出书面语,教师就可以让学生按照口语(看话)做出行动的反应。教师说"起立",学生就起立,教师说"坐下",学生就坐下。这两个词,学生当时就能学会看话。教师只要坚持做,看懂教学和生活中常用的简短口语,学生会非常有兴趣,也都能学会。

(3)教师的口语要规范。每一位教师都知道,教师的口语要简洁,用词和句式要相对固定,口形要适当夸张,语速要相对放慢,这些都是为了让学生容易看话。如果学生不看话,则这些要求就没有意义。所以,教师的口语使用一定要谨慎再谨慎,时刻注意正确地使用讲课的口语,让学生学习看话、坚持看话。

(4)要求学生熟读看话内容。学生要会说才能看,要坚持熟练地说和读,看话能力才会逐步形成。最初的看话练习,教师应该在黑板上出现书面语或者请学生看着课本,让学生看着书面语和教师的口形进行对照,进行跟读。学生熟读课文,有比较稳定的发音,看话能力就会大幅度提高。

(5)要求学生跟着动口说,随时进行抽查。学生的动口能力和看话能力是同一件事的两个方面。所以,看话时要求学生跟着教师动口说,既是培养学生动口习惯和能力的重要环节,也是培养学生看话能力的重要环节。教师一边说话一边打出手势汉语时,要时刻关注学生是否能跟着说,要随时检查他们是否知道教师说的是那些汉语。教师可以突然停下来问学生,请他们把教师说的某个词、某句话写出来。教师长期这样坚持,学生就会逐渐形成看话的习惯和能力。

(6)先看话后辅助,坚持尝试看话。教师不能一说话就使用手势汉语辅助,更不能始终使用手势汉语辅助。如果总是这样,手势汉语的作用就不是辅助。教师应该先说话,不打手势汉语,等待学生看话,让学生尝试看话。在学生无法看话时,再使用手势汉语辅助。教师坚持这样做,学生就会逐渐形成看话的习惯。

看话是为了培养看话能力,所以我们在说相对容易的语句时,就要逐步减少手势汉语的辅助,甚至不用辅助。如果教师一直是说多少语句都逐字逐句打出手势汉语,说明教师的心中并没有培养学生口语和看话能力的意识,这样使用手势汉语仍然是不正确的。

同时教师还要理解,我们坚持培养学生看话,首要目的是让学生的看话能力促进口语能力的发展。只有学生具有良好的口语能力,他们的看话能力才会更好地发展。所以,学生的看话训练,重点应该放在要求学生运用口语、形成熟练的口语能力上。

五、多种语言沟通手段的综合运用

(一)正确认识各种语言沟通手段

1. 语言的运用和交流的对象

当不会英语的我们知道交流的对象只懂英语不懂汉语时,想到的就是去请一位懂英语的人来帮助我们进行交流。这说明语言的运用是要看交流对象的语言能力的。我们和聋童进行交流，如果采用书面语，就需要他能读懂书面语才能进行。采用口语，就需要他有一定的口语和看话的能力。脱离交流对象的语言能力只顾讲自己的语言，是无法实现交流的。但是，这种情况在聋教育教学的实践中，是经常会发生的。教师脱离学生的汉语能力使用口语和手势汉语，其实就是在对着不懂汉语的人喋喋不休地讲着汉语。

所以，当我们面对一个聋童时，他有什么样的语言能力或沟通能力，我们就要采用这个语言沟通手段来和他进行交流。如果一个学生既不懂汉语也不懂手语，那我们就要采用模拟的身势语来进行交流。这是我们为了完成交流必须采用的正确对策。换句话说，我们能采用什么语言沟通手段来和聋童进行交流，是由他们的语言能力决定的。当然，反过来也一样。一个聋人看到一个听人，也是根据这个听人的语言能力来决定是采用手语还是采用书面语甚至口语进行交流的。

2. 学习中的汉语和交流中的汉语

对学生来说，他所面对的课堂中的汉语其实应该分为两类。一类是课本中的汉语，这是学生要学习的汉语；另一类是教师使用的汉语，这是交流中的汉语，是教师讲课的教学用语和讲解课文的汉语。这两类汉语在教学中至少有以下两个重要的区别：

（1）学习中的汉语，都是有书面语的，有大字课文和课本，还有板书；而交流中的汉语，常常是离开书面语的，教师常常使用的是口语加手势汉语。

（2）对教师来说，教学的重点当然是学习中的汉语，教师会采用各种方法来帮助学生学习课文的汉语，作业训练等也都是围绕这些学习中的汉语来展开的。而交流中的汉语，用过就过去了，如果学生的理解有问题，教师常常也没有更多的时间和精力采用学习课文汉语的方式来解决这些问题。

这两类汉语也是有联系的。一方面，学习中的汉语可以转化为交流中的汉语，转化为学生的汉语能力；另一方面，交流中的汉语也可以成为教学中的汉语。有经验的教师在使用口语和手势汉语解释课文汉语的时候，常常会对自己用到的、学生可能不理解的汉语出示书面语并进行解释。

由于学生的汉语能力处于形成和发展的初期，教师使用交流中的汉语时，只用口语加手势汉语的方式，不出现书面语，学生最容易出现汉语输入无效的问题。而且，这个问题也最容易被忽视，需要引起教师的高度重视。

197

3. 尊重和学习学生的手语

和学生不同,绝大多数教师在自己的生活中并不使用手语进行交流,也不是学生手语交流自始至终的参与者,教师的手语能力,一般是远远不如学生的。学生每时每刻都在学习和使用手语,他们的手语规范来自他们使用手语进行交往的群体,我们应该尊重这些在实际生活中使用着的手语。虽然我们可以凭借手语词典,告诉学生一些手语的词汇,可是实际上无法干预学生的手语交流。我们要做的,首先是向学生学习手语,只有这样才可以和学生进行良好的沟通。然后,作为学校教育的执行者,教师应该使学生知道手语有不同的打法是一种正常现象。正因为手语有许多不同的打法,所以我们才需要学习通用手语。而且我们还需要理解,通用手语不应该也不可能成为生活中唯一的手语。在生活中能够完成交流的手语,就是好的手语。

语言是活生生的不断生长变化的。一个词句只要有一些人在使用,它就是正确(有理由)的。我们这个时代新产生的许多网络语言,正在向我们证明这一点。所以,我们一定要尊重学生的手语表达,鼓励他们用自己的手语进行表达。当我们看不懂学生的手语时,可以要求学生写出相应的汉语,或通过情境和身势语等的交流来理解。我们认真学习学生的手语,既可以加强和学生的沟通,又能够帮助学生学习汉语,还可以提高自己的手语能力。

(二)多种语言沟通手段的综合运用

1. 以书面语为基础综合运用各种语言沟通手段

在课堂上,学生和教师之间的口语运用,除了朗读、默读,主要是提问和回答。在一个学生回答的时候,其他同学在一边只能看一些手势汉语。即使有很强的看话能力,学生之间相互看话也是一件很难的事。显然,在课堂上,教师一个人面对多个学生,师生之间的口语交流,效率是不高的。

学生的汉语表达主要体现在书面语上,因此我们应该引导学生以书面语为基础来运用汉语。让学生多动笔,以书面语为基础运用汉语,可以极大地提高学生汉语运用的效率。比如教师的课堂提问可以写成板书,每个学生都准备一个课堂笔谈本,先写下教师的问题再自己用书面语回答。这样的问答,就成了一对一的,教师问一个问题每个同学都能独立回答。学生读题时要默读,书写时要默读,写完了要自查(默读),这样面对一个问题,每个学生就都运用了书面语和口语。教师还可以在书面语的课堂提问中选择一些用口语讲,让学生看话并用书面语回答。这样每个学生都得到了看话的机会。在每个学生分别用书面语进行回答之前或之后,教师还可以请几个学生用手语来回答。很多时候,因为手语更适合全体学生的语言能力,也不必书写,因此沟通的效率会更高。这样运用手语,能帮助汉语能力不足的学生更好地理解和运用书面语。这样的课堂交流,汉语运用的效率就会比较高。

所以,教师在课堂上运用口语(手势汉语辅助)、手语时,都要以书面语为基础,要尽可能让学生多动笔,多运用书面语。教师应该尽量设置一些使用书面语进行沟通的作业本。除了用课堂的笔谈本来书写教师的问题和自己的回答,还可以有课堂笔记本(记录课堂上使用过的语句)、草稿本(预习课文时对词句的理解,课后作业的尝试,都可以先写在草稿本上)等,让课堂交流以书面语的运用为基础。这样,学生在运用书面语的同时,既需要使用口语,也可以使用手语解释意义,就能比较好地综合运用口语、书面语和手语,并且使口语和手语的运用落实到书面语上。

2. 合理使用口语和手势汉语

口语和手势汉语运用,是当前教学中的一个关键问题,由于口语和手势汉语在各种语言沟通手段中的重要地位,需要注意以下两个关键问题:

(1)在学生看到口语、理解口语的基础上使用口语和手势汉语。用口语讲课是教师最常用也最容易出问题的环节。教师使用的口语一定要以学生的汉语能力为基础,一定不能脱离学生的口语和看话能力,脱离学生对汉语的正确理解。因此,教师要精确地掌握每一位学生的汉语水平,要精确到每一个词、每一句话,知道哪些学生会了,哪些学生还不会。在发现问题时教师要及时写出书面语,及时使用手语和其他方法帮助学生理解汉语,避免出现汉语输入无效的问题。

(2)发挥好手势汉语提示口语的作用。手势汉语是照着说话打出来的"手语"句子,作用是帮助学生看到教师的口语。这样运用"手语"时,教师一定要做到"以口语为主"。

"以口语为主",就是要求教师在使用口语时要坚持让学生看话,只是在学生看话有困难时,教师才使用手势汉语提示。所以,教师经常要先不提示,尝试让学生看话,让学生跟着教师的口语动口。只有这样,才做到了"以口语为主"。

教师使用手势汉语时一定要关注学生把手势汉语转为汉语的"转码"过程,对学生有转写的要求,给学生转写的时间。为了培养学生的意识和习惯,教师在说完一句话后要有停顿,给学生时间让学生想想汉语书面词句,让他们有时间把看到的口语和手势汉语转写为书面语。教师还要随时进行检查,让学生写出书面语,或者重复教师说的话,以此来保证转写要求的落实。

教师还要根据学生口语和看话能力的发展逐步减少手势汉语的提示。手势汉语和口语可以从开始的一一对应,逐步减少到只用几个关键手势提示。这样的状态,才是手势汉语发挥有效作用的最好状态。

3.合理使用手语

(1)把手语作为独立的语言来运用。我们一定要明确,并不是只有教师运用口语,才是在培养学生的口语能力。教师运用手语帮助学生理解汉语,也是培养学生口语能力的重要环节。

手语是独立的语言,教师的手语一定要从口语那里摆脱出来,按照手语自身的规律来表达。聋童的书面语学习需要以口语为主导,但师生的手语运用就不能以口语来主导。运用手语时,师生就不应该说口语,而应该遵循手语自身的表达规律,把手语运用好。

教师专注于学校的教学工作,与社会聋人群体进行交往的手语能力有限,这是可以理解的正常现象。但教师积极向学生学习手语,积极和学生进行手语交流,应该是工作的题中之义。教师不能把手势汉语当成唯一的"手语",只会一边说话一边使用手势汉语,教师一定要善于使用能够直接展示形象意义的手语来帮助学生学习汉语。教师尤其要注重使用好模拟的身势语,用模拟的身势语把事物的真实形象展示出来,帮助学生确切地理解汉语的意义。

(2)使用手语的同时要及时学习和使用汉语。合理使用手语另一个重要的问题,就是不要因为手语的使用减少汉语的使用。只要手语的使用不减少汉语的使用,手语的使用就是合理的。所以,在手语交流时,教师不能满足于手语解决了问题,一定要及时让学生学习和使用相应的汉语。

因为教师要面对许多学生,教学时间也是有限的,所以,使用手语的同时不减少汉语的使用,只是一种理想化的要求,在实践中是无法不折不扣做到的。但是,教师心中一定要永远有这一意识:使用手语交流时,正是学生学习运用汉语的最好时机。我们要尽力采用各种方法让学生使用手语后就使用汉语,比如在手语交流中随时给学生提供汉语词句,比如在手语交流结束以后要求学生把这些交流的意义用汉语写下来等。这样,手语的使用就不会对学生的汉语学习产生任何负面的作用。

4.教师的板书运用

教师的板书是重要的书面语运用。教师的板书要帮助学生运用汉语,所以常用的用关键词写板书的方式,很多时候并不适合聋童。

比如,《小蝌蚪找妈妈》这篇课文,教师要用板书来帮助学生清楚掌握小蝌蚪的变化过程。我们来比较下列三种板书:

板书 1

小蝌蚪:大脑袋、黑灰身子、长尾巴——两条后腿——两条前腿——尾巴——长成了青蛙。

这样的板书更适合汉语能力好的学生,因为他们看到"两条后腿"就能知道意思是"小蝌蚪先长出了两条后腿"。

板书 2

小蝌蚪:大脑袋、黑灰身子、长尾巴——长出了两条后腿——长出了两条前腿——尾巴变短了、不见了——长成了青蛙。

板书 2 的汉语相对比较完整,说明教师已经注意到了学生的语言特点。

板书 3

小蝌蚪是怎样的?(小蝌蚪)大脑袋、黑灰身子、长尾巴。

小蝌蚪怎样变化?(小蝌蚪)先长出了两条后腿——又长出了两条前腿——慢慢地尾巴变短了、不见了。

小蝌蚪变成了什么?(小蝌蚪变成了)青蛙。

(注:板书中括号内的内容可以不写,但读的时候,要根据问句读出来,形成完整的句子。)

显然,板书 3 为学生提供了 6 个清晰完整的语句,一问一答,更清晰地概括了小蝌蚪变化的过程,既帮助学生厘清了思路,又把这些知识和概念用完整的语句表达出来。这样的板书更有利于帮助学生使用所学的汉语,有利于逐步提高他们的汉语能力。

所以,板书的运用,教师要做到以下几点:

（1）教师的板书，要尽量书写完整的语句。教师要帮助学生把课文的主要内容写成简明扼要的语句，把知识、概念的学习落实到培养学生的汉语能力上。

（2）板书完成以后，教师要带领学生读板书。在读关键词写的板书时，教师要尽可能让学生把关键词串联起来，读成完整的语句。

（3）随着学生汉语能力的发展，教师的板书可以逐步从书写完整句过渡到书写关键词。但是，教师仍然应该要求学生能根据板书的关键词说、写出完整的语句。

（4）培养学生形成朗读、默记、抄录板书的习惯。教师用完整的语句写板书，就可以要求学生朗读、默记和抄录板书。教师在课文讲解结束以后，要给学生两三分钟时间进行朗读和默记板书内容。抄录则可以要求学生在教师书写和讲解的过程中完成。这些训练都是学生真实地运用课文汉语的过程，如果能形成习惯，持之以恒，就非常有利于学生汉语能力的发展。

（三）解释汉语的一些具体方法

解释汉语最好的方法，就是让学生依照汉语做出行动。学生能依照汉语做出正确的行动，就表示他理解了这个汉语。这是每一个孩子最先理解语言的方式，聋童更应该依照这个方式来学习汉语，这是我们要牢记的原则。

解释汉语另一个重要的方法是运用形象，让汉语和形象（实物、图示、动画、手语等）建立联系，这也是必须用也最常用的方法。

除此以外，我们还可以用汉语来解释汉语。教师用汉语解释汉语的过程其实就是教师帮助学生运用汉语的过程，所以，这一方法也非常重要。

1. 用汉语解释汉语的一些方法

（1）用举例（造句）的方式解释。用举例的方式来理解词义，就是使用这个词语组成词组和句子。比如课文中"空气很潮湿"中的"潮湿"，教师可以写出"衣服很潮湿"，"天太热了，我的鞋子里很潮湿"等语句，来帮助学生理解"潮湿"。教师要尽量用学生学过的、常用的词句来举例子，帮助学生理解词义。教师的举例接近学生的实际生活，就更容易让学生理解和模仿使用。

（2）用对比和归类的方式解释。用词义对比的方法，就是利用学生学过的近义词、反义词作比较，帮助学生理解词义。教师还应该把学过的词按属性归类,比如"动物、水果、学习用品"等,比如"谁、做什么、怎么样、什么地方、什么时候"等,通过这些归类帮助学生理解词义,对学生进行初步的逻辑思维训练。

(3)联系上下文,猜测词义。词不离句,把词语放到句子中去理解,是帮助学生理解词义、句意的必经过程。教师可以要求学生养成联系上下文来猜测词义的习惯。至少可以要求学生猜测不理解的词是一种行为(做什么),是一种事物(什么),还是一种状态(怎么样),然后在这个基础上再根据上下文来讨论是什么行为、什么事物或什么状态。

(4)通俗的解释和准确的词语解释。通俗的解释主要是使用近义词或学生熟悉的汉语来描述词义。比如"工作"一词,教师首先可以告诉学生"工作"就是"做事",但用法不同。这种解释虽然不准确,但很重要,可以先让学生有一个大致的理解。然后教师需要采用"举例"的方式,比如教师把"工作"通俗地解释为"做事"以后,就可以用造句的方式帮助学生理解"工作"的意义。比如"你爸爸做什么工作?""教师的工作是教学生学习。""同学们长大以后都要参加工作。"通过比较"工作"一词的不同运用,来帮助学生准确理解并运用"工作"一词。

准确的词语解释,一般就是词典中的释词方式。这种方式表达准确,但对学生来说理解会更难。

"工作"在词典中的释义是:①从事体力或脑力劳动;②职业;③业务、任务。这些解释虽然准确,但需要学生有比较好的汉语能力。因为这些语句明显都比"工作"一词本身更难理解。

两相比较,我们可以看出,即使是到了中高年级,教师还是应该大量采用举例的方式,结合通俗的解释和比较、联系上下文猜测等方式来帮助学生理解汉语。在这个基础上,教师才可以要求学生查字典来选择合适的词义解释,通过词语解释的方式帮助学生更准确地理解词义和运用词语。

(5)把长句化为短句,把陈述转为对话。对课文中比较书面化的长句,教师可以使用把长句化为短句,把陈述转为对话的方式帮助学生理解句意。

把长句化为短句,比如"小白兔弯着腰在山坡上割草"这个句子,可以分解为"小白兔弯着腰""小白兔在山坡上""小白兔在割草"这三个短句。对聋童来说,这样的方法有助于他们理解句意,因为真正理解了这个句意,学生自己就应该会分成短句。如果学生不会,那教师就有必要帮助学生用这个方法来理解句意。

把陈述转为对话,就是教师根据课文语句提出问题让学生来回答。对聋童来说,教师不能只是为了厘清课文脉络,把握课文的主要内容和中心思想来设计问题。教师要首先根据句意提出问题,让学生在一问一答的对话中理解句意。比如课文《背影》中的一句话:"我再向外看时,他已抱着朱红的橘子往回走了。"教师可以根据这个句子提出很多问题:

"我是谁?"(我是朱自清,是作者。)

"我向哪里看?""向外看的'外'是指哪里?"(我向车窗外看。"外"是指车窗外。)

"为什么说我'再'看?"(我前面看着他,后来哭了没有看。)

"我看到什么?"(我看到父亲抱着橘子回来了,买橘子回来了。)

"他是谁?""他拿着什么?"(他是父亲,他拿着橘子。)

"作者为什么说'抱'着橘子?""这说明什么?"(说明父亲买了很多橘子。)

"往回走是向哪里走?"(往车厢这里走。)

这些问题看似简单,也很啰唆,但其实不理解句意和课文的相关内容却很难正确回答。思考和回答这些问题对学生准确理解句意、独立地运用课文的语言非常有帮助。这些问题教师可以用书面语提出,学生可以用课堂笔记本书面回答,也可以用口语和手势汉语回答,有的还可以用手语回答。如"为什么说我'再'看?"这个问题,学生用汉语回答比较难,用手语回答更方便快捷。手语回答对了,同样说明学生的汉语理解是正确的。

更重要的是,这样的问答看似"啰唆和烦琐",其实却是学生运用课文的汉语和教师进行了真实的汉语交往。这样的问答具有极其重要的意义,是让学生在课堂上使用汉语、习得汉语的好方法。

2. 手语如何解释抽象的意义

"手语既然是一种真正的语言,那么它作为抽象的约定俗成的符号,就一定能表达任何概念。"[①]手语可以表达一切意义,当然包括抽象的意义。

抽象的意义本身就是从具体的事物中抽取(概括)出来的,所以,模拟的身势语就可以通过具体事例的描述来表达抽象的意义。手语描述具体的事

---

① 郑璇:《手语基础教程》,华东师范大学出版社,2015,第244页。

物可以比模拟的身势语更简洁清晰,要表达和解释抽象的意义就更没有问题。

比如,表达"公平"的意义,可以用相应的手语词来表达。但是,对还不理解"公平"这个抽象意义的孩子来说,仅仅打出"公平"这个手语词,并不能帮助学生理解"公平"的意义。只有懂得了"公平"的意义,形成了"公平"的概念,手语词"公平"的使用才会有效。所以,教师可以用手语描述"东西/分/多少/一样"(分东西要一样多),"我/到/先/拿/先//你/到/后/拿/后"(我先到先拿,你后到后拿),"跑步/比赛/线/后/站/一样//跑/开始/一样"(跑步比赛要站在同样的起跑线后,同时开始跑)等,就能让学生从这些具体事例以及相应的反例中比较好地体会和理解"公平"的意义。

手语通过对具体事例的描述来表达和解释抽象的意义,就能突破手语词汇少的限制,解决课堂上常常无法打出与课文汉语相应的手语词的问题。这种方式不适合电视台的手语翻译,却非常适合在教学中帮助学生理解汉语的意义。所以,教师使用手语描述具体事例来解释抽象意义,是课堂上帮助聋童学习汉语、理解抽象意义时必须使用的方式。

3. 手语的陈述与对话

我们在运用口语进行交流时,实际上有几种不同的方式,比如宣读、演讲、陈述、对话等。手语交流和口语交流一样,也可以进行宣读、演讲、陈述和对话,比如为电视台或大会发言做手语翻译,比如讲故事,讲述一件事情和自己的想法、要求等。口语交流时,各种不同的交流方式效果也会有差异,一般来讲面对面的对话交流效果会更好一些。与口语交流相比,手语的陈述与对话差异会更明显,对话的交流效果会明显好于单方面的陈述,因此手语交流最有效的方式就是对话。对话时,你一句我一句,双方都可以就自己不清楚的地方随时做出反应,这样就可以在弄懂前面交流的基础上进行下一步对话。所以,教师在讲课时,要注意尽量将自己的手语陈述转变为手语对话。在和学生一来一往的对话中,教师用手语讲述的内容会讲得更清楚,也更容易发现学生不理解的地方,及时做出进一步的解释。

将陈述改变为对话,即就陈述的内容向学生提出问题或自问自答。比如解释"起来,不愿做奴隶的人们"这个句子,教师在手语模拟"一个人带头招呼大家都往前冲的样子"以后,就可以用手语问学生"他招呼大家做什么?"模拟"大家手挽手的样子"以后,可以问学生"大家为什么要手挽手?"

模拟"站在街头发传单,招呼更多的人"后,可以问学生"这个动作(发传单)是做什么?""为什么要发传单?"模拟"监工挥舞皮鞭凶恶的样子"以后,可以问学生"谁这么凶?""他要做什么?"在这样的问答中继续陈述下去,就可以使学生比较好地理解教师手语讲述的意义。

和教师使用口语、书面语交流时需要关注学生的理解一样,教师在使用手语进行讲解时,也同样需要时刻关注学生的理解是否到位。将手语的陈述转变为手语对话,就是一种保证交流有效的好方法。

知识链接 6-1

我国聋教界对语言交往重要性的认识

儿童的语言是在和周围的人们的语言交往活动中逐步发展起来的。可以认为语言交往既是儿童语言发展的起始点,也是它的归宿。语言交往既激发着儿童学说话的动机,又提供着学习的语言典范。学到的语言反过来促进着儿童的交往活动,有助于他们达到一定的目的,从而进一步强化其学说话的动机,提高其学习的积极性。同时这种语言技能也在交往活动中得到锻炼和提高。很难想象,作为交往工具的语言离开日常的交往活动实践,怎能使儿童学好。①

语言环境是形成人们语言的重要条件,把耳聋童置身于语言环境中,是形成他们与语言能力的有效办法。②

从智力和语言习得能力的角度看,听力障碍学生并没有缺陷,他们缺失的,仅仅是语言环境——即使用语言进行交往的过程。因此,教育者从如何习得语言的角度来思考和改进"教一句学一句"的方法与过程,用特殊的手段形成听力障碍学生使用语言进行交往的环境,让他们的语文学习以运用语言进行交往为中心,让他们通过与教师、家长进行语言交际的互动实践来发展语言,来进行语文学习和语言学习,是我们听力障碍学生语文学习应该研究和突破的方向。③

语文课程是实践性课程,应着重培养聋生的语文实践能力,而培养这种

---

① 银春铭:《听力残疾儿童的语言教学》,上海教育出版社,1995,第 95 页。
② 季佩玉:《聋哑学校语文教材教法》,中国盲文出版社,1986,第 24 页。
③ 张宁生、李玉影:《听力障碍儿童心理与教育》,郑州大学出版社,2018,第 173 页。

能力的主要途径也应是理解、运用语言文字的语文实践。观察、体验、操作是聋生获得外部信息、提升认知能力的重要途径和手段。聋校语文课程应注重认真观察、亲身体验、动手操作的过程，应该让聋生多读多写，日积月累，在语文实践中学习语文，掌握语文学习的基本方法和语言运用规律。

一切教学都应在有内容的活动中进行，并充分结合聋生已有的生活经验和语文积累，借助具体的、直观的事物，充分利用视觉观察的优势，帮助聋生理解和运用语言文字；根据聋生语言形成的特点，合理运用不同的语言沟通手段和教学方式，加强对聋生手语和书面语表达方式的分析和转换能力的指导，加强阅读能力和表达能力的培养，使每个聋生的语言能力不断提高。①

知识链接6-2

言语动觉对听力障碍儿童学习口语的作用

言语动觉就是发音时对自己言语器官的运动和言语器官各部分所处位置状态的感觉。不同的音，言语器官的动作不同自己会有一种感觉，这就是言语动觉。听力障碍儿童就是靠这种自我感觉来调节发音活动的。假如没有来自言语器官的运动感觉，那么听力障碍儿童就无法知道自己是否在发音，更不知道自己在发什么音。听觉正常的儿童能够听到自己的发音，他们学习说话，主要靠听觉来调节，言语动觉也起着一定的作用，只是在通常情况下显示不出来。但在听觉丧失之后，言语动觉的作用就突显出来了。此外，言语动觉在"看话"的过程中也是不可缺少的。因为"看话"不是一个单纯地用眼睛"看"对方口形的过程，而是在观察口形的同时，看话者也要跟着默默地"说"才能达到理解。这是因为理解的程度不仅取决于对说话人口部动作的速度及细微变化的分辨能力的提高，更重要的是取决于口语词汇储存量的扩大。自己不会"说"的语句，也就"看"不懂。不要以为看话只是视觉的产物，其实动觉对于看话也具有重大意义。

（摘自张宁生、李玉影：《听力障碍儿童心理与教育》，郑州大学出版社，2018，第20页。）

---

① 《聋校义务教育语文课程标准》2016版。

解码和内化

一、解码

内化是在解码的基础上进行的。解码是一个较为复杂的心理过程，它起码包括接收、理解和贮存三个互相联系、互相作用的环节。

接收是儿童用语言感应器（言语听觉器官）把输入的内容接收下来，将一系列的语音信号变成相应的神经脉冲，然后将其送入一定的语言中枢，等待处理。

理解是个过滤的过程，受制于语言水平和认知发展水平，以及理解所必需的心理准备。语言理解是一个相当复杂的过程：首先要根据语音的神经脉冲信号，在大脑的内部词汇库进行词汇检索；然后利用一定的方式建立句子的命题，进而建立语段所负载的命题系列；还要把握说话人的意图和言外之意，推断说话人的动机等。贮存是把理解得到的各种信息送入大脑的特定部位，依据现在人们尚不清楚的方式贮存起来。

心理语言学的大量研究表明，话语理解不仅仅是一个由词语到句子再到语段的自下而上的过程，而是一个自下而上和自上而下相互作用的过程。由于人们大量的语言实践，会在大脑中建立起"故事图式"，并在话语理解中发生作用。

二、内化

内化是儿童通过对语言输入的加工处理而获得语言能力的语言心理机制，也是研究儿童语言获得的关键所在。内化是在解码的基础上进行的，承担着比解码更为艰巨的任务。

1. 内化能力

解码的任务主要是在交际中通过对语言输入的加工理解话语的意义。而建立在解码基础上的内化，其加工对象是语言本身，是运用一定的语言加工能力对语言输入进行概括和抽象，得到各种语言单位和各种语言规则。就此而言，内化是个更深入理解的过程，是另一种意义上的"解码"。如果说解码能力是一种信息加工能力的话，那么，内化能力则是以语言本身作为知觉对象的一种"元语言能力"。

内化能力代表着儿童的语言学习能力。就现有的研究来看，内化绝不仅是一个被动模仿的简单投射过程，而是儿童积极主动的创造性过程。内化能力有先天的因素，也有一个后天发展的过程，会受到各种后天因素的制

儿童习得汉语的方法和策略

约。内化的质量和速度,就是各种因素相互作用的结果。而且,不同发展水平的儿童,内化会有不同的特点。所谓关键期或临界点,其实就是指内化能力的发展或衰减,乃至僵化。

2. 模仿和创造

儿童的内化能力,起码包括模仿和创造两个主要方面。

(1)模仿。事实证明,模仿不失为儿童语言发展的一种重要方式,是儿童的一种重要的内化能力。模仿可以分为不同的类型:

1)主动模仿和被动模仿。主动模仿是儿童对于语言输入自觉的模仿;内动模仿是儿童在成人的要求下对语言输入的模仿。

2)即时模仿和延时模仿。即时模仿是紧跟着语言输入的模仿;延时模仿是儿童在语言输入当时没有模仿,而是过了一定时期之后出现的模仿现象。

3)机械模仿和选择性模仿。机械模仿是儿童对于语言输入的原样照搬式的模仿;选择性模仿是儿童对于语言输入有选择的模仿,或模仿特定的词语,或模仿特定内容的句子。

4)语句模仿和结构模仿。语句模仿是对语言输入的话语的模仿;结构模仿是一种高级的模仿,儿童不模仿具体的语句,而模仿的是话语的语法结构。

(2)创造。儿童依据模仿得到的或已经掌握的语言单位和语言规则或语言运用规则,自己创造出新的语言现象。如果把模仿的或已经掌握的语言现象称为"原式",把在此基础上的创新现象称为"新式",那么,就语言系统的发展来看,儿童的主要创造能力有:

1)迁移。迁移包括情景迁移、所指迁移和结构迁移。所谓情景迁移,是把原式用在新的语言情景之下。例如,儿童在门口学会了给人"再见"后,到大街上也会使用"再见"一词。所谓所指迁移,是指把原式用到新的指称对象上。例如,儿童学会了把玩具狗叫"狗狗",后来见到一只真正的狗也会叫"狗狗"。所谓结构迁移,是改变原式上下文结构语境。例如在"我打球"的基础上创造出"打球好玩","打球"原来是同"我"组合作谓语,在新式中是同"好玩"组合作主语。

在这三种迁移中,前两种迁移最容易,结构迁移的创新性最大,因此,是较难的一种迁移。

2)替换。替换是指不改变原式的结构,只更换或部分更换原式中的词语。例如，儿童学会了"我吃饭"，然后自己创造出"妈妈吃饭"或"爸爸喝水"的新式。替换是儿童较常用的一种创新能力。

3）扩展。扩展是指在原式的前面、中间或后面增添一些新的语言成分。例如，儿童学会了"不吃"，然后创造出"我不吃""不想吃"或"不吃糖糖"的话。

4）删减。删减是指在原式的基础上创造出新的较为简略的形式。例如，儿童学会了"婷婷的玩具"，在一定的语境下简略成"婷婷的"。

5）粘连。粘连是指把两个原式合并为一个结构。例如。例如，儿童在"钱装进去"和"倒不出来"的基础上发展出"钱装进去就倒不出来"。

上面所列，只是儿童语言创造力的一部分。不同时期，儿童的创造力有不同的体现，而且往往是综合应用的。

模仿和创造具有相对性，事实上难以分得一清二楚。从列举的模仿和创造的这些方面来看，可以说模仿中有创造，创造中有模仿。在儿童早期的语言发展中，较多地使用模仿，特别是被动模仿、即时模仿、机械模仿和语句模仿，而随着儿童语言的不断发展，创造性较强的模仿方式便会较多地使用。

（摘自李宇明：《儿童语言的发展》，华中师范大学出版社，2004，第295－300页。）

知识链接6-3

图式

图式就是人脑中关于普通事件、客体与情景的一般知识。

初生的婴儿无论碰到什么物体，都会产生吮吸的反射。这也是说明婴儿在此时具有"吮吸的图式"。以后在适应环境的过程中，图式不断地变化并复杂化。婴儿在吃奶时看到母亲的形象、听到母亲的声音、还接触到母亲的怀抱的姿势等等，因而由最初遗传来的反射图式发展为多种图式的协调活动，儿童的心理水平也随之提高。随着年龄和经验的增长，图式的种类、数量和质量都有所提高。初生的婴儿只有极少数粗糙的图式，如吸吮、抓握、哭叫等等。随着儿童的成长，图式的种类逐渐增加，内容也越来越丰富多彩，开始从简单的图式向复杂的图式发展。到了成年以后，就形成了比较复杂的图式系统。这个图式系统构成了人们的认知结构。

（摘自董蓓菲：《语文学习心理学》，北京大学出版社，2015，第127页。）

第七章

自主阅读，聋童习得汉语的重要途径

每个孩子都喜欢听故事，所以，阅读要从听故事开始。生动形象的手语故事能为聋童带来听(看)故事的享受，用手语来讲述图书中的故事，就能逐渐吸引他们开始阅读。

正如只有下到水中才能慢慢学会游泳一样，只有尝试阅读才能让学生真正学会阅读。

一、聋童自学能力的培养

(一)聋童的自学尝试

1. 语言最适合自学

聋童学习上的困难，会让很多教师和家长产生疑问：聋童能自学吗？最简单的语句都会写错，都记不住，怎么自学？他们能把学过的汉语用到生活中去，能用对就不错了。

可是，按照语言习得的规律去看，语言恰恰就是最适合自学的。这是因为语言是有用的，孩子的生活中离不开语言。在生活中学习语言既有用又有趣，对孩子充满了吸引力。孩子说"饼干"，就能吃到饼干。孩子说"我也想去"，妈妈就会带他出去。而聋童在课堂上学汉语，很容易脱离生活中的实际交流,汉语就变成了让人头疼的"作业"。因为如果汉语不能在生活中用来交流,谁也不会主动去学。学语言和学功课、做作业的主要区别,就在于语言在生活中是有用的,是在生活中用会的。只要我们让汉语在聋童的生活中有用,他们就会喜欢学习和使用汉语,就会有自学的愿望和能力。

2.主动使用书面语进行交流和阅读就是自学

这里说的自学,不是自学一门功课或一门技术,而是指聋童主动使用书面语进行交流,进行阅读。对聋童来说,主动使用汉语进行交流和阅读,是最重要的自学能力,也是他们学好功课最重要的基础。

在生活中,如果孩子能主动使用汉语交流,其实就是在自学汉语。在阅读时,学生就是在使用汉语和书中的人物、和作者进行交流。如果学生喜欢阅读,能够独立阅读,也就是在自学汉语。家长和教师毕竟时间有限,不可能总是陪伴着孩子。而学生如果喜欢阅读,就会有大量的时间进行阅读。所以主动阅读是学生学习汉语、使用汉语最重要的方式,也是最好的自学方式。

3.聋童完全可以在教师的帮助下进行自学

教师和家长坚持在生活中和孩子使用汉语,是逐渐培养聋童阅读习惯和能力的重要一环。汉语对孩子有用,孩子就会喜欢,就会去自学。笔者的一个学生,在一年级第一学期怎么也背不下声母表,可是打着手语说"我没有铅笔芯,我要铅笔芯""我要小便"等语句却丝毫不错。就是因为这几个语句对他有用,所以并不需要教师督促,他就会自觉学会并记得住。汉语学习和聋童的日常行为紧密相连,每一个实物、每一个行动都有一个对应的词语或句子。看到一个词句,他们就会希望懂得这个词句的意思,他们的语言意识和语言潜力就会被激发。如果他们主动来问教师或家长,他在生活中遇到的这个东西、这个行动对应的词句是什么,这就是自学的愿望和表现。

交际和表达是人的天性,聋童同样具有强烈的交际和表达愿望。只要教师和父母坚持和他们使用汉语,他们使用汉语进行交流的愿望就会被激发出来。"解放军用大炮把炮弹送到敌人的阵地去爆炸"这个语句是笔者一个二年级学生看过电影以后写的,我们能看懂这个句子的意思,但会觉得这个句子很别扭。这个语句虽然符合语法,却不符合我们的表达习惯,如果我们表达这个意思,应该说"解放军向敌人的阵地开炮。"可见这个语句不是别人教的,而是聋童按照自己看到的情形自己"创造"出来的。这说明聋童如果懂得了汉语的意义,他们就会有强烈的欲望进行自己的汉语表达。而且和听力正常的儿童一样,他们也会说(写)出他从未见过的、符合语法的语句。

事实上,在聋童学会使用 QQ、微信这些通信工具以后,他们都很喜欢使用 QQ、微信和同学、家人之间进行书面语的交流。学生毕业以后,来到工作单位,和单位同事、领导之间也需要使用书面语来交流。这样的汉语交流都极大地提高了他们的汉语能力。他们的汉语能力不断增长,并不是谁教他们的结果,而是汉语不断运用的结果,也就是他们不断自学的结果。

所以,教师和家长努力和聋童在生活中使用汉语进行交流,引导他们进行阅读,培养他们的阅读能力,是帮助他们学习汉语最好的方法,也是培养他们自学能力最好的方法。

(二)聋童自学能力的培养

1. 始终关注学生学习的过程与方法

教师要关注学生学习的过程和方法,就要始终关注学生自学能力的培养,否则,"过程与方法"就是一句空话。教师在教学中关注学生的学习过程和学习方法,不仅要考虑自己怎么教,还要考虑学生怎么学。教师要让学生逐渐知道学习时自己应该做什么、怎么做,逐步掌握学习的步骤和方法。事实上,有教师的帮助和指导,一年级所有的教学内容学生都可以开始自学。比如学习一个新的字词,教师可以让学生自己先拼读,再整读,再到熟读,然后合上书也能读;也可以让学生自己试着按照笔顺学习书写,然后试着默写;还可以让学生试着理解一下这个字词的意思,试着按照这个字词做出行动。教师把怎样学习的方法、步骤教给学生,让学生掌握这些方法和步骤远远比掌握一个学习内容重要得多。学生学习时,每次都能按照教师教的方法和步骤去做,形成了习惯,就有了一定的自学习惯和能力。

所以从一年级开始,教师就应该从关注教材转向关注学生,开始培养学生的自学能力。只有聋童逐渐形成了自学的习惯和能力,他们的汉语能力才能不断发展,教师的教学难度和工作压力也才会逐渐减轻。

2. 教师要转变教学方法

教师转变教学方法,主要是尽量少讲解,尽量让每一个学生都能独立面对汉语,思考怎样按照汉语来做出行动。简言之,就是"精讲多练"。练的方法就是让学生独立面对汉语，自己进行操作和体验。只有教师在教学中不断让学生独立面对汉语，独立进行操作体验，学生才有可能形成真正的独立阅读能力。

（1）用书面语提出明确具体的要求。教师要用书面语向学生提出明确具体的要求，一步一步地写清楚。比如在新的字词教学中，教师应该写清楚要求学生自己"先拼读，再整读，再熟读，最后背诵"的步骤，然后让学生在课堂上按照这些步骤去做。这个方法应该作为一个持续的要求，在黑板上保存一段时间。教师还应该要求学生把这些要求抄录在课堂笔记本上，要求学生背诵、默记。每次用到的时候，教师都要提示学生按照要求进行学习。从语言习得的角度看，这就是要求学生按照教师的汉语做出行动。所以，这样做既是自学能力的培养，也是对题目语言的理解和运用。

（2）有扎实细致的帮扶过程。教师要关注学生的学习过程，就要让学生的自学从课堂上开始。教师不能仅仅布置任务让学生自学，而要在课堂上让学生通过不断的练习逐渐掌握自学的方法和步骤。比如"先拼读，再整读，再熟读，最后背诵"这一要求，就要从教师说一步学生做一步开始，逐渐过渡到自己看题目要求去做。在学生做的过程中，教师主要不是看学生会不会读，发音好不好，而要看学生是否按照这些要求一步步在做。教师要及时巡视，及时提醒学生读书面语的要求，按照书面语的要求去做。在做完一个步骤以后，教师才可以让学生做下一个步骤。每次学习都这样做，学生慢慢地就会掌握方法并形成习惯。

（3）循序渐进，持之以恒。能力的培养是终生的。聋童要形成自学能力，需要教师做到循序渐进，持之以恒。教学内容的不断丰富，教学要求的不断提高，教师对学生的自学要求也应该不断提高。聋童的自学能力最终要落实到书面语的阅读能力上，所以，教师要不断研究探索培养聋童自主阅读能力的方法和途径。

二、手语故事引导聋童自主阅读

如果阅读没有趣味，就不会有孩子喜欢阅读。每个孩子都喜欢听故事，所以阅读要从听故事开始。可是绝大部分聋童，他们的童年中没有故事，这是一种严重的"沟通剥夺"。虽然现在的视觉媒体高度发达，为聋童带来了无数的视觉信息，但因为没有汉语的参与，他们仍然无法获得真正的听故事的快乐。在图书和电视、动画片等聋童非常喜欢的故事形式中,他们从视觉得到的信息很不完整,和汉语的运用也基本无关。他们看了动画,可以对其中人物的身势语模仿得惟妙惟肖,但却无法接收和理解人物的语言。只看电视等视觉媒体,聋童良好的视觉观察和理解能力只推动着他们形象思维的发展,对形成他们的阅读兴趣和汉语能力并没有太大的作用。

而生动形象的手语故事是由教师来为学生讲述的,所以手语故事深受学生的喜爱。手语故事既能为学生带来听(看)故事的享受,又能够让他们逐渐理解手语和汉语,逐渐学习手语和汉语的表达。用手语来讲述图书中的故事,就能逐渐吸引学生开始阅读。

(一)手语故事的特点

1. 聋童最喜爱的故事形式

手语故事中有生动形象、富有趣味的情节,非常吸引学生,能让他们真正获得看故事的快乐。聋童有非常好的模仿能力和身势语表达能力,有的还有很好的表演潜能,他们比一般儿童更善于进行视觉信息的理解和表达。和所有的孩子都喜欢听故事一样,喜欢看手语故事也是聋童的天性。

手语故事还可以形象地表达出汉语语句的意义,这是帮助聋童阅读书面语故事的好方法。在学校里,聋童已经开始学习汉语,因此讲手语故事就可能把他们吸引到故事的阅读上来。我们应该通过手语故事帮助聋童开始进行阅读,帮助他们获得阅读的乐趣,从而逐渐喜欢阅读、学会阅读。

2. 手语故事和身势语故事的区别

身势语可以表演故事,但身势语故事和手语故事是不同的。

用身势语讲故事时,一般就是由讲述者自己扮演故事中的人物,通过模拟的身势语把故事表演出来。所以,身势语讲述的故事往往只是一个人做一件事情的具体经过。比如"吃鸡",就只是讲述了这个人吃鸡过程中的情形。

而手语故事则不同,手语和我们的口语一样,可以讲述所有的故事。手语故事的讲述者可以站在旁观者的角度,交代故事的背景,描述故事中的各个人物,讲述他们的故事经过。讲述者还可以在讲述过程中转换叙述角度,扮演故事中的各个人物来表演人物的活动。所以,手语故事表达的内容更全面、更丰富,也更细致和准确。在手语故事的讲述中,身势语作为手语故事中的一个个片段,是手语中最生动形象也是最吸引人的描述。

正因为身势语的描述是手语故事最重要的部分,所以很多不懂手语的人也能看懂那些手语讲述的童话故事。对聋童来说,这是一件非常有吸引力的事情。

3. 手语故事的两种方式

图书和动画都能展示形象,都能讲述故事。但没有手语的讲述,聋童看图书时,可能只是草草看一看图书的画面,很快就会丢下书。动画能讲清楚故事,但学生只能从形象和身势语来理解故事情节,无法通过书面语理解动画讲述的故事。只有手语,既可以形象地展示图书、动画的故事,又能帮助学生一句一句地懂读故事中的书面语。

所以,手语故事的讲述有两种方式:一种是单纯使用手语来讲述故事,比如讲述者看过动画、图书,用手语把故事转述出来;另一种是讲手语故事时同时出现书面语,讲述者引导学生一边看手语故事,一边学习阅读。

讲手语故事时两种方式都要采用。单纯用手语讲时,就是为了让学生获得看故事的快乐、引起讲故事的兴趣,吸引他们去阅读故事书。更多的时候,教师要采用和书面语相结合的方式来讲手语故事,用形象的身势语和手语帮助学生开始阅读书面语。

(二)如何讲好手语故事

在学校里,讲手语故事是集体活动,应该以班级为单位展开。如果在学校层面展开手语故事活动,就更能形成氛围,带动全校学生的故事阅读。

1. 手语故事活动的操作要点

(1)选好故事内容。低年级的手语故事应该从低幼故事读物开始。故事选择的标准是:有趣味,有可以表演的情节;易于进行手语和身势语表达;汉语以简单的陈述和对话为主,适合聋童的汉语学习。中高段可以选取学生感兴趣的文学作品、科幻故事等,也可以由学生自己选择。学生集体看过的动画片、故事片也可以作为讲故事的内容。

(2)不能使用手势汉语讲故事。使用手势汉语讲故事,会使手势动作失去形象性,失去天然的视觉可理解性,既讲不清也看不懂。因此,教师讲故事时要使用模拟的身势语和手语,对故事的书面语进行翻译和解释。这样的手语故事,学生没有汉语能力也可以看懂,也完全可以讲。所以教师讲故事,要使用模拟的身势语和手语。请学生来讲,教师也要帮助他们学着用手语把书面语故事的意思准确地讲出来,而不是用手势汉语把汉语的词语一个一个打出来。

（3）每个学生都学习讲故事。手语故事要从教师讲开始,逐渐转为以学生讲为主。尽管学生之间会有很大的差距,但每个学生都有模仿表达的能力,所以不管讲得怎样,教师要鼓励每个学生都上台来讲。讲手语故事的主要目的是要培养学生的阅读能力,只有每个学生都讲,才能促使他们每个人都去认真阅读。

（4）讲故事和阅读紧密结合。讲故事前教师要做好安排,提前让学生进行阅读,做好讲故事的准备。讲故事时,教师要利用多媒体设备出示故事的书面语,要求学生朗读书面语,读一句讲一句。讲完以后再连起来讲完整的故事。有些学生善于身势语的形象表达,往往会脱离故事的书面语,发挥自己的想象把一些细节讲得生动形象。对这样的精彩描述,同学们会非常喜欢。教师当然要表扬和鼓励这些学生,但教师要努力把学生的注意力吸引到准确理解书面语上来。教师应该要求学生按照书面语把故事讲对、讲清楚。一个故事应该请许多同学反复读、反复讲,比比看谁讲得好、讲得对,不断让学生在阅读中获得自己的感悟和乐趣。

（5）形成制度和氛围。制定制度、形成氛围需要班主任和语文教师发挥好关键的主导作用。教师要持之以恒地组织手语故事活动,保证每周讲故事的时间和质量,保持活动的趣味性,保证故事活动不离开阅读。

在班级故事会的基础上,学校可以组织学生分年段轮流进阅览室阅读,对各班学生阅读人次进行记录和学期考评。学校也可以定期举行故事会活动,学生可以主动报名或由班级推选参加学校手语故事会。学校可以拍摄学生优秀的手语故事,积累学生喜爱的故事文本和视频资料。学校还可以每学期组织一至两次手语故事竞赛活动,通过手语故事竞赛以及学生平时阅读表现评选学期的阅读之星和手语故事大王等。

2. 要持之以恒地引导

在手语故事活动中,每一个学生从开始学习阅读,直至慢慢形成一定的阅读兴趣、阅读能力是一个渐进的过程。在这个渐进的过程中,教师的主导作用非常重要。教师要从培养学生阅读能力和习惯这一目标出发,坚定信心,持之以恒地引导学生开展手语故事活动。

因为大部分学生缺乏阅读习惯和阅读能力，一开始他们可以说是被"逼"着阅读的。虽然他们被故事吸引想去阅读，但因为困难很容易放弃，所以，教师既要督促学生阅读，更要及时做好帮助指导。如果教师放松督促和引导，学生在阅读中获得的乐趣还不足以使他坚持阅读。稍有放松，他们的手语故事就会流于形式——不阅读故事只讲看过的电视故事等。如果教师不能坚持帮助学生解决阅读问题，帮助学生真正读懂故事，学生的阅读习惯和阅读能力也难以真正形成。

当学生逐渐从阅读和讲故事中感到阅读的乐趣以后，就会主动进行阅读。这时教师还应该不断提出更高的阅读要求，比如阅读以后书面概括故事大意，写简短的读后感等。还可以进一步布置阅读任务，引导他们开阔眼界，进行更广泛的阅读。总之，教师要始终把培养学生的阅读能力和阅读习惯作为语文教学最重要的任务，给学生更多展示自己的平台，让他们把阅读习惯培养起来，保持下去。

3. 一些行之有效的策略

（1）从优秀的学生开始。学生虽然爱看手语故事，但并不是人人都善于讲故事，尤其是需要阅读以后再来讲，学生的困难会很多。因此，教师不但要自己讲好故事，还要从书面语能力比较好、比较有表演天赋的学生开始，引导和帮助他们把故事讲好，让故事真正给大家带来乐趣。好的同学可以为大家树立学习的榜样，逐渐在班级里形成爱读书的风气。所以教师对阅读好、故事讲得好的同学，要多给任务，提高要求，促使他们带动大家阅读。

（2）对故事内容进行有效补充。讲故事的能力，可以看作是叙述一件事情的能力，需要讲清楚事件的时间、地点、人物等要素，还要交代背景，做到叙述清楚，做好前后照应，等等。除此以外，教师还要根据学生的认识水平做好相关的内容补充。如"亡羊补牢"的故事，"从前，有个人养了一圈羊。一天早上他准备出去放羊，发现少了一只。原来羊圈破了个窟窿。夜间，狼从窟窿里钻进来，把羊叼走了。"这样短短一段话，其中包含了许多需要教师补充的信息：羊是要天天早上赶到山坡、草地去吃草的，到晚上再赶回圈来——这叫放羊；羊晚上住的地方——这叫羊圈；羊是群养的，一群一般有几十只到一百多只——这叫一圈羊……这些都理解了，故事的背景知识和场景形象才清楚，整个故事才鲜活起来，才能靠视觉抓住学生。所以在讲故事的时候,教师需要向学生讲清楚故事中需要交代的背景以及需要补充的知识内容。对于学生自主阅读讲的故事,教师也要向学生提问,及时做好这些内容的补充。由于时间的关系,这些补充的内容教师可以只用手语表达,一般不必再出现书面语。当然,如果能出现书面语那就更好了。

(3) 与课堂教学紧密结合。在语文教学中,课文的学习其实也就是阅读书面语讲手语故事的过程,只不过故事更短小,更生动有趣,更能吸引学生去阅读。教学中常用的动作和情节演示的方法,运用手语讲解的方法,"看、读句子完成动作或演示"的训练,都是讲手语故事应该使用的方法。所以教师在语文课堂上,也要有意帮助学生学习和使用这些方法。教师可以要求学生像读故事一样,先试着自己读课文用这些方法来讲一讲课文的故事。这样课内外紧密结合,读课文也就能和读故事一样吸引学生,促进他们阅读能力的发展。

(三) 手语故事活动的成效

1. 促进学生的手语交流和故事阅读

手语故事活动既符合聋童爱看故事的天性,又符合聋童信息接收和理解表达的特点,非常受广大学生的喜爱。积极学讲手语故事,促进了学生的手语交流和故事阅读,能逐步养成阅读习惯,促进他们手语能力和阅读能力的提高。

2. 促使学生转变学习方式

手语故事活动转变了学生的学习方式,使他们的阅读过程从机械的朗读和死记硬背中解脱出来。手语故事赋予学生生动鲜活的形象意义,也促使他们把形象和书面语结合起来,真正理解了汉语。实践证明,很多学生开始是被迫去阅读故事的,但到后来他们都产生了浓厚的阅读兴趣。

3. 促进了学生的个性化发展

手语故事活动也促进了聋童的个性化发展。很多教师都发现,一些学生平时上课很少举手,但开始讲手语故事后,才发现他们也很活跃,表达也很有条理。手语故事活动为许多学生创造了一个适合他们施展能力的平台,有些学生变开朗了,有些学生的表演才能得到了发挥。对学生来说,能够阅读,能够讲出大家喜欢看的故事,是一件值得自豪的事。

三、聋校的阅读尝试教学

学习阅读就像学习游泳一样，必须先试着阅读才能学会阅读。那种希望先培养阅读能力，然后再去阅读的想法，就像在岸上学游泳的人一样，是永远也学不会的。所以学习阅读，教师就要引导和带领学生自己尝试阅读，让他们慢慢体验到阅读的乐趣，慢慢在尝试阅读中形成阅读习惯和能力。

（一）聋童的阅读尝试

尝试教学法的特点是"先学后教，先练后讲"，强调的是在教师的指导下，通过尝试把学生推到主动学习的地位上来。学生在尝试学习中必须独立面对学习任务，主动进行思考和学习。尝试成功的喜悦，也能激发他们进一步主动学习。这一先进的理念和有效的方法同样可以运用到聋校语文教学中来。聋童虽然失去了听力，但他们学习的基本规律和基本原则是一样的，他们的汉语能力只能靠长期运用汉语进行交往、长期进行汉语阅读才能习得。尝试阅读把聋童推下水，推到汉语阅读实践中去，让聋童自己去面对、去思考、去解决阅读中的问题。只有这样不断尝试，他们的阅读能力才会逐渐形成，才会逐渐达到理想的程度。所以，只要我们从学生已有的基础出发提出的具体要求，有具体细致的方法指导，自主学习和尝试阅读等学习方式对他们同样是适用的。

尝试阅读可以在课堂上为学生创造大量的独立运用语言进行汉语实践的机会。学生的自问自答，需要在对课文语言有一定理解的基础上才能进行，学生的自问自答，也就是在运用语言进行真正的交流。这样就能真正做到把学习的主动权还给学生，使他们成为汉语学习和语文学习的主人。教学实践表明，学生开始是被迫尝试的，但后来每一位学生都通过不断尝试有了自己的收获。他们读懂了课文就对课文产生了浓厚的阅读兴趣，掌握了阅读方法、获得了阅读能力，就有了自信，就能从阅读中不断获得乐趣。初步形成的阅读能力和阅读习惯可以促使他们进一步主动尝试阅读，形成良性的循环。他们不但能够积极主动去阅读正在教学中的课文，还会主动地去阅读还没教的课文和课外读物，有的学生甚至开学不久就读完了整本教材，并期待着教师快点教，好验证自己的尝试。在这样的学习状态下，聋童的阅读能力和自学能力就会得到快速发展。

（二）阅读尝试教学的基本教学过程

1.阅读尝试教学的前期准备

在开始进行尝试阅读之前,教师要逐渐改变教学方法,抛开由教师讲解课文的传统教学方法,针对课文语言提出大量问题,以书面语呈现并要求学生独立用书面语进行尝试回答。这一改变从低年级就可以开始进行,且任何时候开始都不晚。只要教师坚持这样做,学生就能逐渐学会针对教师的提问进行独立回答。这样做的好处是:可以把教师从讲解课文的困境中解放出来,反而降低了教学难度;可以让学生独立面对每一个词句进行认真的思考,把对课文语言的理解落实到每一个字词、每一个句子上;可以让学生独立进行大量的汉语实践,获得更好的教学效果。

在这个基础上,我们就可以开始进行阅读尝试教学。

2.阅读尝试教学的课前准备

课前准备1:教师用书面语对学生提出常规的尝试阅读课文的步骤和要求。这些要求在阅读每篇课文时都相同,每次都可以用。教师可以做成幻灯片或抄录在大张纸上。

课前准备2:教师提供以前教学课文时提出的一些问题,让学生模仿。这些提问也应该做成幻灯片或抄录在大张纸上,和课前准备1同时使用。

提问的范本:

（1）常规的问题。（每篇课文都一样,但要随着年级教学要求而增减）

课文的时间,地点?	课文有哪些人?
课文主要讲什么人?	课文主要讲了什么事?
课文分几段?	每一段的主要意思是什么?
课文是第几人称?	课文的主要内容是什么?

（2）针对课文语句提出的问题。

课文语句	根据课文语句提出的问题
要下雨了（课文题目）	"要下雨了"是已经下雨了吗?
	"要下雨了"和"要下雨了吗"一样吗?
	"要下雨了"和"快要下雨了"一样吗?

课文语句	根据课文语句提出的问题
第一自然段	
小白兔弯着腰在山坡上割草。	小白兔在哪里割草？ 小白兔为什么要割草？它真的会割草吗？ "山坡"是什么样的？（可以画一画） "弯着腰"是什么样的？（可以演一演） 你会割草吗？（除了回答，还可以演一演）
天气很闷，小白兔直起身子伸伸腰。	天气怎么样？"闷"是什么意思？（可以用手语讲一讲） 小白兔为什么直起身子伸伸腰？（除了回答，还可以演一演）
第二自然段	
小燕子从他头上飞过。	小燕子从谁头上飞过？"他"指谁？ 小燕子在哪里飞？从哪里飞过？ 燕子从头上飞过，说明燕子飞得高还是飞得低？
小白兔大声喊："燕子，燕子，你为什么飞得这么低啊？"	小白兔为什么要"大声喊"？ 小白兔对什么感到很奇怪？ 这说明平时燕子飞得高还是飞得低？
燕子边飞边说："要下雨了。空气很潮湿，虫子的翅膀沾了小水珠，飞不高。我正忙着捉虫子呢！"	是燕子飞不高还是虫子飞不高？ 虫子为什么飞不高？ 空气很潮湿，空气里有小水珠吗？ 小水珠在哪里？ 虫子的翅膀上为什么会沾上小水珠？ 燕子知道要下雨了吗？它的根据是什么？ 燕子在做什么？ 从这个句子里可以看出燕子是飞得高还是飞得低？ 燕子低飞说明什么？

续表

课文语句	根据课文语句提出的问题
第三自然段	
是要下雨了吗？	这是谁在说？ 它在问谁？ 它是在说还是在想？ 小白兔相信要下雨了吗？
小白兔往前边的池子里一看，小鱼都游到水面上来了。	小白兔往什么地方看？它看到什么？ 小鱼在什么地方游？ 小鱼为什么游到水面上来？ "水面、水下"和"水底"是指哪里？（可以画出图示） 小鱼游到水面上来说明什么？
小白兔跑过去问："小鱼，小鱼，今天怎么有空出来啊？"	小白兔跑过去是跑到哪里去？ 小白兔问谁？ "有空"是什么意思？可以换成哪个词？ 小鱼从哪里出来？
小鱼说："要下雨了。水里闷得很，我们到水面上来透透气。小白兔，你快回家吧，小心淋着雨。"	小鱼说了几句话？第一句说什么？第二句说什么？ 水里为什么会闷得很？ 小鱼到水面上来做什么？ 小鱼为什么要透透气？

3. 尝试阅读的教学过程

阅读尝试教学的基本过程分为以下三个大的环节：

$$\boxed{自读、自问、自答} \rightarrow \boxed{讨论、作业、自评} \rightarrow \boxed{交流、整合、指导}$$

第一阶段：自读、自问、自答

学生按照自学课文的步骤和(1)~(7)的要求进行自读、自问、自答，初步理解生字、新词、句意和课文大意。

> **尝试阅读课文的步骤和要求**
>
> （1）读课文,给不认识的字注上拼音。
>
> （2）读课文,边想边划出不懂的新词。
>
> （3）读课文,联系上下文,查字典,想句子的意思。
>
> 想句子的意思,就是依照汉语做出行动。主要包括:①依照语句做出动作演示;②依照语句画出图示;③依照语句打出手语。
>
> （4）读课文,学习教师提问的方法,书面提出问题。
>
> （5）读课文,联系上下文,尝试书面回答自己提出的问题。
>
> （6）再读课文,边读边想回答是否正确,有哪些依据。
>
> （7）依据自己的书面语回答,尝试连贯地用手语(演示、图示)进行讲述,做好交流准备。

教师进行巡视指导,重点关注学生是否一步一步按照要求进行,对不正确的做法进行提示,发现学生提出好问题时及时进行肯定。

（1）是要求学生从发音上读准课文。

（2）是要求学生找出不懂的词,从形式上读对课文。有时教师也可以要求一些学生给课文语句分词。（英文的单词之间有空格作为分界,中文的词之间没有形式上的分界符,教师可以要求学生在词与词之间画竖线进行分词。）

（3）"做出演示、打出手语"等要求,可以要求学生在心里想,在心里进行。只要不影响同学,也可以小幅度地做出演示、打出手语。

（4）和（5）要做在自己的"课堂问答本"上,要写上课题和时间。

（6）主要是要求学生认真反复地读课文,认真思考。教师要关注学生这个过程是否走过场,是否发现和纠正了自己的错误,及时予以表扬或提醒。

（7）就是（3）的重复和进一步提高,是学生阅读课文以后的收获,也是交流的准备。

第二阶段:交流、整合、指导

（1）发表尝试的结果,互相交流。选一两位较好的同学把他所有问答出示在黑板上(投影到屏幕上),请该同学依照课文自己进行讲解。

从每位同学的问答中选出一些好的或有典型错误的问答请他们自己依照课文进行讲解,帮助他们肯定自己或发现自己的问题。

（2）整合问答,进行讨论。在教师主导下,抽取学生的问题组合成比较完整的课文内容提问。

依据这些问题,请学生采用手语讲解课文,演示课文内容等方法进行回答。基本上由学生自己解决课文内容的理解问题,完成过去由教师进行的初读课文的教学过程。

(3)确定重点问题,展开讨论。提出和确定重点问题这一环节主要由教师进行。重点问题分为两类:

第一类问题:帮助学生准确理解课文的语言。比如对"小白兔弯着腰在山坡上割草"这个语句,学生最容易提出"小白兔在什么地方? 小白兔在做什么?"这样的问题。但"小白兔为什么要割草? 它真的会割草吗?"涉及对课文文体的理解,一般学生不会提出来。再比如对"小白兔直起身子伸伸腰"这个语句,学生最容易提出的问题是"小白兔在做什么?""小白兔为什么直起身子伸伸腰"可能学生也会提出来,但从课文字面上无法找到答案。这些问题都涉及对课文的进一步理解,需要教师提出来进行讨论。通过这些问题的讨论,既能帮助学生准确理解课文语言,也给学生提供了思路和范本,使他们可以在下次提问时进行模仿。

第二类问题:对课文主要内容进行分析。这类问题主要是为了帮助学生理清课文的脉络,把握课文的主要内容。比如下面这些总结性的问题,需要教师重点强调,用示范的方式帮助学生提出来,然后进行回答。在学生问答的基础上,教师就可以把这些问答组合起来,进行课文内容的分析和总结。

燕子低飞说明什么?　　　燕子低飞,说明小虫子飞不高。

小虫子飞不高说明什么?　　小虫子飞不高,说明空气很潮湿。

小鱼游到水面说明什么?　　小鱼游到水面,说明水里很闷。

蚂蚁搬家说明什么?　　　　蚂蚁搬家,说明空气很潮湿。

空气很潮湿、水里很闷都说明了什么?　　说明要下雨了。

第三阶段:讨论、作业、自评

(1)分组讨论,尝试合作。学生的讨论主要是交流自己的书面语问答。大家可以互相看同学的"课堂问答本",也可以用手语问同学问题,抄录同学好的问答。通过讨论,可以使大家对学习的过程和方法有一个自主消化吸收的过程。

这一环节应该经常进行。在学生形成习惯以后也可以要求学生在课外进行。

(2)独立作业,尝试作业自评。自评的内容包括学生的自问自答和课后作业。

自评的主要方法是：

请学生在自问自答或做完作业以后读一读进行自查，还要想一想作业做得有没有把握，没有把握的要再读课文进行思考和修改。

对没有把握但又无法做得更好的作业，学生可以划出下划线做出标记，等待教师的批改印证自己的尝试。

教师对有标记的作业错了也要予以表扬，鼓励学生的尝试。

（3）教师对学生的尝试阅读情况进行分析和总结。

（三）阅读尝试教学的指导和评价

阅读尝试教学使教师的教学从课文逐字逐句的讲解中解脱出来，有了大量的时间来做学生学习的指导工作。做好指导和评价是阅读尝试教学必不可少的环节，和课前准备一样，指导和评价是事关阅读尝试教学成效的重要环节。

1. 做好自评、面批

（1）随时巡视和逐个面批。阅读尝试教学为学生设置了细化的学习方法和学习步骤，学生首先要花大量的时间在课堂上进行自主尝试阅读。在这一过程中，教师的指导和评价是与学生阅读尝试过程紧密结合、同步进行的。教师必须随时进行巡视指导，关注学生的学习过程和学习方法，及时检查学生的学习情况，随时响应学生的帮助要求。

（2）集体面批和集中评析。集体面批是把学生的某几份或几个典型的书面问答，抄写到黑板上，或者用投影仪投放出来，面向全体学生进行逐词逐句的批改。这是教师在对学生尝试中的典型成果或典型问题作出即时评价的重要途径。集中评析则类似于作业讲评，主要是对全体学生尝试阅读方法、步骤的运用进行分析点评。集体面批和集中评析侧重点不同，但往往结合在一起进行。

（3）指导学生自评。教师的评价是为了学生学习方法的改进和提高，所以，教师要逐步让学生学会自我评价，这样学生才会真正形成比较全面的自学能力。教师可以在需要做出评价的时候，首先要求学生自己进行尝试评价。学生应该对自己的学习过程、方法和学习结果有一个判断，说得出理由最好，说不出也要有一个大概的评判，甚至猜测也是好的，这可以培养学生的自评习惯和怀疑、探索、思考的精神。教师要把自评作为作业的一个环节,在做完作业后给一定的时间,要求学生运用一些自评符号(如用＿＿＿＿＿? 表示自己怀疑该部分语句有问题)来进行检查和自评。

2.转变评价方式

教师的作业批改初期主要应该以面批的形式,以书面语对学生的尝试作业予以逐个面批。面批也是教师检查和帮助学生进行自查的时机,所以教师进行面批时要先请学生进行自查。如果学生读了一遍以后发现了问题,就说明他的自查没有做到位。如果学生读了一遍仍不能发现自己的问题,教师也可以指出重点的词句,请他用依照汉语做出行动的方法进行思考。

书面批改时,教师可以改变常用的打×打√的批改形式,用各种批改符号表示不同的意义。教师可以用这些批改符号指出学生的问题,给学生以明确具体的评价和提示,要求学生再次尝试修改。这样的批改形式可以避免学生得到×后只知道自己错了,却不明白和不思考为什么错了的状况。

各种批改符号的意义:

☆表示整个提问或回答特别好。

＿＿＿+ ☆表示该句子中部分词句写得好。

＿＿＿＿+? 表示该部分语句有问题,要求学生再次思考。

√ +? 表示语句中间有缺漏,要求学生进行补充。

……表示语句前后不完整,要求学生进行补充。

? 并且不予批改,表示对学生学习态度的不满并要求重做。如出现不该错的错误,没有进入状态等。

进行书面批改以后,教师仍然要高度重视面批,经常就学生可能存在的问题随时进行面批。

3.评价关注的重点

阅读尝试教学的目的是培养学生自主阅读的能力,所以在学习评价上要特别注重学生学习过程和方法的评价。

(1)学习过程和学习方法上的评价。这一类评价主要考查学生是否按照要求的步骤和方法进行阅读,如:

是否对没有掌握的字音进行查找和标记?

是否进行了分词? 是否进行了朗读和默读?

是否画出了新词和自己不懂的词语? 是否对词句意义进行了思考?

是否联系上下文进行了思考？

是否有用手语表达、动作演示、画出图示等方法想词语句子意思的过程？

是否尝试就课文语句和内容提出问题，提出了多少？

是否尝试自己回答自己提出的问题，回答了多少？

是否有一个自己就整篇课文内容思考和概括课文大意的过程？

是否有进行检查反思和自我评价的过程？

（2）学习能力和学习结果上的评价。这一类评价主要从学习结果上进行考察，并进而考察、分析结果形成的原因。如：

是否能够准确连贯地朗读和默读，问题在哪里？

运用手语表达、演示、图示想句子意思的过程是否正确合理？有哪些不足？

提问或回答的依据是什么？是否正确？问题在哪里？

提问和回答的句子是如何写出来的？是否有问题？

提问和回答的句子是否学生真正要表达的意思？即学生的书面语是否存在形式与内容相脱离的问题？

提问和回答的正确率，正确或错误的原因？

4. 聋校语文阅读尝试教学的实施要点

（1）坚持让学生动手操作。阅读是一种实践活动，学生的主动投入，学生的动手操作和亲身感悟是其中的关键因素。从尝试阅读到运用书面语进行自问自答，再到讨论以及尝试自我评价等，教师要引导和把握好学生的操作过程，不能以学生自学为借口撒手不管，更不能操之过急，以教师的讲解代替学生的操作。

（2）让学生还原情景。聋童只有依照课文的语言做出正确的行动，把课文的内容还原为真实的情景和过程，才真正理解了课文的语言和内容。因此，读懂课文的关键就在于引导学生根据课文语言再现情景。教师要帮助学生不断提高"依照课文语言自己做一做、画一画、演一演、讲一讲"的能力，让学生逐步掌握读懂课文的方法，获得阅读的乐趣。教师在整合指导阶段，也要充分利用各种手段，依据课文语言理清脉络，帮助学生理解课文的思想内容，让学生有所领悟和借鉴，从而不断地提高他们的阅读能力。

（3）让学生运用汉语。学生的自问自答，就是学生使用书面语进行真实交流的过程。即使是最简单的自问自答,也表示他们在阅读,在思考。比如对"小白兔弯着腰在山坡上割草"这个语句,学生一定会提出"小白兔在什么地方? 小白兔在做什么?"这两个问题。这两个问题看似很简单,好像没什么意义,但那是学生自己在亲身运用汉语。通过独立阅读依据课文提出问题并且正确地回答问题,表示他们靠自己读懂了这个语句,有了独立运用这个语句的能力。所以,即使是最简单的自问自答也能促使学生逐渐地、真正地走进阅读。这样的"自问自答"对聋童的汉语习得具有重要的意义。

(4)尊重学生的差异。每一位学生都有能力进行尝试阅读,只不过起点不同。尝试阅读采用个别学习的方式,使得教师可以针对每一位学生的特点,提供更有针对性的辅导和帮助。汉语发展相对落后的同学,自主阅读能力的形成更是一个渐进的过程,教师对此不能操之过急,教师对他们要给予更多的关注,帮助他们反复阅读课文,落实好阅读的每一个步骤。对于优秀的同学,教师可以提出更高的要求,省略许多细小的步骤,直接要求他们针对课文提出关键的问题,比如归纳课文的段落大意、主要内容,甚至担当小教师等。

(5)循序渐进。尝试阅读的循序渐进主要体现在以下两个方面:一是以小步具体的操作步骤帮助学生尝试阅读。无论学生对课文的理解和提出的问题多么简单可笑,都反映了他们真实的思维能力和阅读能力。我们只有在学生真实的基础上提出要求,这些要求才可能真正落实,他们也才能在思考的过程中逐渐学会思考,在阅读的过程中慢慢学会阅读。二是从课内尝试逐渐过渡到课外自主阅读。教师首先要在课内把握好学生的学习过程,培养他们掌握方法,提高他们的能力。只要学习能力真正有了提高,学生的阅读速度才会不断加快,阅读效果也会越来越好。到那时,学生的课文阅读就不再需要分那么多细小的步骤,尝试阅读就变成了真正的自主阅读,他们就可以在课外进行更广泛的阅读了。

知识链接 7-1

图式与理解

图式是学生阅读背景知识中最重要的部分。学生对阅读材料的理解,实质上就是在头脑中发现合适的图式,并运用这些图式解释阅读材料。如阅读议论文,学生运用议论文的图式:论点、论据和论证过程来阅读文章的观点、事实和论证过程,就容易理解内容。若一个小学生不知议论文体,只能用记叙文图式来阅读议论文,他就很难理解作者表达的内容。

图式理论认为,学生阅读理解失败,有三个原因:图示缺失、图式遗忘和错误图式。

1. 图式缺失

图式缺失就是学生不具备相应的适合阅读该材料的图式。由于学生在阅读过程中找不到合适的图式来解释所阅读的材料,所以无法理解。这种情况实质上就是通常意义上的缺乏背景知识。

2. 图式遗忘

图示遗忘就是学生虽然具有适合该阅读材料的图式,但是材料中所提供的线索,不能激活已有的图式,因此出现理解困难。

3. 错误图式

错误图式就是学生用已有的图式为阅读材料提供了一种解释,但这种理解却不是作者所欲传输的,即理解错误。如上例中,学生运用记叙文图式来阅读议论文,最终无法理解内容,就属于错误图式。

(摘自董蓓菲:《语文学习心理学》,北京大学出版社,2015,第128页。)

 知识链接 7-2

提供大量的"理解性输入"

1. 理解性输入

"理解性输入"是指稍超出学生现有水平的语言输入,克拉申用"i+1"加以说明:i指的是学生目前的语言水平,i+1则是学生按习得顺序紧随其后的阶段,即稍超出目前水平的阶段。学生通过理解大量的理解性输入而习得语言。这一过程中,学生凭借一定的情景和语境、超语言信息以及有关世界的知识使理解得以产生,从而使学生从i阶段过渡到i+1阶段。这种看来自然的理解过程正说明了学生内隐知识的存在和先决性作用。因此,教师在教学中应为学生提供大量自然的可理解性语言,让他们充分调用自己的隐性知识,促进学生的内隐学习过程。内隐知识本质上是一种理解力,语感是一种内隐学习过程的结果。因此,比起传统的语言知识的灌输,让学生接受大量的语言输入以促进其语感的内隐学习这样一种学习途径和方式更自动、自然,从某种意义上说也更为有效。

2.阅读积累

反复诵读、潜心揣摩、熟读成诵的过程是一个语言内化的过程,也是情感、思想、文化的积淀过程,更是形成内隐记忆、获得内隐知识的过程。作品中诸多的养分蕴含在具体的语言材料中,内化为学生身心的一部分,并在大量的语言实践过程中,自动转化为语文能力。熟读成诵的文章,对学生起着潜移默化的影响,这是一个潜滋暗长、积少成多、由感到悟、从量变到质变的过程。

(摘自董蓓菲:《语文学习心理学》,北京大学出版社,2015,第169页。)

知识链接7-3

阅读的乐趣

我曾提出愉快假设:能够提升语言能力的教学活动一定是充满乐趣的。当然,仅只是有趣的活动并不一定对语文学习有帮助,有些有趣的活动完全没有帮助。充满乐趣并不能保证有效。不过有意思的是,有充足的证据显示,自由自主的阅读会让人觉得充满乐趣。有数个研究都证实,学生偏爱校内自由阅读胜于传统语文课。

研究显示阅读能增强语文能力的培养,也产生一个基本确定的结论:阅读很有益处。不过研究其实支持一个更强有力的结论:阅读是唯一的方法,唯一能同时使人乐于阅读,又培养写作风格、建立足够词汇、增强语法能力以及正确拼写能力的方法。

有两个原因让人不需怀疑这个结论的正确性:第一,阅读的"对手"——直接教学没有什么功效;第二,其他领域的研究和理论也都支持这个结论。早期阅读发展的研究学者断言"我们从阅读中学会阅读",也就是我们在试着弄懂书页上看到的东西的过程中学习阅读。在我自己对语言学习的研究中也作出过以下结论:只有一种学会语言的方式,就是在低度焦虑的情况下了解信息,或是"输入可理解的"信息。这正是自由自主阅读的真谛:我们可理解的信息是在低度焦虑的情况下呈现的。

如果这个结论正确,如果阅读是增强语文能力的唯一方法,那么我们必须重新考虑、分析现在以反复练习教授语文和培养语文能力的方式。当我们以这种方式教授语文时,我们只是在不断考试而已。换言之,传统的语文教学仅是测验,而这种测验方式能让在书香环境中成长的幸运孩子顺利通过,而那些不幸生长在图书资源不足的环境中的孩子则会失败。

（摘自［美］斯蒂芬·克拉申:《阅读的力量》,新疆青少年出版社,2012,第29-38页。）

附　教师依据课文语句提问

示例1　《一次比一次有进步》

教育部审定聋校义务教育实验教科书语文二年级下册第16课

提问举例

课文语句	参考提问
菜园里,冬瓜躺在地上,茄子挂在枝上。	菜园里种了哪些蔬菜? 冬瓜躺在哪里? 茄子挂在哪里? "躺"是什么样子的? 请你做一做。 "挂"是什么样子的? 请你画一画。 请你指一指,哪些是茄子的"枝"? 你喜欢吃冬瓜还是喜欢吃茄子? 你家里有菜园吗? 你知道哪里有菜园? 菜园里还可以种哪些蔬菜?
屋檐下,燕子妈妈对小燕子说:"你到菜园里去,看看冬瓜和茄子有什么不一样?"	屋檐是什么? 屋檐下是什么地方? 请你画一画,指一指。 小燕子和燕子妈妈在什么地方说话? 它们为什么在那里? 燕子妈妈对小燕子说什么? 燕子妈妈让小燕子去哪里? 燕子妈妈让小燕子去做什么? 你知道冬瓜和茄子有什么不一样? 小燕子知道吗? 燕子妈妈为什么要让小燕子去看冬瓜和茄子有什么不一样? 小燕子和燕子妈妈真的会说话吗? 小燕子和燕子妈妈真的住在屋檐下吗?

聋童习得汉语的方法和策略

课文语句	参考提问
小燕子去了,回来说:"妈妈,妈妈,冬瓜大,茄子小!"	小燕子去了哪里? 谁回来了? 小燕子从哪里回来? 小燕子回到了哪里? 小燕子回来说了什么? 小燕子是对谁说的? 冬瓜有多大? 茄子有多小? 请你用手比一比。 小燕子说得对吗? 小燕子看得仔细吗? 小燕子怎样去看冬瓜和茄子? 请你演一演。 小燕子回来怎样和妈妈说? 请你说一说。
燕子妈妈说:"你说得对。你能不能再去看看,还有什么不一样?"	燕子妈妈对谁说? "你"是指谁? 燕子妈妈说"你说得对",是指说对了什么? "能不能"是什么意思? 燕子妈妈说"再去",是再去哪里? 再去看什么? "再去"的"再"表示什么意思? (表示已经去过一次了,还要去。) "还有"的"还"表示什么意思? (表示已经知道了冬瓜大,茄子小,但还有不一样的地方) 燕子妈妈为什么要请小燕子再去看? 燕子妈妈说了什么? 请用口语和手语完整地说一说。 用手语说一说燕子妈妈说的话。
小燕子又去了,回来说:"妈妈,妈妈,冬瓜是绿的,茄子是紫的。"	小燕子又去了哪里? "又去了"的"又"表示什么意思? 谁回来了? 小燕子从哪里回来? 小燕子回到了哪里? 小燕子回来说了什么? 小燕子是对谁说的? 冬瓜是什么颜色的? 茄子是什么颜色的? 请你拿出相同颜色的颜色笔。 小燕子说得对吗? 这一次小燕子看得仔细吗? 这一次小燕子怎样去看冬瓜和茄子? 请你演一演。 小燕子回来和妈妈说什么? 请你用口语和手语说一说。 请用手语说一说小燕子说的话。

课文语句	参考提问
燕子妈妈点点头,说:"很好。可是你能不能再去仔细看看,它们还有什么不一样?"	点点头是什么样的?请你做一做。 点点头是什么意思?燕子妈妈为什么点点头? 燕子妈妈说"很好",是说什么事很好? 句子中的"你"是指谁? 燕子妈妈让小燕子再去做什么? "仔细看看"是看什么? 句子中的"它们"是指什么? "还有"的"还"表示什么意思?(表示已经知道了冬瓜大,茄子小,冬瓜是绿的,茄子是紫的,但还有不一样的地方) 请用手语说一说燕子妈妈说的话。
小燕子又去了,回来高兴地说:"妈妈,妈妈,我发现冬瓜的皮上有毛,茄子的柄上有小刺!"	小燕子又去了哪里? 小燕子又去做了什么? 小燕子看到了什么? "发现"是什么意思?请你演一演。 小燕子为什么很高兴? 冬瓜的皮上有什么?请你画一画。 茄子的柄上有什么?请你画一画。 小燕子回来和妈妈说了什么?请你用口语和手语说一说。 请用手语说一说小燕子说的话。
燕子妈妈笑了,说:"你一次比一次有进步!"	燕子妈妈为什么笑了? 燕子妈妈说什么? "你"是指谁? 小燕子一共去了几次?去了哪里?去做什么? 小燕子第一次看到了冬瓜和茄子有什么不一样?燕子第二次看到了冬瓜和茄子有什么不一样?小燕子第三次看到了冬瓜和茄子有什么不一样? 小燕子第一次和第二次去看冬瓜和茄子时,哪一次看得更仔细? 小燕子三次去看冬瓜和茄子,哪一次看得最仔细? 燕子妈妈为什么说"你一次比一次有进步"? 请用手语说一说燕子妈妈说的话。

聋童习得汉语的方法和策略

示例 2 《哥哥傻吗》

全日制聋校实验教材(1997 年版)第十册第 15 课

一般常规问题:

课文的时间、地点?

课文有哪些人?

课文主要讲什么人?

课文主要讲了什么事?(课文里讲了哥哥的哪几件事?)

课文分几段?每一段的主要意思是什么?

课文的哪些自然段可以合并为一段,合并后的主要意思是什么?

课文的主要内容是什么?(中心思想)

课文是第几人称?

……

提问举例

课文语句	参考提问
哥哥傻吗(课文题目)	"哥哥"是谁的哥哥?(根据上下文) "傻"是什么意思?可以换成什么词? (根据上下文,也可以根据词典) 这是谁在问(想)? 他为什么要问(想)哥哥傻?
第一自然段	
同院的小林总说我哥哥傻。	"同院"是什么意思?是什么词?(根据文字猜测,根据词典或询问别人) "小林"是什么人(身份)?(根据上下文) "总说"的"总"是什么意思,可以换成哪个词?
第二自然段	
有一次,哥哥带我去儿童游乐园玩。	谁带谁到哪里去做什么?
排队买票的人可多啦,小林排在前头。	排队买票的人买什么票? "可多啦"可以换成哪个词? 小林排在前头,是指什么的前头?是怎样的? (可以演示一下)

课文语句	参考提问
他向哥哥挤挤眼睛,叫他插到前面去。	第一个"他"是谁? 第二个"他"又是谁? "挤挤眼睛"是怎样的? 谁挤挤眼睛? 他为什么挤挤眼睛? 谁叫谁插到前面去? 他是怎样叫的? 他是说话还是打手势? 为什么要叫哥哥插到前面? 他叫哥哥插到前面做什么?
哥哥摇摇手,规规矩矩地排在后面。	哥哥有没有说话? 摇摇手是在说什么? "规规矩矩"是什么意思? "规规矩矩"是怎样的?(可以演示一下) 谁排在后面? 是在什么的后面?
小林扭过头去,低声说:"真傻。"	小林扭过头是怎样的?(可以演示一下) 小林扭过头说明什么? 谁低声说? 说谁? 说什么? 他为什么这样说? 小林"低声说"说明什么?
	第三自然段
院门口有一大堆沙子,我们常常去玩。	"我们"是指哪些人? 院门口有一大堆沙子是怎样的?(可以画一下) "我们常常去玩",到哪里去玩? 玩什么?
有一次不知为了什么事,小林和小强吵起来了,他俩越吵越凶。	小强是什么人(身份)? 谁和谁吵架? 他们为什么吵架? "他俩"指谁? "越吵越凶"是什么意思?(演示一下)
小强抓起一把沙子就扬,哥哥正巧走出大门,沙子全扬到了哥哥身上。	扬沙子是怎样的? 谁用沙子扬谁? 为什么? 结果扬到了谁的身上? "正巧"是什么意思? "全扬到了"是怎么样的? 小强是故意用沙子扬哥哥的吗? 沙子扬到了哥哥的身前还是身后?

课文语句	参考提问
小强一见闯了祸,撒腿就跑,一下子摔倒了。	小强一见,是见到了什么? 小强闯了什么祸? 闯祸是什么意思?是什么词? 小强为什么跑? 谁摔倒了?
我哥哥急忙跑过去,把小强扶起来,问他摔坏了没有。	哥哥为什么急忙跑过去? 他去做什么?他是怎样做的?
小林站在沙堆上,生气地说:"他扬了你一身沙子,你还去扶他,真傻。"	谁很生气地说? 小林为什么很生气? 小林说的句子中的他是谁?你又是谁? 他说什么人傻?为什么?
第四自然段	
还有一次,我在院子里玩,不小心摔了一跤,压坏了王爷爷种的几个向日葵苗。	王爷爷是我的爷爷吗?他是什么人? 我为什么压坏了向日葵苗? 我是怎样压坏向日葵苗的? "压坏"是压成什么样子了?
王爷爷不在家,我就悄悄地跑回了家。	我为什么悄悄地跑回家?
哥哥见我身上很脏,拉我到门口去拍土。	我的身上为什么很脏? 我的身上沾上了什么? 哥哥为什么拉我到门口? 拍土是拍哪里的土?
这时候,王爷爷回来了,看见向日葵苗倒了几棵,就问:"哪个小淘气把苗弄坏了?"	王爷爷问什么? 他为什么问? 他在问谁? 小淘气是什么意思?可以换成哪个词? 弄坏了的弄是什么词?
我赶紧躲进屋去。	我为什么赶紧躲进屋去? 说明我怎样?心里在想什么?

续表

课文语句	参考提问
哥哥全明白了,对王爷爷说:"是我妹妹弄坏的,真对不起,一会儿我给您补上几棵。"	哥哥明白了什么? 哥哥是怎样明白的?
王爷爷说:"不用了,不用了。"	王爷爷说"不用了",是不用什么了?
吃过晚饭,哥哥把我家的几棵好苗苗给王爷爷补种上了。	几棵好苗苗是什么苗?这说明我家也种着什么? 哥哥为什么要选几棵好苗苗? 哥哥把我家的几棵好苗苗给王爷爷补种上是怎样做的?
小林在一旁看见了,又说:"真傻。"	小林在一旁看见了什么? 他说谁真傻? 他说这话的意思是什么?
第五自然段	
小林总说我哥哥傻,可是"六一"儿童节那天,我哥哥被评为优秀少先队员。	课文哪里还说了小林总说哥哥傻? 哥哥到底傻不傻?

针对课文的总体性问题:

课文中的"我",是男孩子还是女孩子?大概有多大?家在城市还是在农村?你有什么依据?

课文中的"哥哥"是什么人?他大概有多大?他做了哪些"傻事"?这些傻事说明哥哥是个怎样的人?你的依据是什么?哥哥到底傻不傻?

课文中的小林是什么人?他大概有多大?是男孩还是女孩?他说哥哥做傻事,那么如果按照他的"聪明"做法,他会怎样做?这说明了什么?

课文中还有哪几个人?你可以根据课文说说这些人的特点吗?

238

学生的问答作业

示例 1　《哥哥傻吗》

全日制聋校实验教材(1997 年版)语文第十册第 15 课

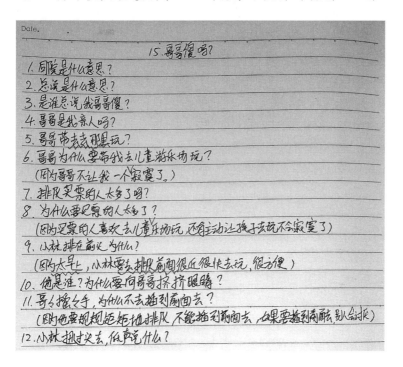

```
Date.
                    15.哥哥傻吗?
1.同院是什么意思?
2.总说是什么意思?
3.是谁总说我哥哥傻?
4.哥哥是我亲人吗?
5.哥哥带我去那里玩?
6.哥哥为什么要带我去儿童游乐场玩?
  (因为哥哥不让我一个寂寞了。)
7.排队买票的人太多了吗?
8.为什么要买票的人太多了?
  (因为买票的人喜欢去儿童场玩,还有主动让孩子去玩不会寂寞了)
9.小林排在前头为什么?
  (因为太早上,小林要去排队前面很近很快去玩,很方便)
10.他是谁?为什么要向哥哥挤挤眼睛?
11.哥哥摇摇手,为什么不去插到前面去?
  (因为他要规规矩矩地排队,不能插到前面去,小课要排到前酰,趴台挤)
12.小林扭扭头去,低声说什么?
```

　　这是五年级中上水平学生在尝试阅读过程中的自问自答。他对自认为比较简单的问题,即课文中可以找到原文或查字典可以回答的问题,没有进行书面回答。对于课文中找不到直接的语句、需要自己思考的问题,都用自己的语言做了正确的回答。

示例 2 《打猎》

全日制聋校实验教材(1997年版)语文第十一册第9课

9 打猎

1. 叔父是做什么工作的？
   叔父是个打猎的工作。

2. 他的本领怎么样？
   他的本领很好是个好猎手。

3. "我"跟叔父打猎是什么季节？
   "我"跟叔父打猎是冬天的季节。

4. "我"为什么要叔父带我去打猎？
   因为叔父是猎手，我想跟叔父去看多顺怎样打猎的，想跟……所以……
   叔父猎不好猎手，正好我有放假休息。

5. "我们"猎谁？
   "我们"猎"我"，叔父和猎狗。

6. "我们"出发是什么时候？
   "我们"出发是第三天清晨的时候。

7. "我们"出发时带着什么？
   "我们"出发时带着一只猎狗和枪，两支枪和一手狗。

8. "我们"为什么要带着条猎狗？猎狗干什么用？
   因为猎狗发现猎物后会告诉叔父，猎狗帮助猎手捕捉猎物
   叔父打中猎物后猎狗帮助叔父
   抓住猎物。

　　这是六年级中上水平学生的自问自答。显然,这种有效的自问自答不但可以帮助学生读懂课文,还可以促使学生进行大量真实的语言实践活动,有效地提高语言学习的效率。

参考文献

[1]李宇明.儿童语言的发展[M].武汉:华中师范大学出版社,2004.

[2][美]卡罗尔.语言心理学[M].4版,上海:华东师范大学出版社,2007.

[3]张宁生,李玉影.听力障碍儿童心理与教育[M].郑州:郑州大学出版社,2018.

[4][美]海伦·凯勒.我的老师安妮·莎莉文[M].北京:求真出版社,2010.

[5][美]海伦·凯勒.假如给我三天光明[M].北京:华文出版社,2002.

[6]周婷婷.墙角的小婷婷[M].海口:南海出版公司,2006.

[7][法]斯坦尼斯拉·迪昂.脑与阅读[M].杭州:浙江教育出版社,2018.

[8]刘颖.儿童早期词汇语法习得研究[M].济南:山东大学出版,2015.

[9][英]达尔文.人类和动物的表情[M].北京:北京大学出版社,2009.

[10][英]戴维·克里斯特尔.剑桥语言百科全书[M].北京:中国社会科学出版社,1995.

[11]李杰群.非言语交际概论[M].北京:北京大学出版社,2002.

[12][美]Susan Gass等.第二语言习得[M].3版,北京:北京大学出版社,2011.

[13]姚小平.西方语言学史[M].上海:外语教学与研究出版社,2011.

[14]靳洪刚.语言获得理论研究[M].北京:中国社会科学出版社,1997.

[15]耿二岭.体态语概说[M].北京:北京汉语学院出版社,1988.

[16]全国特殊教育研究会.聋校教学文萃[M].北京:人民教育出版社,1997.

[17]中华聋儿汉语听力康复中心.聋儿家长函授教材[M].北京:华夏出版社,1987.

[18]沈玉林.双语聋教育的理论与实践[M].北京:华夏出版社,2005.

[19]季佩玉,简栋梁,程益基.聋教育教师培训教材[M].北京:中国盲文出版社,2000.

[20]中华人民共和国教育部.聋校义务教育语文课程标准(2016年版)[M].北京:人民教育出版社,2018.

[21]游顺钊.视觉语言学论集[M].北京:语文出版社,1994.

[22]常宝儒.汉语语言心理学[M].北京:知识出版社,1990.

[23]崔希亮.语言学概论[M].北京:商务印书馆,2012.

[24]岑运强.语言学概论[M].4版,北京:中国人民大学出版社,2015.

[25]周志英.学前聋儿融合教育[M].北京:中国轻工业出版社,2015.

[26]银春铭.听力残疾儿童的语言教学[M].上海:上海教育出版社,1995.

[27]季佩玉.聋哑学校语文教材教法[M].北京:中国盲文出版社,1986.

[28][美]理查德·格里格等.心理学与生活[M].北京:人民邮电出版社,2003.

[29]季佩玉,黄昭鸣.聋校语文教学法[M].上海:华东师范大学出版社,2006.

[30]董蓓菲.语文学习心理学[M].北京:北京大学出版社,2015.

[31]梅芙生.聋教育我有话要说[M].北京:中国轻工业出版社,2015.

[32]高星斗,许文秀.母语教育与智力开发[M].北京:中国展望出版社,1987.

[33]张明红.学前儿童语言教育与活动指导[M].上海:华东师大出版社,2014.

[34]人民教育出版社课程教材研究所.聋校义务教育实验教科书〈教师教学用书〉[M].北京:人民教育出版社,2017.

[35]张宁生.聋人文化概论[M].2版,郑州:郑州大学出版社,2018.

[36]傅逸亭,梅次开.聋人手语概论[M].上海:学林出版社,1986.

[37]季佩玉,李宏泰.聋校语文教学200问[M].北京.华夏出版社,1993.

[38]杨军辉,吴安安.中国手语入门[M].郑州:郑州大学出版社,2014.

[39]郑璇.手语基础教程[M].上海:华东师范大学出版社,2015.

[40][美]肯尼思·希格比.如何高效记忆[M].北京:机械工业出版社,2017.

[41][丹麦]Wendy Lewis.双语聋教育在丹麦[M].北京:华夏出版社,2005.

[42]贺荟中.聋生与听力正常学生语篇理解过程的认知比较[M].上海:复旦大学出版社,2004.

[43]官群.具身语言学[M].北京:科学出版社,2019.

[44]朴永馨.特殊教育辞典[M].3版,北京:华夏出版社,2014.

[45]叶立言.聋校语言教学[M].北京:光明日报出版社,1990.

[46]张宁生,任海滨.手语翻译概论[M].2版,郑州:郑州大学出版社,2015.

[47]张会文,吕会华,吴铃.聋人大学生汉语课程的开发[M].北京:华夏出版社,2009.

[48]邱学华.尝试教学法[M].福州:福建教育出版社,1995.

[49][美]斯蒂芬·克拉申.阅读的力量[M].乌鲁木齐:新疆青少年出版社,2012.

[50]张明红.0-3岁儿童语言发展与教育[M].上海:华东师范大学出版社,2013.

[51][美]帕克·帕尔默.教学勇气:漫步教师心灵[M].上海:华东师范大学出版社,2014.

[52][法]游顺钊.手势创造与语言起源:离群聋人自创手语调查研究[M].北京:语文出版社,2013.

[53][美]Jerome D. Schein 等.动作中的语言:探究手语的本质[M].台北:台湾心理出版社,2005.

[54][美]John K. Niparko 等.人工耳蜗植入原理与实践[M].北京:人民卫生出版社,2003.

[55]白瑞霞.聋人高等教育课堂手语翻译现状及对策研究,孟繁玲、关雪松、张宁生.第七届世界手语大会论文选[M].郑州:郑州大学出版社,2014.

[56]何文明.聋校教学语言效率研究[J].中国特殊教育,2003(1).

[57]张宁生.对聋哑儿童进行口语训练的心理学意义[J].辽宁师范学院学报,1983(2).

[58]李宇明.语言学习异同论[J].世界汉语教学,1993(1).

[59]沈玉林.聋校双语教学简述[J].中国特殊教育,1998(4).

[60]龚群虎.聋教育中手语和汉语问题的语言学分析[J].中国特殊教育, 2009(3).

[61]赵庆春,沈玉林.离群聋儿自创手势与中国手语的比较研究[J].中国特殊教 育,2006(6).

[62]叶浩生."具身"涵义的理论辨析[J].心理学报,2014(7).

[63]蓝继军.美国手语的语法特点及使用简介[J].中国特殊教育,2001(2).

[64]何宇茵,马赛.基于语料库的中国手语象似性研究[J].中国特殊教 育,2019(9).

[65]吴玲.汉语手语语法研究[J].中国特殊教育,2005(8).

后　记

真正好的教学来自教师的自身认同与自身完整。本书从语言习得的原理和方法等技术层面出发，阐述了聋童的语言习得相关理论，"陪伴"和"使用语言"是帮助聋童习得语言的关键，但家长和教师要做到"陪伴"和"使用语言"，最需要的却不是技术。"陪伴"和"使用语言"的关键既不是懂得原理，也不是掌握方法，更不是有丰富的经验，而是要付出大量的时间和精力。

要做到"陪伴"和"使用语言"，并不一定需要家长或教师掌握本书所阐述的这些原理和方法，如果家长和教师深深地关爱着孩子，他就会这样去做，而且能做得非常好。本书的出版，首先希望唤起更多的家长和教师做到"陪伴"和"使用语言"。只有这样做，家长和教师才能使聋童的语言学习符合语言习得的规律；只有这样做，我们阐述原理和方法才有意义；只有这样做，家长和教师才会形成自己更有针对性、更有效的引导聋童习得汉语的方法。正如帕克·帕尔默所言："真正好的教学不能降低到技术层面，真正好的教学来自教师的自身认同与自身完整。"

每个学校都有很多教师默默地为聋童的语言习得做着自己的努力，重视孩子语言习得的家长也已经越来越多。作者作为长期从事一线教学工作的教师，要向他们致以深深的敬意。

在长期的聋校教学工作中，我得到了很多专家和同行的指导帮助。张宁生教授、季佩玉老师等许多前辈的理论和经验著述都为我的工作和研究提供了指导和帮助。特别是张宁生教授,在本书长期的写作酝酿中,我不断得到他的鼓励、鞭策和指导,在本书的写作过程中,我又得到他的悉心指导和帮助。同时,在写作中我还得到了龚群虎教授、杨军辉博士的真诚帮助。华东师范大学曾凡林教授担任本书主审之一,他为本书的写作提出了许多宝贵的意见和建议。在此一并向这些前辈和专家表示我真挚的感谢。最后要向郑州大学出版社的编辑致谢,感谢他们为本书的出版付出的辛勤努力。

本书涉及许多聋教育和手语的理论知识,限于本人的水平,粗疏错漏在所难免。希望本书能起到抛砖引玉的作用,得到广大读者朋友的批评指正,在此一并表示感谢。

罗刚勤

2022 年 9 月 14 日